새벽 4시,
꿈이
현실이
되는 시간

새벽 4시, 꿈이 현실이 되는 시간

발행일   2019년 8월 30일

지은이   박춘성
펴낸이   손형국
펴낸곳   (주)북랩
편집인   선일영   편집   오경진, 강대건, 최예은, 최승헌, 김경무
디자인   이현수, 김민하, 한수희, 김윤주, 허지혜   제작   박기성, 황동현, 구성우, 장홍석
마케팅   김회란, 박진관, 조하라, 장은별
출판등록   2004. 12. 1(제2012-000051호)
주소   서울시 금천구 가산디지털 1로 168, 우림라이온스밸리 B동 B113, 114호
홈페이지   www.book.co.kr
전화번호   (02)2026-5777   팩스   (02)2026-5747

ISBN   979-11-6299-832-8 03320 (종이책)   979-11-6299-833-5 05320 (전자책)

이 도서의 국립중앙도서관 출판예정도서목록(CIP)은 서지정보유통지원시스템 홈페이지(http://seoji.nl.go.kr)와
국가자료공동목록시스템(http://www.nl.go.kr/kolisnet)에서 이용하실 수 있습니다.
(CIP제어번호: CIP2019032943)

생계형 기술사 이야기

새벽 4시,
꿈이
현실이
되는 시간

박춘성 지음

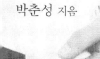

"매일 새벽 4시는 내 삶을 바꾼 노력의 시간이었다."

말단 **하청 업체의 근로자**로 시작해서 굴지의 **대기업 정규직**을 거쳐
교수로 거듭난 한 사람의 드라마 같은 이야기

북랩 book Lab

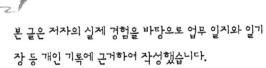

본 글은 저자의 실제 경험을 바탕으로 업무 일지와 일기
장 등 개인 기록에 근거하여 작성했습니다.

시간은 누구에게나 동일하게 주어집니다. 매우 공평하지요. 어느 책에서 현자들은 이렇게 말합니다.

"가난한 사람들은 자신의 시간을 팔아서 돈을 벌고 현명한 사람들은 돈을 주고서라도 시간을 산다."

저는 하루에 4시를 두 번 맞이합니다. 오전 4시, 오후 4시. 흔한 경우가 아님을 잘 압니다. 새벽 4시부터 아침 7시까지의 3시간은 정말 황금과도 같은 귀중한 시간입니다. 그 시간은 누구도 방해하지 않는 온전한 저만의 시간입니다.

어제도, 오늘도 저는 늘 새벽 4시에 일어납니다. 이러한 습관으로 생활한 지가 벌써 십수 년이 넘었습니다. 새벽에 일찍 일어나니 좋은 것은 우선 하루가 길어진다는 점입니다. 아무에게도 방해받지 않고 고요함 속에서 약 3시간 동안 무언가에 몰입할 수 있습니다. 또한, 새벽에 일찍 일어나려면 밤에 일찍 자야 하니 과도한 음주 및 TV 시청 등 불필요한 시간 낭비를 덜 하게 됩니다.

새벽 4시에 일어나서 책을 읽다가 해가 뜰 무렵이면 인근 공원에 산책하러 나갑니다. 고요함 속에 "찌르르" 울리는 풀벌레 소리와 "짹짹" 거리는 새들의 지저귐 소리를 들으며 새벽 산책을 하고 있자면, 머릿속에 잡념이 없어지고 불현듯 신선한 아이디어가 불쑥불쑥 떠오르기도 합니다. 이렇듯 새벽 4시의 마법은 제가 더 나은 삶을 살 수 있게 많은 것을 변화시켜 주었습니다.

저는 실업계 공고 토목과를 졸업했습니다. 다행히도 공고 재학 중에 기능사 자격증을 2개 취득했고, 그 덕분에 건설 현장에 고졸 사원으로 무난히 취직할 수 있었습니다. 비록 경험도 없고 학벌도 짧았지만, 건설 현장에서 근무하는 틈틈이 주경야독을 지속하여 취업 1년 만에 한 등급 높은 국가 기술 자격인 산업 기사 자격증을 취득하였고, 이후 전공에 관한 공부를 더 깊게 해 보고자 야간 대학에 진학하여 회사 일과 학업을 병행하였습니다.

그러던 중에 입대를 하였고, 정신없이 뛰어다니며 복무하던 중에 당시 어려웠던 집안 경제 사정으로 인해 남들과 다르게 부사관으로 지원하여 현지 임관하게 되었습니다. 그렇게 약 6년간 군 생활을 하였으며, 공병 부대에 복무할 때 낮에는 각종 공사 작업 및 훈련을 하고 밤에는 자격증 공부를 병행하여 기사 등급 자격증을 다수 취득하고 중사 계급으로 전역하였습니다.

근 6년 만에 전역하여 다시 낮에는 건설 현장에서 일하고 밤에는 야간 대학을 다니는 등 힘든 주경야독을 하며 어렵사리 독학을 통해 학사학위를 수여받았습니다. 이 와중에 비록 계약직이었지만 그래도 대한민국 굴지의 대기업인 현대건설에 채용될 수 있었고, 건설 현장 최일선에서 근무하며 무엇이든 배우려고 노력했습니다. 계약직으로 근무하면서도 공부의 끈을 놓지 않고 항상 노력했으며, 야근과 술자리가 잦은 건설 현장의 특성상 도저히 공부할 시간을 만들지 못하자고육지책으로 새벽 4시에 일어나 공부를 하였습니다.

이러한 새벽 공부는 저를 변화시켜 주어 기술사 자격 취득은 물론 석·박사학위도 수여받을 수 있게 만들었으며, 이러한 연유로 회사에서도 인정을 받아 바늘구멍 같은 정규직 전환의 기회도 잡을 수 있었습니다. 정규직으로 전환된 이후에도 이 새벽 4시의 마법을 활용해 영광스럽게도 기술사 4관왕 취득이라는 쉽지 않은 기록까지 달성하게 되었습니다.

이후 저는 교수로서 새로운 삶을 살게 되었으며 현재는 대학교 및 건설 기술 직무교육 기관에서 많은 이에게 저의 경험과 지식을 전달해 주는 일을 하며 매우 자유롭고 행복한 삶을 영위하고 있습니다.

이 글을 통해 많은 건설 분야 선후배님들께 저처럼 순탄하지 않은 과정에서도 새벽 4시의 마법으로 더욱 나은 미래를 얻을 수 있다는 사례를 들려드리고 싶은 마음에 이 글을 썼으며, 제가 거쳐 온 과정이 미약하나마 여러분의 향후 인생 진로 설계에 조금이라도 도움이 되기를 간절히 기원합니다.

CONTENTS

04. 짧은 대학 생활

PART. 2 기사, 남자의 인생은 군 복무 이후부터

05. 훈련병

06. 병 복무

07. 간부 후보생

08. 하사, 9급 공무원

09. 중사, 8급 공무원

PART. 3   기술사, 굴지의 대기업에서

10. 대규모 토목 공사 현장

11. 컨테이너 부두 현장

12. 어선 부두 현장

13. 크루즈 부두 현장

14. 사내 정치에서 패배

15. 대단지 아파트 신축 공사 현장

PART. 4   프리랜서 교수, 시간적인 여유와 경제적인 자유를 꿈꾸며

16. 내 시간은 내가 통제한다

PART. 1

기능사,
건설기술인으로서의 첫발

○ 건설 재료 시험 기능사, 측량 기능사 취득

미래에 대해 별생각 없었던 어린 시절, 저의 꿈은 소방관이었습니다. 별 이유는 없었습니다. 그냥 멋있어 보였고 남자다워 보였기 때문이었습니다.

중학교 진학 후 제가 은근히 미술에 소질이 있다는 것을 깨달았습니다. 만화책을 보고 따라 그리는 수준이 친구들보다는 약간 더 뛰어났습니다. 그 당시의 제 생활기록부에는 "창의성이 우수하고, 미술에 소질이 있음."이라는 문구가 많이 포함되어 있었습니다.

어느 날 아버지에게 장차 화가나 만화가가 되고 싶다고 진지하게 말씀드렸는데, 아버지는 학업에 돈이 많이 들고 나중에 돈벌이도 어렵다며, 그냥 취미로만 하고 다른 방향을 찾으라고 하셨습니다. 그렇게 저는 미술에 대한 꿈을 곱게 접었습니다.

또한, 학창 시절에 저는 역사에 매우 큰 흥미를 느꼈습니다. 국사 과목은 항상 100점이었으며, 중학교에서 배우지도 않는 인문계 고교의 세계사 교과서를 헌책방에서 구해다가 밑줄까지 쳐 가면서 읽었던 기억이 납니다.

이 시기에 『삼국지』, 『서유기』, 『수호지』, 『칭기즈칸』 등 역사 소설들을 참 많이 재미있게 읽었습니다. 역사가 너무 재미있어서 다시 아버지에게 장차 역사학자가 되고 싶다고 진지하게 말씀드렸습니다. 역시나 아버지는 돈벌이가 안 된다고 또 반대하셨습니다.

아버지께서는 이제 고등학교 진로를 선택해야 하는 저에게 실업계 공고 토목과에 지원하라고 제 삶의 방향을 정해 주셨습니다.

중학교 성적이 나쁘지는 않아서 인문계 고교 진학도 가능했지만, 아버지 말씀에 따라 저는 공고 토목과에 지원하였습니다. 지금은 그때의 공고 토목과 진학을 절대 후회하지는 않지만, 곰곰이 왜 아버지가 그 학과를 추천했는지 그 연유를 생각해 보면 참 웃기면서도 서글픈 현실이 느껴집니다.

당시 아버지는 건축 현장의 일용직 목수였습니다. 흔히 사람들이 낮춰 부르는 '노가다(막일)'를 하셨습니다. 아버지는 초등학교만 졸업하고 십 대의 중반 나이에 큰아버지를 따라 서울로 상경하여 이 일, 저 일 등 많은 일을 해 보셨다고 합니다. 한때는 큰아버지의 사업이 꽤 잘되어서 돈도 좀 만져 보셨다고도 합니다. 하지만 그 호황은 몇 년 못 가고 쫄딱 망하여 결국에는 이십 대 중반부터 건설 현장에서 막일을 하게 되었습니다.

그렇게 건설 현장 잡부(보통 인부)로서 한 10여 년 정도 막일을 하시다 보니, 어깨 너머 곁눈질로 배운 망치, 톱 등 손기술이 축적되어 기능공(목수) 등급으로 인정받게 되었답니다. 그래서 제가 중·고교 시절 때 아버지는 목수 하청업자가 되어, 본인의 지인 10여 명과 함께 팀을 꾸려 조그마한 건설사에서 빌라 등 소규모 건축물의 콘크리트 골조 공사를 하청받아 가족의 생계를 유지하셨습니다.

아버지께서 매일같이 일터에서 마주치는 사람들은 죄다 건설 현장

인부들이었을 것이고 그나마 그중에서 가장 높은 사람이 원청 건설 회사 직원들이었을 겁니다. '제 눈에 안경'이랄까? '유유상종'과도 일맥상통하는데, 아마도 그런 연유로 아들인 제가 건설 회사에 들어가기를 그토록 바라셨던 것 같습니다.

토목과를 추천하신 이유는 토목 공사는 관공서 발주 공사가 많기에 불경기에도 꾸준히 일거리가 있는 데 반해, 건축 공사는 대부분이 민간 발주이기에 경기가 조금만 나빠지면 일거리가 쑥 들어가 버리기 때문에, 일이 많은 토목 쪽을 추천하신 것 같습니다.

실업계 공고 3학년이 되면 기능사 자격시험 응시가 가능합니다. 저는 고등학생 때 그냥 범생이었습니다. 공부를 잘하지도 않고, 그렇다고 아주 못하지도 않았습니다. 당시 동기 약 100명 중에서 20등 정도 했었던 것으로 기억합니다.

학교 공부는 대충했었지만 자격증이 있어야만 취직이 된다고 하여 자격증 공부는 열심히 했습니다. 그래서 3학년 1학기에 건설 재료 시험 기능사와 측량 기능사 자격증을 어렵게 취득하였습니다.

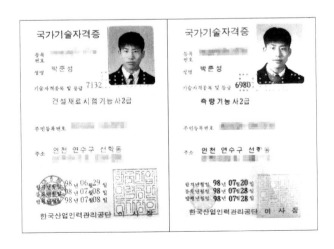

　　　　　　　　　　　　새벽 4시, 꿈이 현실이 되는 시간

당시 공고 토목과 선생님들 중에서 가장 악명 높으신 분이 한 분 계셨습니다. 학과장이셨던 김○○ 선생님. 그래서 학생들 사이에서는 '꽈장'이라는 별명으로 불리며, 사춘기 반항아 공고생에게도 공포의 대상이었습니다. 그도 그럴 것이, 아무리 반항심이 강한 질풍노도 시기의 공고생이어도 같은 학교, 같은 과 직속 선배에게는 찍소리 못하는데 그 김○○ 선생님은 하늘같은 20여 년 직속 선배였기 때문이었습니다.

그런데 그분이 제가 고교 재학 중이던 시기에 기술사에 합격하셨습니다. 정확한 종목은 기억나지 않지만, 아마도 토목 시공 기술사였던 것 같습니다.

언젠가 학과장님이 수업 시간에 저희에게 자격 체계에 관해서 설명해 주신 적이 있습니다.

"기술사는 최고의 전문가로서 박사학위보다도 훨씬 어렵고 대단한 존재이며, 대학교수님들도 함부로 못 대하는 최고의 국가 기술 자격증이다. 어지간해서는 취득이 불가하다. 본인처럼 경험 많은 전문가들이 매일 2~3시간씩 몇 년을 책상 앞에 붙어 앉아서 공부해야만 간신히 합격하는 시험이다."

그때부터 아마도 기술사에 대한 제 인식이 다음과 같이 각인된 것 같습니다.

'기술사는 나 같은 공고생에게는 무관한, 아예 다른 차원의 사람들이나 취득하는 자격증이야. 그러므로 신경 끄자.'

ㅇ 고3 취업, 알고 보니 그냥 잡부였다

당시 실업계 고교 3학년 2학기에는 별도의 정규 수업 없이 현장 실습으로만 편성하여 학생들을 산업체에 취업시키게 되어 있었습니다. 그래서 3학년 1학기를 마칠 즈음부터는 학교에서 성적이 우수한 순서로 취업(실습)을 알선해서 내보냈습니다. 저 역시도 여름방학 중이던 7월 말에 작은 상하수도 단종 건설 회사에 취업을 나갔습니다.

처음 입문한 건설 회사는 상하수도 전문 건설 업체로 사장님이 저희 학교 총동문회의 부회장이자, 전직 시청 토목직 공무원이었습니다. 사장님의 다양한 지역 인맥을 활용하여 지자체에서 소소하게 상하수도 등의 관로 공사를 따내는 소규모 업체였습니다.

난생처음으로 부여받은 '기사' 직급. 건설 현장에서는 사원을 '기술을 가진 사람'이라는 의미로 '기사'로 호칭합니다. 저는 그때부터 '박 기사'라고 불렸습니다. 직급을 부여받은 초기에는 기분이 묘했습니다. 현장에서 일하시는 나이 많은 근로자분들이 저에게 '박 기사님'이라고 불러 주시며 저의 작업 지시를 기다리고 있었습니다.

그런데 처음에는 종·횡단 측량 등 기술적인 업무가 몇 번 있었으나, 그 이후부터는 점점 저에게 기술 업무가 아니라 단순 잡무가 더 많이 부여되었습니다. 차량 통제 신호수부터 시멘트 포대 운반, 현장 청소 등.

급기야 현장 근로자분들조차도 이제는 저를 직원으로 예우해 주지 않고 일용 잡부 근로자처럼 대하기 시작했습니다.

당시 월급 50만 원에 3개월간 하루도 쉬지 않고 일했으니 일당 1만 7천 원에 막노동을 한 것입니다. 당시 인력 시장의 일용직 잡부의 하루 일당이 보통 7만 원 정도였는데, 저는 직원인데도 불구하고 일당 1

만 7천 원을 받고 잡일을 도맡아서 했던 것입니다. 지금 생각해보면 악덕 사장이었던 것 같습니다. 한참 까마득한 고교 후배를 데려다 놓고 싼 비용에 막노동을 시켜 먹었으니, 게다가 첫 달 외에는 월급도 밀려서 그 회사는 결국 3개월 만에 경력 인정도 받지 못하고 퇴사하게 되었습니다.

제가 고3 취업을 나간 지 3개월 차가 되었을 즈음, 10월 말의 어느 날이었습니다. 웬일로 회사 사장님이 현장에 방문하셨고 저녁에 현장소장님과 사장님이 식사하는 자리에 저도 같이 참석하라고 하였습니다.

몇 순배 잔이 돌자 분위기는 화기애애(?)해졌고 이때 소장님이 사장님께 제 이야기를 꺼냈습니다. 회사를 더 키우기 위해서는 우리도 인재를 키워야 한다는 내용이었으며, "몇 달 지켜본 결과 박 기사가 매우 근면 성실하니 필요하다면 회사 차원에서 야간 대학이라도 보내주어 우리 회사에서 더 큰 일을 할 수 있도록 합시다." 등의 내용이었습니다.

남자들이 술 먹고 하는 말은 그냥 한 귀로 듣고 한 귀로 흘려야 하는 건데, 19살의 저는 그저 기분이 좋아서 들떠있었습니다. 불혹의 나이가 된 지금에서야 돌이켜 생각해 보면, 분명 그 소장님은 저를 좋게 봤던 것은 맞는 것 같습니다. 하지만 딱 거기까지일 뿐, 그냥 술 먹고 기분이 좋아서 하는 소리였을 것입니다.

사장님도 마찬가지로, 그냥 해 본 말이겠지만 현장소장님의 제안에 흔쾌히 웃으며 "안 그래도 신○○ 소장에게 네 얘기를 많이 들었으니 우리 회사에서 네 꿈을 펼쳐 봐라."라는 식으로 말씀하셨습니다.

어린 나이의 저는 이를 진심으로 받아들였고 정말 기분이 들떠있었습니다. 그렇게 기분 좋게 적당히 술에 취해서 밤 10시경에 귀가했는데 집 현관문이 활짝 열려 있고 집 안의 모든 등불이 다 켜져 있었습니다. 설마 도둑이 들었나 싶어 철렁거리는 마음으로 집 내부를 확인해 봤는데 도둑맞은 것은 없어 보였습니다. 뭐 특별히 훔쳐 갈 만한 것도 전혀 없었지만…. 그나저나 밤늦은 시간에 아버지는 등불을 다 켜고 문을 다 활짝 열어놓고 어디를 가신 것인지 걱정이 되었습니다.

그러던 찰나 집 전화기 벨이 울렸습니다. 당시에는 이제 막 휴대전화가 대중화되던 시기였으나 아직 저희 가족들은 휴대전화가 없던 시기였습니다. 전화를 받아 보니, 멀리 서울에 살고 계시는 고모님이었습니다. '이 야밤에 어인 일로?' 수화기 너머로 고모님은 한숨을 쉬시며 당장 ○병원(인근에서 가장 큰 대학 병원) 응급실로 오라고 하셨습니다.

그때까지만 해도 '아버지가 어디 좀 넘어지셨나?' 정도로 생각했습니다. 아버지는 근면 성실하시고 생활력도 강하셨지만, 주량을 잘 조절하지 못하셔서 지인들과 약주를 과하게 드시고 몇 번 넘어져서 다치신 전력이 꽤 있었던 터였습니다.

택시를 잡아타고 병원 응급실에 도착하니 자정 가까이 되었습니다. 마침 응급실 밖에서 몇 달 전에 독립한다고 가출했던 한 살 터울 친형이 서서 담배를 태우고 있었습니다. 그리고 형에게서 전해 들은 청천벽력 같은 이야기…. 정확한 원인은 불분명한데 지인분과 식사하시던 중에 갑자기 쓰러지셨고, 119에 신고하여 응급실에 실려 와 급하게 수술을 받고 계시다는 것이었습니다.

아마 구급대원이나 병원 관계자가 아버지가 지니고 있던 소지품을 뒤져서 거기에 적혀 있던 고모님 댁의 연락처로 연락했던 것 같습니다. 2층 수술실 인근 보호자 대기석에 올라가니 야밤인데도 몇몇 친척분들이 와계셨습니다. 그 자리에서 고모님이 울먹거리시면서 아버지의 상태를 말씀해 주셨습니다. 현재 ○○○ 증상으로 추정되고 수술 중이니 경과를 지켜봐야 한다고 했습니다.

수술실 밖 복도에서 대기한 지 2~3시간 정도 흐른 것 같습니다. 새벽 3시경, 수술을 집도한 의사가 보호자 면담을 요청하여 고모님과 함께 집도의 앞에 마주 앉았습니다. 그 의사의 말은 매우 절망적인 소식이었습니다.

"○○○ 증상이나, 많이 늦었습니다. 수술에 최선을 다했지만, 결과는 비관적입니다. 정상으로 회복할 확률은 전혀 없으며, 그나마 의식을 다시 회복할 확률도 5% 미만입니다. 짧으면 며칠 못 넘길 수도 있으니 가족분들은 마음의 준비를 하세요."

고모님과 친척분들도 모두 당황해하고 혼비백산하셨는데, 겨우 고등학생인 제가 무엇을 할 수 있었겠습니까? 그저 현실이 아니기를 바랄 뿐이었습니다. 하지만 현실이었고, 그때부터 한동안 제 삶은 정말 다시는 기억하기 싫은 끔찍한 고통의 시간들이었습니다.

의사의 말처럼 아버지는 의식이 돌아오시지는 못했지만 그렇다고 숨을 거두시지도 않았습니다. 호흡은 붙어있으시나 의식이 없는 상태였습니다.

아버지는 그때부터 7년을… 장장 7년을 의식 없이 누워 있으셨습니다. 처음 1년은 중환자실에서, 이후 몇 년은 일반 병실에서, 그 이후 나머지 몇 년은 싸구려 요양원에서…. 저에게는 가장 힘들었고 암울했던 시기의 기억들입니다.

아버지는 평생 돈에 쪼들리며 사셨습니다. 아버지가 젊었을 당시에는 은행 금리가 꽤 높아서 은행에 저축만 꼬박꼬박 잘했었어도 부자가 될 수 있던 시기였는데, 그렇게 근면 성실하셨음에도 대체 왜 모아놓은 돈이 하나도 없는 것인지?

그때부터 저의 삶은 한동안 고달픔의 연속이었습니다. 중환자실은 병원비가 한두 푼도 아니니 일단 돈이 필요했습니다. 그런데 처음으로 취업한 그 회사는 월급이 밀리더니 아예 지급되지 않고 있었습니다.

이러한 연유로 더는 그 회사에 남아있을 수가 없었습니다. 저는 돈이 필요했습니다. 당장 매월 중환자실 병원비를 벌어야 했는데, 겨우 1천만 원만 보험금으로 지급받을 수 있었습니다. 이것으로는 수술비와 중환자실 입원비를 감당할 수 없었습니다.

또한, 병원비는 물론이고 당시 살던 영세민 임대 아파트 월세 및 각종 공과금도 벌어야만 했습니다. 그래서 다시 학교로 찾아가서 학과장님과 면담을 하였고 월급이 밀렸다는 제 이야기를 들으신 학과장님은 그 사장님께 별도로 연락하셨습니다.

학과장님도 우리 학교 선배이고 그 사장님도 학교 선배이시니, 아마도 학과장님께서 전화하셔서 까마득한 후배의 돈을 떼먹으면 어떻게 하냐고 잘 설득하신 것 같습니다. 학과장님과 통화한 이후로 밀렸던 월급이 지급되었습니다. 그리고 학과장님이 다른 취업 자리를 알아봐 주셨습니다. 그런데 거기에는 조건이 있었습니다.

당시 인천 지역에는 영종도 신공항 건설이 한창이었고, 그래서 저의 새로운 일터는 영종도와 내륙을 연결하는 영종대교 건설 공사 현장이 되었습니다. 원래 대부분 토목 공사 현장들이 그러하듯이, 현장 사무실이 있던 인천 서구 경서동은 논밭만 있던 완전 허허벌판이었기에 차가 없으면 전혀 밖에 나가거나 들어올 수가 없는 지역이었습니다.

즉, 그곳에 취업하기 위한 조건이라는 것은 오지에서 숙소 생활을 해야 하니 대학 진학을 포기하는 것이었습니다. 저는 당장 생계유지와 아버지 병원비를 벌어야 했기에 선택의 여지가 없었습니다. 대학 진학을 따질 여건이 아니었습니다.

[훗날 완공된 영종대교의 전경]

영종대교 건설 현장

○ 건설 기술인으로서 눈을 뜨다

1998년 12월. 새로운 건설 현장에서 근무를 시작했습니다. 바로 영종대교 건설 공사 현장이었습니다. 제가 소속된 자그마한 측량 용역 회사는 영종대교 건설 공사 여러 공구(공사 구역) 중 한진건설(현재 한진중공업 건설 부문)의 측량 용역 하도급 업체였습니다.

영종대교 건설 현장의 첫인상은 그야말로 입이 떡 벌어질 정도의 거대한 스케일이었습니다. 수십㎞ 구간에서 모두 동시다발적으로 콘크리트 교각 등 각종 대형 구조물 건설이 한창이었습니다. 이전에 있었던 조그마한 상수도 현장과는 비교가 안 되는 광범위한 대공사였습니다. 그걸 보면서 역시 사람은 큰물에서 놀아야 한다는 것을 강하게 느꼈습니다.

제가 소속된 회사는 회사명으로 불리기보다는 그냥 '한진 측량팀'으로 불렸습니다. 측량팀 인원은 저를 포함하면 4명으로서 아무것도 모르는 막내인 제 위로는 전문대 졸업 후 경력 2년 차인 주○○ 주임님과 1년 차인 노○○ 주임님 그리고 측량팀장 김○○ 과장님이 있었습니다. 그 당시 측량팀장님의 나이가 31살이었는데 지금 생각해 보면 솜털이 보송보송한 완전 아기(?) 같은 나이인데, 그 당시에는 제가 속한 조직의 장으로서 엄청나게 높게만 보였었습니다.

제가 측량 일을 시작했던 1990년대 후반은 아직 GPS 측량 장비가 상용화가 안 되었던 시기였습니다. 그래서 대부분의 측량은 광파 측량기와 레벨 측량기로 외업을 진행했고, 외업 후 사무실에서 캐드 및 엑셀 프로그램으로 내업(도면 작성 등)을 하는 방식이었습니다. 영종대교 현장에서 제가 수행했던 시공 측량의 업무 범위는 다음과 같이 대별될 수 있겠습니다.

① 현황 측량: 현 지형을 측량하여 도면(지도)을 작성
② 기준점 측량: 측량 장비를 설치할 수 있도록 기준점 설치
③ 좌표 측량: 설계도에 표시된 구조물의 위치를 측량 장비를 이용해 현장에 정확한 위치를 표시(깃발, 못, 펜 등으로)
④ 기타: 도면 작성 등 원청사가 요구하는 행정 업무 지원

토목 기술에는 많은 세부 분야가 있지만, 영종대교 현장에서 측량 기술에 대해서만큼은 정말 확실하게 일을 배웠습니다. 예전에 소규모 상수관로 현장에서 잡부처럼 막일하던 것과는 전혀 다르게 기술자로서의 자긍심을 느끼게끔 일의 역량과 범위가 달랐습니다. 당시 김○○ 측량팀장님이 해 주셨던 말이 있습니다.

"공고 토목과로 진로를 선택한 것은 매우 잘한 것이다. 졸업 후에 취업하면 아무리 고졸이라도 최소한 기사 호칭은 부여받지 않는가? 다른 직종을 가 봐라. 고졸이 제대로 된 직급을 부여받는 업계가 몇 군데나 있겠나?"

제대로 된 건설 기술자로서 첫발을 내디딘 영종대교 건설 현장에서

약 1년 6개월 동안 근무했습니다. 그때의 경험은 제가 진정한 토목 기술자로서의 마인드와 긍지를 갖출 수 있게 해 주는 기초 반석이 되었습니다. 몇몇 기억에 남는 영종대교 현장에서의 일화들을 써 보고자 합니다.

초임 기사로 처음 일을 배울 때였습니다. 측량기를 해체할 때 위에 달린 측량기 본체를 우선 분리한 후 삼발이(아래 사진 참조) 받침을 오므려 접어야 하는데 이 과정이 번거로워 멋모르고 삼발이를 뒤집어 본체와 결합되는 면을 지면에 대고 삼발이를 접었던 적이 있습니다.

그 순간 직속 고참으로부터 뒤통수를 얻어맞았던 기억이 납니다. 이유를 몰라 황당해하고 있는데 고참이 때린 이유를 조곤조곤 설명해 주었습니다.

[레벨 측량기]

[삼발이]

"야, 이놈아. 측량기 삼발이는 면이 생명이야! 그렇게 뒤집어서 지면에 삼발이 면이 닿으면 스크래치가 생겨서 측량기 수평, 구심을 맞출 때 정밀 조정이 어려워진다."

솔직히 뒤통수 맞은 게 그리 아픈 건 아니었지만, 20살의 다 큰 나이에 뒤통수를 얻어맞은 게 쪽팔리기는 했습니다. 하지만 마땅히 할 말이 없었습니다. 듣고 보니 구구절절 맞는 말이었습니다. 그때의 그 강렬한 기억. 삼발이 면에 자그마한 홈집이라도 생기면 측량 정밀도에 문제가 생기니 그러한 세세한 부분까지 신경 써야 한다는 기술자로서의 자긍심. 이 사례를 통해 정말 크게 배우고 제 마음가짐을 다시 바로 할 수 있는 기회가 되었습니다.

또 다른 일화로 레벨 측량기를 사용해 왕복 수준 측량을 할 때, 레벨기 본체를 삼발이에서 분리하여 보호 케이스에 매번 옮겨 넣는 게 번거로워 삼발이에 레벨 측량기를 결합한 채 삼발이를 수평으로 눕혀 들어 어깨에 이고 걸어 다녔습니다. 그 순간 무전기로 고참이 쌍욕을 하며 저를 혼내는 것이었습니다. 영문을 몰라 또 어리둥절해 있는데 다시 천천히 설명해 주는 목소리가 무전기 너머로 들려왔습니다.

"레벨 장비를 수평으로 눕혀서 들면 수평을 맞추는 기포관이 망가져서 측량의 정밀도가 떨어진다."

들고 보니 또 맞는 말인 것 같습니다. 또 찍소리 한 번 못 하고 욕만 크게 듣고 잘못했다고 싹싹 빌었습니다. 그 일을 계기로 그다음부터는 레벨 장비를 분리하지 않고 이동할 때는 항상 삼발이 사이에 어깨를 넣어서 레벨 측량기가 눕혀지는 일이 없도록 소중히 관리하게 되었습니다.

그때는 욕을 들어먹으며 일을 배워서 썩 기분 좋지는 않았지만, 나중에 한참 지난 후 현대건설에서 현장 시공 업무를 할 때 보니, 같이 근무했던 직원들 중에서 저보다 더 측량 장비를 조심히 잘 다루고, 저보다 측량에 대해서 잘 아는 직원은 보지를 못 했습니다. 측량 직원들

중에서도 말입니다.

시공 업무를 볼 때 가끔 측량 직원들이 현장에 이런저런 문제들이 있어서 측량을 할 수 없다고 거짓으로 속이는 경우가 있는데, 저는 단번에 알아챕니다. 하여튼 측량 기술은 정말 제대로 잘 배웠습니다.

○ 영종대교 건설 현장에서의 추억

영종대교 건설 중 교각 등 각 구조물의 위치를 정확하게 측량하기 위해서는 무엇보다도 측량 기준점의 정밀도 확보가 중요합니다. 그래서 현장에 부설된 측량 기준점의 파손 여부 상태를 매주 정기적으로 방문하여 점검했습니다. 그중 몇몇 기준점은 현장 사무실에서 꽤나 멀리 떨어진 해안도로 제방에 있었는데, 현재 '청라 신도시'의 가장 서측 지역이며 당시에는 '율도'로 불렸던 위치입니다.

율도의 해안도로는 해안 경계 군부대 병력과 인근 바닷가에 낚시하러 오는 사람들만 가끔 있는 한적한 길이었습니다. 그래도 낚시꾼들을 상대로 장사하는 천막 포장마차가 한두 곳 들어서 있었습니다. 우리 측량팀도 비가 내리거나 한가한 날에는 측량 기준점을 점검한다는 명목으로 그 해안도로 포장마차에 들러 간단하게 어묵이나 순대에 막걸리 한 사발을 마시며 종종 귀여운 일탈을 하기도 했었습니다.

또 다른 추억으로는 감리단과의 몇몇 일화들이 있습니다. 영종대교 공사는 당시 국내에 처음 도입되는 신공법(자정식 현수교: 교량 지지를 위한 메인 케이블을 교량 본체에 자체적으로 고정)으로서, 국내 적용 기존 사례가 없다 보니 부득이하게 일본의 유명한 장대교량 전문 기술자 몇몇

이 기술 제휴를 통해 감리원으로 상주하고 있었습니다. 그 일본인 기술자들은 한글을 모르니 현장에서 검측받다가 일본인 감리원이 너무 까다롭게 굴면 시공사 직원들이 우리나라 말로 비아냥거리며 놀리기도 했었는데, 신기하게 그 일본인 감리원들은 다른 한글은 하나도 못 알아들으면서 욕 하나만큼은 기가 막히게 잘 알아들었습니다.

그 일본인 감리 중 한 사람이 콧수염을 멋지게 길렀었는데, 현장 직원들은 그를 '코털'이라는 별명으로 불렀습니다. 언젠가 검측을 받던 중에 시공사 직원 중 한 명이 못 알아들을 줄 알고 "코털이 검측 나왔네~" 하면서 농담하자, 그 일본인 감리원이 즉시 통역원을 통해 왜 자기를 코털이라고 부르냐며 화를 내고 검측을 그냥 취소시켰던 기억이 납니다.

감리단 이야기를 쓰다 보니 또 생각나는데, 당시 감리단에는 영종대교 현장 전체를 통틀어서 가장 예쁘기로 소문난 미모의 여직원이 있었습니다. 이름은 기억나지 않고 성이 송 씨여서 '미스 송'이라고 불렀는데, 당시 23살의 나이었으며 모든 공구 젊은 직원들의 마음을 설레게 했습니다. 당시 저보다는 나이가 2살이나 많았기에 저는 늙었다고 ⑺ 관심을 두지 않았습니다. 물론, 마주칠 기회도 거의 없었지만⋯. 그랬던 제가 지금은 3살 연상의 여성과 결혼해서 살게 될 줄을 그때는 상상도 못했습니다.

영종대교 현장에서 근무하면서 몇몇 재미났던 일화 2가지만 더 추려 보고자 합니다.

현장 사무실이 워낙 외지에 있다 보니 인천 서구청 인근으로 이사를 온 몇몇 직원을 제외하고는 모두 현장 사무실 부지 내 가설 숙소에서 생활했습니다. 구내식당(함바식당)에서 술을 팔기는 했지만, 저녁 8시면 영업을 종료했기에 밤에는 술을 구할 수가 없었습니다. 시내에 나가서 사 오면 되지만, 당시 그곳은 완전히 논두렁 비포장 길이었기에 시내까지 차로 왕복 1시간은 걸리는 탓에 어려움이 많았습니다.

그런 상황에서 현장에 마당발로 소문난 원청사의 안전 직영 반장님이 있었는데, 그 반장님이 관리하는 안전 직영 창고는 그야말로 환상적인 할렘(?)이었습니다. 창고 안에 소주, 맥주는 물론이고 양주와 고량주 등 온갖 종류의 술이 숨겨져 있었고, 창고 구석에 놓인 시멘트 블록을 예쁘게 쌓으면 금방 고기 불판용 테이블로 변신하여, 언제든 버너를 올리고 삼겹살을 구워 먹을 수 있었습니다.

그 반장님은 마치 영화 〈쇼생크 탈출〉에 나오는 감방 안에서 담배나 잡지 등 모든 물건을 구할 수 있는 능력을 갖춘 고참 죄수 '모건 프리먼' 같은 느낌이었습니다. 그 창고에서 벌어지는 야밤의 술자리는 직원들 모두가 부러워하는 공공연한 비밀이었으며 숙소 생활하는 직원들에게는 천국과도 같은 곳이었으나, 반장님의 성격이 워낙 꼬장꼬장하여 아무나 쉽게 초대해 주지는 않았습니다.

우리 측량팀도 초창기에는 그 자리에 끼지 못했으나, 제가 우연찮은 기회에 반장님이 매번 자필 수기로 작성하던 업무 일지를 대신 컴퓨터로 타이핑해 주고 나서부터는 우리 측량팀에게도 창고 삼겹살 구이 회식의 멤버로 낄 수 있는 티켓이 가끔 주어졌습니다.

허름한 가설 창고 안에서 백열전구 하나 켜고 시멘트 블록을 쌓아 만든 테이블에 버너와 불판을 올려놓고 구워 먹은 삼겹살과 소주의 맛은 영종대교 현장 최고의 별미로 기억됩니다.

기억에 남는 또 다른 일화로는 제가 술에 취해서 길을 잃어버렸던

새벽 4시, 꿈이 현실이 되는 시간

이야기입니다. 언젠가 부서 회식으로 인천 서구청까지 나가서 술 한잔 후 숙소 생활하는 직원들은 택시를 타고 허허벌판에 있는 현장 숙소로 복귀했는데, 그때 저는 술이 많이 취해서 속이 거북하여 사무실 도착 전 인근 농로에 먼저 내렸습니다. 그리 먼 거리가 아니어서 속을 좀 게워 내고 걸어가려 했는데 차에서 내리고 나니 갑자기 취기가 더 달아올랐습니다.

그 이후로는 어렴풋이 기억나는데, 술에 취해 숙소로 가는 방향도 제대로 가늠하지 못하겠고 휘청거리며 걷다 보니 현장 숙소가 엄청나게 멀게 느껴졌습니다. 가로등 하나 없는 깜깜한 논두렁길을 걷다 보니 아무리 자주 다녔어도 길이 헷갈렸고 어디가 어디인지 분간이 안 되었습니다. 자꾸 길을 못 찾고 헤매다가 술기운에 친한 고교 동창에게 전화를 걸어 대뜸 길을 물어봤습니다.

"○○아. 지금 내가 가고 있는 이 길이 맞냐?"

저는 정말 길이 헷갈렸기에 술기운에 이쪽 지리를 전혀 알 턱이 없는 친구에게 전화해서 길을 물어본 것이었습니다. 그런데 꿈보다는 해몽이 좋다고, 그 친구의 대답이 더 가관이었습니다. 그 친구는 제가 평소 아버지의 병환으로 많이 힘들어했기에 제가 살아가고 있는 이 삶의 방향이 맞냐고(?) 물어본 것으로 해석한 것이었습니다. 그 친구는 한참을 고심하더니 세상 진지하게 답변을 해 주었습니다.

"춘성아. 그래. 지금 네가 가고 있는 길이 편한 길은 아니지만, 현재로서는 그 길밖에는 없는 것 같다. 많이 힘들고 아버지 걱정도 되겠지만 지금 열심히 노력하며 살고 있으니, 언젠가는 반드시 좋은 결과가 있을 거야."

저는 술기운에도 어이가 없어서 다시 회답했습니다.

"야! 뭔 헛소리야? 지금 여기가 현장 숙소 들어가는 길 맞냐고?"

혀가 꼬부라져서 이렇게 상호 황당하게 전화를 끊은 후 저는 한동 안 그 친구에게 술주정 부렸다고 놀림과 야유를 당했었던 기억이 납 니다.

[영종대교 현장 근무 당시]

○ 측량 및 지형 공간 정보 산업 기사 취득

영종대교 현장에서 근무하면서 측량 기술을 새로운 시각에서 바라 보게 되었습니다. 학교 다닐 때는 수학이 그렇게도 싫었었는데, 실제 현장 실무를 접하면서 원리를 이해하니 측량에 쓰이는 수학 공식들이 엄청나게 재미있게 느껴졌습니다. 삼각함수, 피타고라스의 정리, Sin 법칙, Cos 법칙, 제2 Cos 법칙 등 정말 꼴도 보기 싫었던 수학 공식들 이 머릿속에 쏙쏙 들어왔습니다.

기능사 자격 취득 후 실무 경력 1년이면 산업 기사 자격시험에 응시 할 수 있습니다. 저는 딱히 산업 기사 자격증 취득을 목표로 공부한 것은 아니었지만 측량 실무를 하다 보니 각종 공식이 너무 신기하고 재미있어서 이를 더 공부해 보고자 산업 기사 수험서가 아닌, 한 등급 더 높은 측량 기사 자격증 교재를 구입하여 과년도 기출 문제를 모조리 풀어 보았습니다.

기능사 주제에 산업 기사도 아니고, 기사 자격증 실기 시험 문제지를 풀어 보면서 놀고 있었던 것입니다. 그때는 측량 실무를 배우는 하루하루가 너무 재미있고 신기했습니다. 어떤 날은 전방교회법 측량의 개념을 이해하게 되어 직접 연습해 보고 싶은 마음에 퇴근 후에 혼자서 광파 측량기를 꺼내 들고 현장 사무실 부지를 측량한 다음, 그 자료를 바탕으로 밤새도록 사무실에서 캐드로 도면 그리는 연습을 하며 놀았을 정도로 흥미를 느꼈습니다.

그렇게 하다 보니 어느새 기능사 취득 후 1년이 훌쩍 경과되어, 2000년 5월경에 측량 및 지형 공간 정보 산업 기사 자격시험에 응시하였고 매우 수월하게 필기 및 실기 시험 모두 한번에 합격하였습니다. 당시 고교 동창들은 대부분 대학에 진학하여 몇 명은 군대에 빨리 갔으며 또 몇 명은 입대 전에 좀 놀겠다고 휴학하고 있었는데, 저는 그들 중 누구보다도 가장 먼저 산업 기사 자격을 취득하였습니다. 내심 이를 매우 자랑스럽게 생각했고 우쭐하기도 했지만, 친구들 앞에서는 내놓고 말하지는 못하고 당시 혼자 마음속으로 우쭐거리며 이러한 생각을 하고 있었습니다.

'너희들은 학교에 돈을 줘 가며 기술을 배우지만, 나는 회사에서 돈을 받아 가며 기술을 배운다. 대학 나오면 뭐 하나? 현장에서는 학벌이 중요한 게 아니다. 실제 그 일을 할 수 있냐, 없냐의 문제다. 즉, 실무 능력과 그것을 입증하기 위한 자격증이 중요한 것이다.'

지금 생각해 보면 완전한 오판이었습니다. 대한민국 사회에서 학벌이 얼마나 중요한데, 저는 완전히 세상 물정 모르는 어린애였지요.

측량팀에는 제 직속 고참으로 주○○ 주임님과 노○○ 주임님 이렇게 두 분이 있었습니다. 나이는 노 주임님이 2살 더 많았지만, 거의 두 분이 서로 맞먹는(?) 분위기였습니다. 노 주임님이 일단 재수를 해서 학교에 늦게 들어갔고, 그래서 졸업도 늦어서 주 주임님보다는 현장 짬밥이 적었던 것이었습니다. 저는 그 두 분의 관계를 보면서 역시 학벌, 나이보다는 실무 능력이 최고라는 저만의 착각을 점점 더 굳혀 가고 있었습니다.

두 분을 구태여 비교하자면 노 주임님은 일을 되게 열심히 하시는데 크게 성과가 나오지 않는 그런 안타까운 스타일이었고, 반대로 주 주임님은 게으른 듯한데 실속이 있어서 정작 업무를 한 번 시작하면 확실하게 처리하는 스타일이었습니다. 그러다 보니 자연스레 측량팀장님의 신뢰도는 주 주임님에게 더 치우치게 되었고 물 흐르듯 자연스레 주 주임님이 측량팀의 2인자 역할을 맡고 있었습니다.

저는 그 현장에서 주 주임님의 언행을 보며 은근히 많이 따라서 배웠습니다. 어지간해서는 흥분하거나 성질내지 않고 조용하게 말씀하셨으며, 적당히 뺀질거릴 줄 알면서도 일은 잘 처리하고 유머 감각이 있어서 사람들과도 잘 어울리셨습니다. 지금 생각하면 그 당시 그분의 나이가 27~28살이었는데 사회생활에 매우 능숙했던 것 같습니다.

언젠가 전체 회식을 하면서 술을 마실 때 주 주임님이 저에게 해 주신 말이 오랫동안 기억에 남아있습니다.

"박 기사. 남자는 동해바다와 같이 깊고 잔잔해야 해. 도저히 못 참겠으면 동해바다에 풍랑이 일듯이 몰아쳐야 하지만, 그러한 경우가 아니면 고요하고 잔잔해야 한다. 서해바다처럼 들쭉날쭉하면 안 된다. 그리고 측량이든, 품질이든, 어떤 길이든 한 우물만 열심히 노력하면 끝에 다다르는 것은 모두 똑같단다."

그분이야 술기운에 그냥 주워들은 이야기를 어린 후배에게 폼 잡고 한마디 한 것이겠지만, 저는 이 말에 푹 빠져서 지금도 제 마음속의 명언으로 삼으며 이를 지키고자 노력하고 있습니다.

그런데 웃긴 것은 한 우물만 꾸준히 파면 된다고 하신 주 주임님은 정작 본인은 측량 일을 한 3년 하시다가 영종대교 현장 종료와 함께 다른 업종으로 옮겨 아예 탈 토목을 하셨답니다.

이후에도 종종 안부 연락도 하며 경조사 때 가끔 뵙기도 하는데, 친형이 운영하시는 가전제품 도매상에서 영업 및 관리 업무를 하신다는 것 같습니다.

○ 영종대교 현장에서 내가 얻은 것들

어찌 보면 제대로 된 기술자로서의 첫 경험이라 할 수 있는 영종대교 현장에서 제가 얻은 것들을 나열해 보자면 다음과 같습니다.

① 측량 및 지형 공간 정보 산업 기사 취득
② 광파기, 레벨, 평판 등 측량 장비 실무 조작 능력 습득
③ 캐드(CAD) 및 엑셀(XLS), 한글(HWP) 등 프로그램 숙달
④ 계산기를 활용한 측량 프로그램 개발 기법 습득
⑤ 대기업(원청사)의 근무 문화 및 분위기 파악, 동기 부여
⑥ 운전면허 1종 보통 취득

[영종대교에서의 추억]

얻은 것 중에는 유형의 자산도 있고 무형의 자산도 있지만, 모두 다 하나같이 제가 현재까지 건설 기술자로 살아오는 데 큰 도움이 되는 것들이었습니다.

현장에서 일하려면 차량을 운전해야 하는데, 그러려면 우선 운전면허증이 있어야 했습니다. 필기시험은 책 한 권 사서 독학으로 공부한 후 면허 시험장에서 시험을 봐서 합격했고, 기능 시험은 도저히 혼자 할 수가 없어서 현장에서 그나마 가까운(가까워도 차로 30분 거리입니다) 운전면허 학원에 등록하여 합격하였습니다. 비용을 최소로 하고자 도로 주행 시험은 현장 주임님들에게 부탁하여 현장 차를 2번 정도 몰아 보고 시험을 봤는데 다행히도 한번에 합격했습니다.

운전면허 필기시험을 봤을 때는 3일간 과년도 문제만 암기하고 응시했는데 어쩌다 보니 98점으로 합격하여 그 회차 시험에서 1등을 하였

새벽 4시, 꿈이 현실이 되는 시간

습니다. 당시에는 운전면허 시험장(강의실) 앞 복도에 전광판이 있어서 시험이 끝나면 바로 모든 응시자의 시험 성적을 전광판에 띄워 주었습니다. 그래도 1등으로 합격하니 이것도 시험이라고 나름 기분이 좋아서 들떠있었던 기억이 납니다.

오토캐드 프로그램은 한 번도 배운 적이 없었는데, 일하며 사용해 보니 너무나도 편리했습니다. 그래서 혼자 두꺼운 캐드 책을 사서 밤마다 펼쳐보며 캐드 연습을 했는데, 그 당시 장난삼아 태권V 형상의 설계도를 2D 캐드로 그리면서 재미있어했던 기억이 납니다. 제가 처음 접했던 캐드 버전은 R13으로 거의 DOS 체계와 비슷하여 매우 많은 명령어를 숙지해야만 했습니다. 그렇게 힘들게 공부했는데 R14부터는 명령어들도 마우스로 활용할 수 있도록 비약적인 발전이 이루어져 사용이 훨씬 쉬워졌습니다.

끝으로 그 현장에서 습득한 것을 구태여 한 가지 더 추가해 본다면, 자신감을 많이 얻었다는 점도 꼽아 볼 수 있습니다. 대표적인 일화가 있는데, 제가 이전에 상하수도 단종 업체에 다닐 적에 직원이었던 저를 하대하며 부려먹었던 작업반장님을 영종대교 현장에서 다시 만났던 일입니다.

협력사의 시공 상태를 검측하기 전에 제가 자체적으로 확인 측량하러 나갔다가 우연히 현장에서 마주쳤을 때, 그 반장님은 역시나 그때처럼 저를 하대하며 "너도 여기에서 일하냐?"라며 주변 근로자분들에게 자기가 데리고 있던 애(?)라고 저를 소개했습니다. 당시 작업 내용은 겨울 바다에서 강관 파일을 항타하는 것이라서 너무 추워서 옷을 허름하게 여러 벌 겹쳐 입고 현장에 나갔는데, 제 모습이 꾀죄죄하니 본인과 같이 현장에 근로자로 나온 것으로 생각했던 것 같습니다.

거기서 제가 확인 측량을 하며 그 반장님이 소속된 협력사 직원을 불러서 지적을 하고 작업 지시를 내리는 모습을 보면서 그 반장님은 점점 말수가 줄어들었고, 급기야 저기 멀리 근로자들 사이로 사라져서 다시는 아는 척을 안 하셨습니다. 아마도 본인이 알던 1~2년 전의 제 모습과는 확연히 달라진 저의 모습에 좀 낯설고 당황하셨던 것 같습니다.

○ 후학 양성, 호랑이 새끼를 키우다

영종대교 건설 현장 말미에는 제가 원청사 신입사원 등 3명에게 측량 기술을 전담으로 과외했던 적이 있었습니다. 당시 저는 만 2년 차로서 군대에 비유하자면 병장 짬밥으로 나름대로 측량 산업 기사 자격도 갖추었고 일도 잘한다는 주변의 평가를 받고 있었습니다.

처음으로 제가 가르친 사람은 당시 원청사 대기업인 한진건설의 신입사원이었습니다. 당시 그 회사는 신입사원 현장 배치 초기에 인턴 개념으로 각 부서를 1~2주씩 번갈아 돌면서 OJT 방식으로 일을 배우게 했는데, 그 신입사원이 우리 측량팀에 2주간 있을 때 막내인 제가 전담 과외선생이 되어 측량 실무를 가르쳐 주었습니다. 처음에는 본인보다 한참 어리니(제가 22살, 그분은 27살) 반말과 존칭을 반씩 섞어서 호칭하시기에 일부러 어려운 복합 응용 측량 과제를 내주고 제가 그것을 쉽게 처리하는 과정을 보여 주었더니 그다음부터는 깍듯하게 존칭과 예우를 갖춰 주셨던 것이 기억납니다. 저도 그분의 깍듯한 태도가 마음에 들어서 짧은 시간이었지만 제가 아는 측량 기술을 최대한 많이 전수해 드리고자 노력했습니다.

두 번째로 제가 지도한 사람은 교량 상판 철골 구조물을 담당하는 핵심 협력 업체의 신입 직원 2명이었습니다. 당시 그 협력 업체에는 측량 전담 직원이 없어서 항상 우리 원청사 측량팀에게 본인들의 시공 측량 업무를 부탁하며 의존했고, 우리 측량팀은 이것이 큰 불만이었으나 원청사 공사팀장님이 일의 편의를 위해서 가급적이면 도와주라고 요구해서 내색도 못하고 골머리만 썩이고 있었습니다. 이때 측량 팀장님이 꾀를 내어 그 메인 협력사 소장님과 원청사 공사팀장님 사이에 한 가지 제안을 하여 의견 조율을 했습니다.

그 내용인즉, "우리 측량팀도 일이 매우 바쁘므로 협력사 측량 일까지 봐주려면 직원들이 휴일을 반납하며 근무해야 하니, 협력사에서 휴일근로수당 개념으로 매월 200만 원을 우리 측량팀에 보조해 주고 협력사 직원 2명을 우리 측량팀에 전담으로 지원해 주면 우리가 그 2명을 같이 가르쳐서 그 협력사 일까지 처리해 주겠다."라는 것이었습니다.

협의 결과는 매우 좋았고, 바로 협력사에 신규 채용된 2명의 인력이 우리 측량팀에 배정되었습니다. 신입 직원 두 분 모두 저보다 나이가 5살 정도 많았으나, 주로 제가 인솔해 다니며 측량 기술을 가르쳐주었습니다. 그러니 그 두 분도 나이가 한참 어린 저에게 함부로 말을 못 놓고 '박 기사님'이라고 호칭하며 예우를 갖춰 주었었습니다. 아, 그런데 누가 알았겠습니까? 바로 제가 나중에 저를 잡아먹을 호랑이 새끼를 키우고 있었다는 것을 말입니다.

이 당시 협력사로부터 매월 지급받은 200만 원의 지출 용도를 살펴보면 다음과 같습니다.

- 측량팀장님: 50만 원(자가 차량 운영비 10만 원 포함)

- 주○○ 주임님: 35만 원
- 노○○ 주임님: 45만 원(자가 차량 운영비 10만 원 포함)
- 박춘성 기사: 20만 원
- 회식비: 50만 원(매주 회식하기로 한 비용)

지금 생각하면 이른바 "재주는 곰이 부리고 돈은 왕 서방이 챙긴다."라는 말이 떠오르는 노동 착취 구조였지만, 그 당시 월급이 100만 원(세전)이었던 어린 나이의 저는 매월 20만 원이나 더 돈을 준다니 기쁘고 감사한 마음으로 주말을 반납하며 일했습니다.

이러한 여러 경험이 쌓이며 대학교에 대한 저의 이미지는 불필요한 돈만 낭비하는 곳으로 각인되고 있었으며, 굳이 대학을 나오지 않아도 실무 능력이 있고 자격증이 있으면 충분히 인정받고 성공할 수 있다는 착각 속에 빠져서 대학 진학의 불필요성을 강하게 맹신하게 되었습니다.

○ 영종대교 현장에서의 안 좋은 기억

영종대교에서 근무하면서 꼭 좋은 일만 있었던 것은 아닙니다. 나름대로 서럽고 억울하며 힘들었던 일도 꽤 많이 있었습니다. 그중에서도 제가 가장 서럽게 울었던 사례를 하나만 써 보고자 합니다.

당시 측량 회사에서 지급된 컴퓨터는 완전히 구닥다리 고물로써, 조금만 용량이 큰 프로그램을 실행시키면 멈춰버리는 통에 일 처리가 매우 힘들었습니다. 그 시절에 우리 측량팀은 별도의 사무실이 없어서 원청사인 한진건설 사무실 중 품질실 한쪽 구석에 자리 잡고 있었는데 나름 안집(?)인 원청사 품질실장의 눈치를 매우 많이 봤습니다. 그도 그럴 것이, 품질팀은 모두 원청사 소속이었고 밑의 말단 기사들은 비록 현채직(현장채용 계약직)이었지만, 품질팀장은 정규직 과장이었기 때문입니다.

우리 측량팀은 하도급을 받은 업체이기에 품질팀에 전혀 발언권이 없었습니다. 사무실 공간을 내어준 것만으로도 감지덕지해야 할 입장이었으니…. 그 품질실에는 품질 직원들이 각종 시험 데이터를 정리하기 위해서 쓰는 최신형 공용 컴퓨터가 1대 비치되어 있었습니다. 당시 기준으로는 최고 성능이었습니다. 저는 회사에서 지급받은 컴퓨터가 너무 버벅거리는 탓에 가끔 용량이 큰 캐드 파일을 편집하거나 복잡한 엑셀 계산식 시트를 구동할 때 종종 그 품질팀의 공용 컴퓨터를 사용했습니다.

그 사건이 있던 날도 공용 컴퓨터를 품질팀이 안 쓰고 있기에 저는 그곳에서 용량이 큰 캐드 도면 작성을 하고 있었는데, 이때 품질팀장이 사무실로 들어오면서 그 컴퓨터를 써야 하니 비키라고 하셨습니다. 그래서 하던 작업을 저장하고 제 책상으로 돌아왔는데 그 품질팀장이 갑자기 소리를 버럭 지르며 저에게 성질을 냈습니다.

이유인즉슨, 장기간 동안 주기적으로 데이터를 축적하여 작성해 오던 파일을 화면에 띄워 놨었는데 그 파일이 꺼져 있기에 다시 파일을 열어보니 그동안 축적했던 시험 데이터가 저장이 안 되어 있었다는 것이었습니다.

제가 비록 조금 전까지 그 컴퓨터를 사용하기는 했지만, 캐드 프로그램을 구동한 것 외에는 다른 어떤 프로그램을 건드린 적이 전혀 없었는데 저에게 화를 내시니 너무 억울했습니다. 그 품질팀장은 아예 이번 기회에 측량팀을 쥐어 잡고 그 컴퓨터도 못 쓰게 하려는 요량이 었는지 더욱더 모질게 소리 지르며 광분해서 날뛰었습니다. 측량팀에게 대놓고 욕하지는 않았지만, 괜히 옆에 앉아있던 품질팀 막내 현채 직원에게 품질실 장비 관리 똑바로 못하냐며 욕하면서 길길이 날뛰었고, 그 와중에 저희 측량팀 직원들 들으라는 듯이 이제 품질실에 있는 기자재는 품질 직원 이외에는 아무도 손을 대지 못하게 철저히 관리하라고 엄포를 놨습니다.

저는 너무 억울했습니다. 제가 하던 캐드 작업 외에는 만진 게 없는데, 그 품질팀장은 마치 제가 모든 일의 원흉이라도 된 것처럼 몰아가고 있었습니다. 그때 가만히 앉아있던 측량팀장님이 저에게 핀잔을 주었습니다. "앞으로 각자 개인 컴퓨터 외에는 사용하지 말라."라며, "남의 컴퓨터를 사용했으면 조심히 다뤄야지, 왜 파일을 삭제하고 그러냐."라며 저를 나무랐습니다.

혼내는 시어머니보다 말리는 시누이가 더 얄밉다고, 꾹 참고 있었는데 우리 측량팀장님까지 그렇게 말하자 너무도 억울한 마음에 그만 눈물이 터졌습니다. 20살짜리 어린애였던 저는 터져 나오는 눈물을 막지 못했고 질질 짜는 그 와중에도 부끄러운 감정이 들어서 손바닥으로 흘러내리는 눈물을 닦으며 시험실 밖으로 뛰쳐나가 직원들이 추울 때 몰래 숨어서 담배를 태우는 창고로 들어가 구석에 주저앉아서 펑펑 울었습니다.

너무 억울한 마음에 한 1시간가량은 울었던 것 같습니다. 나중에 연배가 비슷한 막내 품질 직원 형님이 쫓아와서 저를 달래주며 신경 쓰지 말라고는 했지만, 그때 입은 자존심의 상처는 이루 말할 수가 없었습니다. 그래서 다음 날, 제 자비를 들여서 컴퓨터 본체를 새로 사왔고, 이후에는 제 컴퓨터만 사용했으며 컴퓨터 본체에도 큼지막하게

A4 용지로 다음과 같이 안내문을 테이프로 붙여 두고 저 외에는 아무도 손을 못 대게 했습니다.

"본 PC는 자비로 구입한 개인 자산임. 주인 허락 없이 촉수 엄금."

아마… 그때부터였던 것 같습니다. 측량팀장님에 대한 저의 신뢰가 깨어지고 불신의 감정이 생기기 시작했던 때가…. 측량팀장님은 해병대 출신으로, 연고지인 울산 지역에서 전문대를 졸업하고 울진 원자력 건설 현장에서 측량직으로 오랫동안 근무하면서 젊은 나이지만 회사 경영진들에게 커리어를 인정받고 있었습니다.

측량팀장님이 술 한잔하여 취기가 오르면 자주 하는 이야기가 있었습니다.

"내가 10년 전에 세 가지를 예견했다. 향후 10년 후 미래에는 운전면허, 컴퓨터 활용 능력, 국가 기술 자격증. 이렇게 세 가지가 필수조건이 될 것이라고. 결국 나는 열심히 노력하여 모두 달성했고 그 결과로 이렇게 인정받으며 성공적으로 살고 있다."

저도 그러한 측량팀장이 멋있어 보였습니다. 당시 그분을 서른 초반의 능력 있는 중견 관리자로 존경해 왔는데, 그 사건 이후로 측량팀장님에 대한 저의 신뢰는 서서히 금이 가기 시작했던 것 같습니다.

장항선 철도 현장

○ 장항선 철도 노반 개량 공사

　항상 만남이 있으면 헤어짐이 있습니다. 건설 현장은 그 만남과 헤어짐의 기간이 다른 직종에 비해 매우 짧습니다. 이게 바로 건설업 최고의 장점이자 단점이라고 생각합니다. 아무리 마음이 잘 맞는 직원도 2~3년만 지나면 헤어져야 하고, 반대로 정말 꼴 보기 싫은 직원도 2~3년만 꾹 참으면 안 봐도 됩니다.

　2000년의 초여름이었습니다. 영종대교 건설 공사 현장이 거의 끝나갈 무렵, 현장 말미가 되어가니 이제 우리 측량팀 직원들도 각각 제 갈 길을 찾아서 흩어지게 되었습니다. 그때나, 지금이나 회사가 직원들의 앞날을 모두 챙겨주는 게 아니다 보니 이는 당연한 일이었습니다.

　우선 제 맞고참인 두 주임님은 현장 마무리를 해야 하므로 영종대교 현장에 잔류하기로 했고, 그분들 또한 그즈음에는 탈 토목을 구상하고 있었기에 그걸 더 원했었습니다. 실제로 주○○ 주임님은 앞서 언급한 것처럼 그 이후로 전자제품 도매업으로 옮기셨고, 노○○ 주임님은 이후 잘 연락이 안 되어 정확히는 모르겠으나 감리사로 옮기셨다고 전해 들었습니다.

　팀장님 역시 회사가 알아서 일거리를 물어다 주는 게 아니었기에 본인이 알아서 영업하여 일거리를 따내야만 자리를 보존할 수 있었습니다. 아마 모든 영세 업체는 예나, 지금이나 유사하리라 생각합니다. 말이 좋아서 정규직이지, 고용 안정성은 대기업 현채 계약직만도 못합니다.

그즈음에 원청사였던 대기업에서는 몇몇 건설 공사를 새로 수주하였고, 마침 영종대교 현장의 공사부장님으로 계시던 임○○ 부장님이 그 중 어느 신규 현장의 초임 현장소장님으로 부임하게 되었습니다. 천안-온양 간 장항선 철도 복선화 노반(도로-철도 노선의 하부 원지반) 개량 공사였는데, 착공을 위해서 가장 첫 번째로 시급한 업무는 현황 측량 및 철도 용지 경계 측량이었습니다.

원래 모든 게 그렇듯이, 급한 일이 생기면 사람 심리가 자신과 가장 가까운 주변에서부터 우선 그 적임자를 찾아보게 되어 있습니다. 그러다 보니 자연스레 현장 업무가 끝나가는 우리 측량팀이 임○○ 소장님의 눈에 들어오게 되었고, 측량팀장님과 논의하여 우선 급한 대로 기준점 측량 및 현황 측량, 용지 경계 측량 등의 조사 측량 업무를 수의 계약으로 용역을 주고 측량팀장님을 그 현장의 측량 책임자로 데려가기로 협의가 되었습니다.

측량팀장님의 당시 계획은 우선 수의 계약으로 짧은 기간의 조사 측량만 따내었지만, 현지에 내려가서 임○○ 소장님과 지속해서 협의하여 장기간 시공 측량 용역까지 수주할 계획이었습니다. 앞서 언급한 바와 같이 측량팀 4명이 모두 내려가면 영종대교 현장 마무리가 안 되므로, 주임님 2명은 그대로 남아서 영종대교 현장을 마무리 짓고 막내인 저만 데리고 천안으로 내려가서 현지에서 새로운 인력을 충원하고자 하였습니다. 급하게 여기저기서 충원 인력을 알아봤고 그 결과 1명의 새로운 인력이 충원되었습니다.

헐. 그런데 그 신규 충원 인력이 1년 전에 제가 데리고 다니며 측량 실무를 가르쳐준 협력사의 측량 직원이었던 임○○ 기사님이었던 것입니다. 저는 그때까지도 몰랐습니다. 제가 호랑이 새끼를 키웠다는 것을….

○ 장항선 철도 현장에서의 업무

건설 공사를 처음 수주하면 초기에는 최소한의 직원만 배치되어 현장 사무실을 건설하는 동안 임시로 상가 및 아파트 등에서 단기 월세를 얻어서 우선 착공 준비 업무를 처리합니다. 제가 천안으로 처음 내려갔을 때의 상황도 그러했습니다. 임시 사무실은 상가 공실을 구하지 못해서 32평 아파트를 단기 월세로 얻어서 작은 방 하나는 소장님의 사무실로 사용하고 나머지 거실과 방에 책상을 배치하여 임시로 사무실을 구성하였습니다. 직원은 급한 대로 현장소장 등 최소인원 5명만 우선 배치된 상태였습니다.

원청사 사무실 꼴이 그러하니 하도급받은 우리 측량팀 3명까지 들어가 있기에는 공간이 턱없이 부족했습니다. 그렇다고 우리는 원청사 직원도 아니었기에 사무실을 달라는 등의 요구를 할 수도 없었습니다. 결국 저희 측량팀은 인근 모텔에 장기 투숙하며 모텔 방에 플라스틱 맥주 박스(궤짝) 몇 개를 뒤집어놓고 방바닥에 양반다리를 하고 앉아서 그곳이 사무실인 양 업무를 처리했었습니다.

여태껏 근무했던 영종대교 현장은 시공 측량 업무여서 잘 만들어진 길로 다니며 나름 안전하고 편안하게 일했었는데, 천안에 내려와서는 전혀 다른 조건이었습니다. 우선 수행할 임무가 기준점 측량이었기에 국립지리원(당시 명칭)에서 발급받은 국가 기준점 조서를 바탕으로 여러 산꼭대기에 올라가 우거진 수풀을 헤치며 기준점들을 찾아내어 삼각망을 구성해 전체 철도 노선 구간에 측량 기준점들을 측설하였습니다.

이렇게 노선 중간마다 뼈대가 되는 기준점 삼각망을 구성하고 결합 트래버스 측량 방식으로 좀 더 세부적인 보조 기준점들을 측설한 후, 이 기준점들을 바탕으로 정밀 현황 측량을 수행하였습니다.

해가 뜨면 광파기, 레벨 등의 측량 장비를 짊어지고 산과 들판의 수풀을 헤치며 철도 계획 노선을 따라 현황 측량을 수행했고, 해가 떨어지면 모텔로 돌아와 낮에 측량한 외업 데이터를 엑셀 및 캐드 프로그램으로 변환하여 현황도를 작성하는 작업을 매일 진행했습니다. 이렇게 1개월 정도 작업하니 전체 노선에 대한 현황 측량은 어느 정도 윤곽이 잡혔습니다.

다음으로 수행한 업무는 철도 용지 경계 말뚝 표지 설치였는데, 제 기억에는 이 업무가 가장 힘들었습니다. 현황 측량 성과를 바탕으로 국가가 매입해서 보상해야 하는 철도 용지의 경계를 측량하고 20m 간격으로 그 포인트마다 용지 경계 말뚝을 해머로 박아야 하는데, 그 말뚝의 무게가 개당 10kg 이상 나갔던 것으로 기억합니다.

용지 경계 위치를 측량하여 깃발을 표시하는 것까지는 측량 폴대와 프리즘만 들고 다니면 되기에 그리 힘든 게 없었는데, 개당 10kg이나 되는 말뚝 4~5개씩을 어깨에 이고 대형 망치(일본식 현장 용어: 오함마)까지 들고 다니려니 정말 죽을 맛이었습니다. 그것도 땡볕이 작살인 7~8월 한여름에 말입니다.

장항선 철도 현장은 제 진학 문제 및 군 복무 문제로 오래 근무하지 못하고 2000년 5월부터 11월까지 약 6개월간 있었는데, 그중에서도 초반 3개월은 정말 막노동이 더 편하다고 할 정도로 생고생을 하였습니다. 이렇게 고생하면서 기준점 측량과 현황 측량, 용지 경계 측량을 마무리 지었고 나머지 후반 3개월은 다시 예전의 영종대교에서처럼 시공 측량을 수행하면서 총 6개월을 천안 및 온양에서 보냈습니다.

○ 2인자 자리를 빼앗기다

처음에 장항선 현장으로 투입되면서 저는 측량팀장님과 모종의 협의를 했습니다. 당시 저의 경력이나 자격 조건을 봤을 때 팀장님이 방향만 잡아 주시면 충분히 제가 현장 일을 치고 나갈 수 있었으므로 팀장님께서는 저에게 실무 총괄 업무를 맡기겠다고 하였습니다. 즉, 2인자의 자리를 약속받았던 것입니다.

그런 와중에 예전에 제가 측량 기술을 가르쳤던 협력사 직원분이 우리 측량팀에 합류하게 되었고, 그때만 해도 제가 실무 총괄, 즉 2인자라는 사실에는 변함이 없었습니다. 그러나 막상 천안으로 내려와서 업무를 하다 보니, 역시 대한민국 사회에서는 나이와 학벌의 중요성을 무시할 수 없다는 것을 뼈저리게 느끼게 되었습니다.

새로 합류한 임○○ 기사님은 전문대 지적학과 출신으로 측량산업기사 자격이 있었으며, 당시 27살이었고 팀장님과 같은 해병대 출신으로 측량팀장님에게 선배님이라고 호칭하며 아주 살갑게 대했습니다. 물론 일도 못하지는 않았습니다. 하지만 측량에 대한 경험이나 각종 계산 공식에 대한 지식, 측량 프로그래밍, 캐드·엑셀 등의 사무 능력은 단연 제가 훨씬 우월했습니다.

이러한 업무 능력의 우위로 처음에는 제가 2인자로서 업무를 이끌었는데, 어느 순간부터 측량팀장님이 임○○ 기사님을 통해서 지시를 내리는 것이었습니다.

물론 그렇다고 해서 그 임○○ 기사님이 저를 하대하지는 않았습니다. 매우 인간관계를 좋게 잘 관리하는 분이었기에 팀장님의 기분도 잘 맞춰드리고, 나이가 5살 어린 저에게도 예우해 주며 전체적인 조직의 분위기를 잘 이끌었습니다.

그때는 2인자 자리를 빼앗긴 것에 대해 많은 서운함이 있었지만, 근 마흔인 지금의 나이에 다시 생각해 보면 아마도 제가 팀장님의 입장이었어도 군대도 갔다 오지 않았고 고졸 출신인 21살짜리 어린애보다는, 같은 해병대 후배이고 능글능글하게 융통성 있고 붙임성도 좋은 임○○ 기사를 더 중용했을 것 같습니다.

천안의 모텔에서 지내며 업무를 본 지 2개월 정도 지났을 즈음에는 완전히 형세가 역전되어 저는 자연스레 팀의 막내 역할을 하게 되었고 그 임○○ 기사님이 완전히 2인자의 역할을 하게 되었습니다. 업무도 전문 지식이 덜 필요한 현장 외업 부분은 임○○ 기사님 주관으로 진행되었고, 저는 문서 작성 능력이 더 우월했으므로 캐드·엑셀·한글 등의 사무 업무를 거의 전담하다시피 하여 자연스레 업무 분담이 되었습니다.

하지만 이는 제가 손해였습니다. 왜냐하면 외업은 일이 힘들고 많아서 모든 직원이 다 같이 해야 하는 것이 많았고, 내업은 대부분 노트북 컴퓨터로 저 혼자서 수행하는 일이었기 때문이죠. 어찌 보면 저만 남들보다 일을 2배로 하는 꼴이 되는 것이었습니다.

제가 그렇게 낮에는 땀을 뻘뻘 흘리며 용지 경계 말뚝 망치질(오함마)을 하고 모텔 숙소로 복귀하여 저녁에는 혼자서 캐드 도면 작성 및 보고서를 만들고 있을 때, 위의 두 분은 가끔 밖에 나가서 시원한 맥주를 한잔하시는 등 점점 일의 불균형이 형성되었습니다.

그러던 중에 제가 대학교를 어떻게든 진학해야겠다는 생각이 결정적으로 들게 된 사건이 발생했습니다. 그때까지만 해도 저의 생각은 이전과 변함없이 학력보다는 실무 경력과 자격증이 우선이라고 생각했습니다. 그러나 이 생각은 완전히 오판이었습니다.

그즈음에 조사 측량에만 한정된 단기 용역 계약을 장기 시공 측량으로 추가 수주하려고 측량팀장님은 큰 노력을 기울였습니다. 그러던 중 원청사 소장님에게 인사드린다고 저희 측량 회사 사장님이 현장에 방문한 일이 있었습니다. 결국 그럼에도 단기 계약으로 끝나버렸지만….

정확하게 기억나지는 않지만, 그때 사장님이 방문하신 이후로 임○○ 기사님은 주임으로 승진했습니다. 아마도 측량팀장님이 사장님께 좋게 잘 말씀드려 주셨을 것입니다. 저는 너무 억울했습니다. 제가 그분보다 경력도 더 많고 똑같은 산업 기사 자격등급인데….

그리고 그 임○○ 기사님에게 하나부터 열까지 측량 기술을 가르쳐 준 사람이 바로 저인데, 어찌 제가 아니라 임○○ 기사님을 먼저 진급시키는 것인지? 게다가 제 직속상관으로?

이를 계기로 그동안의 저의 생각이 완전히 틀렸다는 것을 알게 되었습니다. 제가 군대도 안 다녀왔고 나이가 어리다 보니 윗분들을 모시는 법을 잘 몰랐던 것도 있었지만, 결정적으로 학벌이 문제였습니다. 이 사건 이후로 저는 대학 진학의 필요성을 절실히 느끼게 되었습니다. 또한, 제가 그동안 호랑이 새끼를 키웠다는 것을 확연히 느낄 수 있었습니다.

○ 장항선 현장에서의 짧은 추억들

그 당시의 저는 아직 군대도 안 가 봤지만, 군인들이 휴가나 외박 나올 때의 기분을 이해할 수 있었습니다. 왜냐하면, 저 역시도 객지(천안)에 있다가 2주에 하루씩 집으로 외박을 나갔거든요. 2주 만에 쉬는 하루의 휴일은 꿀맛 같았고, 그날은 연고지에서 지인들을 불러내어 밤새도록 술을 마시고는 했습니다.

처음 장항선 현장으로 투입되었을 때, 아직 현장 사무실 및 숙소가 없다 보니 약 2달 정도 모텔에서 장기 투숙을 했는데, 모텔 단칸방에서 남자 3명이 부대끼며 생활하니 상당히 고역이었습니다.

지금 생각하면 다시는 절대 그렇게 지낼 수 없을 것 같습니다. 게다가 그 임○○ 주임님은 코를 얼마나 심하게 골았던지, 돌이켜 생각해 보면 완전히 군 내무반 생활이나 다를 게 없었습니다.

장항선 현장에서의 추억이라 할 만한 것은 2가지 정도의 일화가 있습니다. 둘 다 술과 관련된 이야기인데, 첫 번째는 진정한 맥주의 맛을 깨우치게 된 계기입니다.

7월에 한창 땡볕에서 조사 측량을 수행하다가 너무나도 목이 말라 골목길의 구멍가게에 들어갔는데, 희한하게도 그날따라 시원한 캔 맥주가 눈에 확 꽂혔습니다. 그래서 맥주 한 캔을 사서 다른 직원들이 볼까 조마조마한 마음으로 구멍가게 안에서 단숨에 원샷으로 들이켰습니다. 그때 느꼈던 그 시원함이란. 맥아와 탄산의 조화로 목구멍부터 시작해서 위장까지 한번에 뻥 뚫리는 기분을 느꼈습니다.

그때까지만 해도 나이가 어렸기에 아직 진정한 술맛을 느끼면서 술을 마시는 게 아니라 그냥 분위기에 취해서 술을 마시는 정도였는데, 그 일을 계기로 진정한 술맛을 조금씩 알아가게 된 것 같습니다.

두 번째 일화는 한산소곡주에 대한 추억입니다. 아마도 삼복더위가 한참이던 말복이었던 것으로 기억합니다. 협력사 중 한 곳에서 원청사 직원들에게 토종 닭 백숙 집에서 점심 접대를 한 일이 있었는데, 당시 우리 측량팀도 같이 껴서 얻어먹게 되었습니다.

우리 측량팀은 당시 협력사에 대한 시공 측량까지 서비스로 병행해 주다 보니 업무의 수월성 확보를 위해 원청사 소장님의 승인하에 대외적으로는 한진건설 직원이라고 말하고 다녔었습니다. 그래야만 협력사에서 우리 측량팀의 말을 존중해 주었기 때문이죠.

마치 예비군 동원 훈련에 들어가면 소위나 중위들이 가짜로 대위 계급장을 부착하고 교관을 하는 것과 같습니다.

그때 그 닭 백숙을 먹으며 협력사 소장님이 반주를 한 잔씩 돌렸는데, 홀짝홀짝 마셔보니 그 맛이 은은히 달달하니 엄청나게 일품이었습니다. 이렇게 오묘하며 신비로운 맛을 내는 술은 난생처음이었습니다. 그래서 몇 잔 더 홀짝거리다 보니 금방 취기가 올랐는데 너무 맛이 좋아서 그 술에 관해 물었더니, 그 가게에서 직접 담근 '한산소곡주'라고 했습니다.

한산소곡주는 일명 '앉은뱅이 술'이라고도 불린다고 합니다. 한 번 마시기 시작하면 너무 맛있어서 계속 마시게 되고, 그러다 보면 자리에서 일어나지 못하고 주구장창 앉아만 있다고 해서 붙여진 별명이라 합니다. 한산소곡주를 그때 그렇게 맛있게 먹었던 기억이 있어서 나중에 마트에서 몇 번 사다가 마셔 봤는데, 전의 그 맛이 나지 않았습니다. 역시 직접 담근 담금주에서만 느낄 수 있는 손맛과 정성의 맛을 기성품은 흉내 낼 수 없는 것 같습니다.

○ 실무 능력보다는 역시 학벌이 우선이었다

장항선 현장에서 한창 땀방울을 흘려가며 일할 때, 생애 첫 직속상관으로 모셨던 김○○ 측량팀장님과의 갈등과 반목이 서서히 심화되기 시작했습니다. 갈등의 최초 발단은 앞서 언급했던 영종대교 현장에서의 몇몇 사건들 때문이었고, 장항선 철도 현장으로 옮긴 이후의 본격적인 갈등은 제가 아닌 임○○ 주임님에게 2인자의 역할을 맡기게 되면서부터였습니다.

저도 사람인지라 당초 2인자에서 졸지에 막내가 되어버리니 마음이 편치가 않았습니다. 그러던 와중에 또 다른 몇몇 갈등의 사건이 다음과 같이 있었습니다.

장항선 현장 투입 초기에는 2주 동안 일하고 주말을 하루 쉬는 구조였습니다. 측량팀 모두 연고지가 서울, 인천이다 보니 3명 모두 측량팀장님 차를 타고 같이 천안에서 인천으로 올라가곤 했습니다. 그러던 중의 일입니다. 주말이다 보니 고속도로가 군데군데 유령 정체가 있어서 급정지를 하기도 했는데, 그때 뒤에 달려오던 차량이 그대로 우리 차를 세게 들이받아 버렸습니다.

차 트렁크가 움푹 말려 들어가는 등 차는 많이 파손되었지만, 사람들은 다행히도 크게 다치지는 않았습니다. 그저 충격에 의해 뻐근함을 느끼는 정도였습니다. 사고를 낸 뒤차의 운전자는 밖으로 나와서 어쩔 줄 몰라 하며 안절부절못하고 있었습니다.

사고를 낸 운전자는 알고 보니 현역 해군 하사였습니다. 그러다 보니 부대에 교통사고를 낸 것이 알려지면 인사상 불이익을 받는다고 우리 측량팀장님에게 싹싹 빌면서 치료비와 수리비는 전액 현금으로 보상해 주겠다고 했었던 것 같습니다.

이때의 상호 협의 과정은 제가 관여하지 않아서 세세한 협의 내용은 잘 모르지만, 제가 우리 팀장님에게 서운했던 것이 있습니다. 사고를 당해서 부상을 입고 피해 본 것은 개개인 모두인데, 측량팀장님 혼자서 독단으로 치료비 등 보상금을 협상한 것입니다. 크게 다친 것은 없으니 입원하지 않는 조건으로 현금으로 각 20만 원씩을 받기로 협의했던 것으로 기억합니다.

저는 그 부분에서 기분이 좋지 않았습니다. 아니, 팀장님이 의사도 아닐진대, 제가 아픈지, 안 아픈지를 왜 임의로 결정하는 것인지? 아마도 입원해버리면 현장 조사 측량 업무에 지장이 생겨버니 팀장님 임의로 입원하지 않는 조건으로 결정해버린 것 같습니다. 이것도 좀 서운한데, 팀장님의 다음 제안에 더 마음 상하게 되었습니다. 각각 20만 원씩 공돈이 생겼으니, 모두 돈을 모아 고급 술집에서 진하게(?) 한잔하자는 것이었습니다.

저는 반대했습니다. 병원 치료를 하지 않는 것까지는 참겠지만, 내 목과 어깨가 뻐근히 결리는 후유증과 맞바꾼 20만 원을 그렇게 허망하게 술 마시고 노는 데 탕진하고 싶지가 않았습니다. 저의 그 의견이 측량팀장님에게는 불쾌하고 괘씸하게 여겨졌는지, 이후로 한동안 분위기가 꽤 냉랭해졌습니다.

그 이후로는 저 혼자만의 억측일 수도 있겠지만, 저에게는 일 잘했을 때의 칭찬보다는 실수했을 때 귀신같이 잡아내어 혼나는 일이 훨씬 더 잦아졌습니다.

그 사건 몇 개월 이후, 저는 내업 부분에서 처리할 게 많다 보니 사무실에서 업무를 하고 있었고, 팀장님과 임 주임님은 현장에 좌표 측량 외업을 나갔습니다. 임 주임님이 휴대전화로 연락하여 어떤 좌푯값을 계산하여 알려달라고 했습니다.

저는 정신없이 서류 작업을 하던 중에 급하게 계산기를 두들겨서 좌표를 불러 주었는데 실수로 틀린 좌표를 불러 주었습니다. 그랬더니 몇 분 후 팀장님께 직접 전화가 왔는데, 엄청나게 화를 내며 저를 나무랐습니다. '이 XX', '저 XX'까지 찾으며 마구 성질을 내는 것이었습니다.

물론 제가 실수한 게 맞지만, 그게 그렇게까지 욕을 들어야 하는 일인지 의아했습니다. 가뜩이나 진급 차별 문제 등 여러 가지 사건으로 대학 진학에 대해 많은 고민 중이었는데 그 사건이 결정적인 계기가 되어 퇴사를 결정하게 되었습니다.

물론 그렇다고 단순히 측량팀장님과의 불화만으로 퇴사하게 된 것은 아니었습니다. 앞서 언급한 것처럼 제가 아무리 자격증이 있고 실무 능력이 있어도 학벌 때문에 승진이 밀리는 일을 겪고 나니, 저의 먼 장래를 위해서는 야간 대학이라도 졸업해야만 하겠다고 결심하게 된 것이고, 이러한 와중에 측량팀장님과의 관계 악화가 더 빠른 결정을 내리는 데 영향을 준 것뿐입니다.

그래서 어느 날 저녁에 저는 팀장님에게 조심스럽게 진학 및 퇴직 의사를 말씀드렸고, 상호 의견을 조율하여 후임자가 배치될 때까지의 기간을 고려해 그 시점부터 1.5개월 정도 더 근무하기로 하고, 2000년 11월 15일에 장항선 현장의 업무를 깔끔히 인수인계 후 퇴사하였습니다.

그 이후 약 8년 정도 지난 2008년에 제가 현대건설 현채 계약직으로 근무할 적에 그 측량팀장님과 우연히 연락되어 소주 한잔을 가볍게 한 적이 있었습니다. 그때 지나온 8년간의 경과를 듣기로는 장항선 현장에서는 결국 시공 측량 장기 계약이 불발되었고, 그 당시 측량팀장님은 장기 계약이 될 것이라 예상하여 이미 가족 모두를 데리고 아산으로 이사를 와 있었기 때문에 이럴 수도, 저럴 수도 없는 상황이어서 부득이 측량 회사는 퇴사하고 그 한진건설 현장소장님에게 사정사정하여 측량팀장님만 그 현장에서 현채 계약직으로 채용되어 공사 업무를 담당하다가 최근에야 준공을 하고 여수의 다른 도로공사 현장으로 옮겼다고 들었습니다.

측량팀장님의 가족들은 자녀가 커 감에 따라 계속 이사를 할 수가 없기에 천안, 아산에 아예 터를 잡고 사신다고 했고, 그 이후에는 만나 뵙지 못했지만, 가끔 안부 문자를 드린 바로는 2010년 정도에는 또 울산의 도로 현장으로 옮겨갔다는 소식을 들었고 그 이후에는 어쩌다 보니 연락이 끊겨버렸습니다.

하여튼, 제가 제대로 된 토목 기술자로서 눈을 뜨게 해준 첫 회사, 첫 사수와의 시간은 이렇게 마무리되었고, 저는 대학 진학이라는 제 인생의 새로운 도전을 시작하게 되었습니다.

새벽 4시, 꿈이 현실이 되는 시간

짧은 대학 생활

○ 남들 일할 때 일하고, 남들 쉴 때 쉬어야 한다

　저는 이십 대 초반의 어린 나이에 군 복무와 엇비슷한 근 2년이라는 긴 시간을 객지 건설 현장에서 보내고 2000년 11월 15일부로 퇴사를 하였습니다. 그 후로 가장 먼저 한 것은 우선 대학 입학 전까지 다른 일자리를 구하는 것이었습니다.

　저는 집안 경제 사정상 계속 돈을 벌지 않고서는 도저히 생계유지가 안 되는 상황이었습니다. 그때는 참 어리숙했다고 스스로 느껴지는 게, 지금 관점에서 보면 상식적으로 퇴사하기 전에 이직할 일자리를 확실히 준비해 놓고 나왔어야 하는데 전혀 그런 준비 없이 퇴사했습니다.

　그렇게 측량 회사를 퇴사한 지 단 하루 만에 우선 급하게 대형 쇼핑몰의 아르바이트 자리를 하나 구하게 되었습니다. 이전 회사 근무 당시 고참 분들에게 주워듣기로 대학에 가면 근로 장학생(일명 '꽈돌이')이라는 제도가 있다고 들었고, 원만한 학업을 위해서는 '꽈돌이'를 하는 게 더 좋아 보였기 때문에 우선 입학 전까지 약 3~4개월만 할 수 있는 단기 아르바이트 자리를 알아보았습니다.

　그 아르바이트는 부평역 역사에 있는 대형 쇼핑몰에서 주차 안내를 하는 것으로서, 그때부터 대학에 입학할 때까지 약 3개월간 제 인생 처음이자 마지막 아르바이트를 경험해 보았습니다. 대형 쇼핑몰이니만큼 주말에는 전원이 근무하고 평일에 돌아가면서 쉬는 구조여서 다행히도 그해 연말에 대학 입학 원서 제출하러 다니는 데 필요한 시간을 낼 수 있었습니다.

당시만 해도 현재와 같은 온라인 시스템이 갖춰져 있지 않아서 대학 입학 원서를 대형 서점에서 직접 구매한 후 수기로 작성하여 첨부 서류와 함께 해당 학교의 정해진 일자에 우편이나 방문 제출하는 형식으로 대학 입시가 진행되었습니다.

당시에는 4년제 대학이 지금과 같이 난무하지 않았고 특히나 제 연고지인 인천에는 더욱이 4년제 대학이 몇 개 없었습니다. 저는 실업계 공고를 졸업했기에 수능 시험은 물론이고 수능 모의고사조차도 한 번 본적 없었기에 수능 성적은 없었고, 그러니 당연히 4년제는 포기하고 공고생답게(?) 인천 지역 내 전문대에 입학 원서를 제출하고자 알아봤습니다.

또한, 저는 항상 돈을 벌어야 했기에 야간반이 있는 토목과만 지원해야 했으므로 이런저런 조건을 따지다 보니 마땅히 지원 가능한 곳이 단 한 군데밖에 없었습니다. 바로 인하공업전문대학(인하공전)으로 나름 전문대 중에서는 수준이 높은 곳이었습니다.

고교 시절에 저와 비슷한 성적의 친구들 몇 명이 그 대학에 다니고 있었기에 당연히 저도 합격할 것이라 예상했고, 예상과 같이 나름 8:1이었던 경쟁률을 뚫고 무난히 특별 전형에 합격하였습니다.

그렇게 저는 2001년 3월의 입학식 직전까지 대형 쇼핑몰 주차 안내 요원으로 일했고, 어린 나이에 일찌감치 사회의 물을 먹어서 그런지 일하면서도 윗분들에게 성실하다는 좋은 평을 많이 들었습니다.

끼리끼리 논다고 주로 군 제대 후 아르바이트를 하는 형님들과 잘 어울렸으며 그들과 소주도 한잔하며 2000년의 겨울을 보냈었습니다. 그 당시 매번 휴일마다 쇼핑몰에서 일하면서 느꼈던 큰 깨달음이 하나 있었는데, 바로 '역시 사람은 남들 일할 때 일하고, 남들 쉴 때는 쉬어야 한다.'라는 것이었습니다.

○ 대학 입학식 날 육군 특기병 지원

당시 제가 보유하고 있던 돈은 약 2년 넘게 일하면서 쥐꼬리만 한 월급을 받아 부친 병원비, 공과금, 생활비 등으로 지출한 후 간신히 쌈 짓돈 20~30만 원씩을 모아서 만든 640만 원이 전 재산이었습니다. 그렇기에 저는 어릴 때부터 항상 철저한 금융 계획을 세워야만 했습니다. 우선 첫 학기 대학 등록금을 지출하면 남는 돈이 400만 원 뿐이기에, 생활비를 고려하면 도저히 다음 학기 비용까지 충당할 재간이 없었습니다. 이러한 계산에 어쩔 수 없이 1학년 1학기만 마치고 바로 군대에 입대하는 것으로 방향을 잡게 되었습니다.

2001년 3월, 대학 입학식 날. 제 주변의 모든 사람은 가족과 함께 삼삼오오 모여 꽃다발을 하나씩 들고 봄의 기운처럼 화기애애한 모습을 보이며 입학을 축하받고 있었습니다. 저는 언제나 그렇듯이 초등학교 졸업식 이후 단 한 차례도 입학식이나 졸업식에 가족조차도 찾아와 준 적이 없습니다. 그날도 늘 그렇듯이 저 혼자 입학식 행사가 끝난 후 대학 근처를 터덜터덜 걸으며 둘러본 뒤에 인근 중국 음식점으로 가 자장면 한 그릇을 시켜 먹고, 학교에서 그리 멀지 않은 곳에 위치한 인천 지역 병무청으로 발걸음을 옮겼습니다.

병무청 방문은 고교 졸업 후 병역 자원 신체검사를 받을 때 이후로 두 번째였습니다. 그렇게 저는 홀로 병무청에 들어가 군 입대 지원서를 작성했습니다. 한참 전의 일이라 선명하게 기억은 안 나지만, 병무청 직원이 측량 산업 기사 자격증을 보유하고 있으므로 기술 특기병으로 지원할 수 있다고 안내해 주어 측량 특기병으로 지원서를 작성했고, 1학기를 마치고 바로 입대할 수 있도록 6월 중 입영 희망이라고 적어서 특기병 지원서를 제출하였습니다.

당시의 제 생각으로는 현재 측량 산업 기사 취득 후 경력이 6개월 정도 있으니, 측량 특기병으로 입대하여 6개월의 군 경력만 더 인정받는다면 일병~상병 때 측량 기사 자격증을 취득할 수 있고, 그러면 병장 때에는 토목 기사까지 추가 취득하면 비록 공고를 나왔지만 4년제를 졸업한 또래에 비해 꿀리지(?) 않을 것이라 생각했었습니다. 그래서 측량 특기병으로 입대해 군 복무 중에 기사 등급 자격증 2개 취득을 목표로 세웠습니다.

○ '꽈돌이', 과 사무실 근로 학생

저는 입학 직전이 되어서야 대형마트 아르바이트를 그만두었고, 대학 입학 후에는 근로 장학생이 되기 위해 과 사무실 조교 선생님을 찾아뵙는 등 적극적인 노력을 하였습니다.

일명 '꽈돌이'라 불리는 학과 근로 장학생으로 선발되면 학과 사무실에서 전화 응대 및 조교 선생님의 잔심부름을 하며 50만 원 정도의 월급을 받을 수 있었고, 수업 시간에는 눈치 보지 않고 수업을 들으러 갈 수 있었기에 매우 유용한 제도였습니다.

새벽 4시, 꿈이 현실이 되는 시간

망설일 이유가 전혀 없었습니다. 바로 학과 사무실에 가서 조교 선생님에게 지원 의사를 밝혔는데 저와 같은 지원자들이 한둘이 아니었습니다. 그렇게 저를 포함한 여러 지원자가 학과 조교 선생님의 결정을 기다리게 되었고, 조교 선생님들끼리 상의한 후 다행스럽게도 근로학생에 제가 선발되었습니다.

당시 조교 선생님은 두 분이셨는데, 그중에서 연배가 높으신 정○○ 선생님은 좀 근엄한 편이어서 쉬이 친해지기가 어려웠지만, 연배가 젊으신 곽○○ 선생님은 쾌활하신 성격이라 금방 친해졌고 십수 년이 훌쩍 지난 지금도 형, 동생 관계로 매우 친밀하게 지내고 있습니다.

나중에 그 곽○○ 선생님께 듣기로는 그래도 제가 2년 동안의 사회생활 경험이 있기 때문에 교수님들에 대한 예의나 격식 등을 좀 더 알 것으로 생각해서 저를 뽑았다고 합니다.

과 사무실 근로 학생의 주 업무는 다음과 같았습니다.

- 교내 우편물 접수 및 각 교수님께 전달
- 교수님 연구실 매일 아침 청소
- 학과 사무실 및 실습실 청소
- 문의 전화 응대 및 복사 등 간단한 사무 보조

과 사무실 근로 학생은 매우 좋은 장점이 하나 있었습니다. 일단 학과 내 모든 학생의 인적사항을 열람할 수 있고, 일반 재학생들보다 교수님들과도 많이 마주치고 인사드릴 수 있어서 알게, 모르게 학교의 고급 정보를 많이 줄 수가 있었다는 점입니다.

[22살의 늦깎이 대학 신입생 시절]

그 당시에는 그걸 미리 알고서 근로 학생에 지원한 건 아니었지만, 나름 불혹의 나이에 접어든 지금 입장에서 돌이켜 보면 그 선택은 매우 탁월한 선택이었던 것 같습니다.

원래 사람이든, 동물이든 자주 마주치고 말을 섞으면 좀 더 호감이 가고 친밀해지는 법입니다. 이 뒤에 이어서 서술하겠지만, 저는 6월 1일부로 군 입대를 하게 되어 기말고사를 치르지 못하고 휴학할 수밖에 없었습니다. 그때 아마도 과 사무실 근로 학생으로서 교수님들 및 강사님과 안면을 익혀 놓은 게 큰 도움이 되어 비록 기말고사 응시를 못 하고 휴학했지만, 상당히 양호한 성적으로 그 학기를 마무리할 수 있었습니다.

또한, 이때 몇몇 교수님과의 인연으로 17년이 흐른 뒤 이 대학에서 토목환경과 전임교수 공개채용 소식을 듣고 지원하기도 했었습니다. 비록 총장님 등 최종면접에서 떨어지기는 했었지만…

새벽 4시, 꿈이 현실이 되는 시간

○ 내 인생에서 가장 순수하고 행복했던 3개월

2001년 3월 초부터 5월 말까지 단 3개월 동안의 시간은 제 인생 전부를 통틀어서 직장에 소속되지 않고 온전히 학생 신분으로만 남아있었던 유일한 시간이었습니다.

나름 과 사무실 근로 학생으로서 많은 고급 정보(?)와 인맥을 가지고 있었고, 게다가 신입생이었지만, 나이도 삼수생과 동갑이라 그해의 신입생 중에서는 큰형님(?) 축으로 대우받고 있었습니다. 물론 저보다도 한참 연배가 높으신 직장인 신입생분들도 몇몇 계셨지만, 순수 학생 신분 중에서는 제가 가장 큰형이었습니다. 그러한 배경을 바탕으로 꽤 편하고 즐겁게 3개월 동안 캠퍼스 생활을 즐길 수 있었습니다.

짧은 3개월의 캠퍼스 생활이었지만, 그래도 많은 추억이 남았습니다. 그때는 정말 하루하루가 색다른 이벤트였고 즐거운 나날들이었으며, 특히 몇몇 여학생과의 심장 떨리는 로맨스는 지금 생각해도 가슴을 설레게 합니다. 하루하루가 보석 같았고 신선한 나날들이었으나 그중에서도 많이 기억에 남는 몇 가지 일화들만 한번 써 보려고 합니다.

새 학기가 시작되는 3월 중순에 학과 교수님들을 모시고 학생들 모두 1박 2일 동안 오리엔테이션(OT)을 갔었습니다. 현재는 마우나 리조트 폭설 붕괴 사건 등 몇몇 크고 작은 대학 행사 중 사고로 인해 OT, MT 등을 지양하고 있지만, 당시에는 학생들이 돈을 거두어 교수님과 조교 선생님들을 모시고 학과 단합 대회처럼 OT를 가는 게 당연한 문화였습니다.

어렴풋이 기억을 떠올려 보면 첫날에는 팔당댐을 견학한 후 청평의 한 리조트에서 숙박했었습니다. OT를 가기 위해서 학교에서는 관광버스를 대절하였고, 그 버스에 학과 행사에 필요한 각종 짐을 적재할 때 저는 과거 건설 현장에서 무거운 짐짝을 짊어 들고 수풀과 논밭을 헤치고 다녔던 경험이 있는지라, 무거운 짐을 덜 힘들게 운반하는 요령을 잘 알고 있었습니다. 당시 신입생들은 제가 마치 무슨 천하장사라도 되는 것처럼 존경의 눈으로 저를 쳐다보았습니다.

일하는 것은 모든 게 요령이 있는 법인데, 무거운 짐을 옮기는 요령은 매우 간단합니다. 그냥 배 또는 등짝에 그 물건을 밀착시켜 하중을 분산시키면 힘이 덜 드는 것입니다. 그런데 이러한 막일을 해 본 적 없는 어린 친구들은 무식하게 팔과 허리의 힘으로만 물건을 들려고 했고 또 배나 등짝 부분의 옷이 더러워질까 봐 멀찌감치 떨어뜨려 들고 다니니 매우 힘들어 할 수밖에요.

이러한 월등히 뛰어난 작업 능력(?)과 평소 직장 생활로 몸에 밴 '다, 나, 까' 말투로 인해 저는 군대도 안 다녀왔지만, 군 전역 후 복학한 형님들에게 매우 좋은 점수를 딸 수 있었습니다.

[군필자 및 현역들과도 잘 어울렸던 늦깎이 대학 신입생 시절]

새벽 4시, 꿈이 현실이 되는 시간

군대도 안 다녀온 제가 왜 '다, 나, 까' 말투를 사용하게 되었냐면, 이전 영종대교 현장 근무 당시 제가 가장 많이 따른 주○○ 주임님이 육군 헌병 출신이었는데, 그분이 측량팀장님을 대할 때마다 항상 "알겠습니다.", "이렇게 처리하면 되겠습니까?" 등의 '다, 나, 까' 말투를 쓰는 모습이 매우 품위 있고 멋있어 보였기에 저도 모르게 그분의 말투가 몸에 베어버린 것이었습니다.

청평의 리조트에 들어가서는 밤에 여기저기서 술 파티가 벌어졌는데, 제가 방장으로 있던 저희 방은 제가 남들 모르게 '꽈돌이'의 권력(?)을 오남용하여 제가 졸업한 인천기계공고 후배들 위주로 방 인원을 배정해 두었기에, 고교 직속 선배인 저의 눈치를 보느라 술을 마음껏 마시지 못했습니다. 그러다 보니 우리 방 조원들은 다른 방 조원들에 비해 매우 멀쩡한 상태로 다음 날 상쾌한 아침을 맞이할 수 있었습니다.

몇몇 여학생과의 추억도 있었습니다. 인하공전과 인하대의 경계 부근에는 자그마한 호수가 있고, 그 주변 넓은 잔디 공간에는 군부대의 야외 면회소처럼 콘크리트로 만든 야외 고정식 테이블과 벤치가 다수 배치되어 있었습니다.

그 야외 테이블에서는 밤마다 술과 안주를 싸 들고나온 가난한 학생들의 술자리가 벌어졌는데, 안주는 새우깡을 먹는 진정한 깡소주부터 어묵, 순대, 떡볶이 등의 고급스러운 안주까지 다양한 술판이 벌어지고는 했습니다.

나름 그곳에서는 후배들에게 전해지는 미풍양속이 있었는데, 술자리를 끝낼 때 술이나 안주가 남으면 옆자리에 있는 안주가 가장 빈약한 테이블에 기증(?)해 주고 떠나는 전통이었습니다.

저는 항상 돈이 부족해서 가끔 술 생각이 나면 몇몇 고교 후배와 그 테이블에 가서 다른 사람들이 먹다 남긴 술과 안주를 얻어 마시고는 했었습니다. 저처럼 대놓고 거지처럼(?) 얻어먹는 경우는 매우 드문 경우인데, 어느 날인가 한 번은 우리 일행이 먼저 자리를 잡고 술과 안주를 구걸하고 있는데, 바로 옆 테이블에 비서과 여학생들이 모여앉아 우리와 똑같은 방식으로 구걸을 하고 있었습니다.

거지도 상호 간에 상도덕이 있듯이 그곳에서도 상호 간에 지켜야 할 기본적인 구역이 있는 법인데, 그 비서과 여학생들은 상도덕 예의에 어긋나게 저희 구역을 침범했습니다. 게다가 그쪽은 여학생들이다 보니 술자리를 끝내는 다른 테이블 학생들이 시키먼 남자들만 있는 저희보다는 그 비서과 여학생들에게만 술과 안주를 넘겨주는 것이었습니다. 이런 상황이 반복되다 보니 그 여학생들 테이블은 풍년이었고, 저희 테이블은 정말 깡소주만 마시고 있었습니다.

그 비서과 여학생들이 저희를 보고 불쌍하다며 감사하게도 몇 점의 과자 봉지와 맥주 등을 넘겨주었는데, 그게 인연이 되어서 서로 통성명하고 몇 번 어울려서 놀기도 했었습니다. 물론 그렇게 몇 번 만나 논 것으로 끝났지만, 나름 십수 년이 지난 지금도 기억에 남는 재미있는 추억 중 하나입니다.

또 한 번은 제가 다른 과의 근로 장학생이었던 어느 여학생과 썸(?)을 탔던 적도 있었습니다. 서로 사귀는 것은 아니었고 겉으로는 친구랍시고 만나고 있었지만, 살짝 달달하니, 부끄러워하고… 뭐 그런 관계였습니다. 그 여학생도 저처럼 인하대 후문 인근에서 자취하고 있었는데, 언젠가 저녁에 둘이서 식사 겸 술 한잔을 가볍게 하고 그 여학생이 자취하는 집에 데려다주었던 적이 있습니다.

어두운 밤이었고 그 자취 집이 있는 골목은 희미한 가로등 불빛 외에는 인적도 없고 은근히 분위기가 좋았습니다. 집 앞까지 데려다준 저는 신사답게 잘 들어가라고 말하고 몇 발짝 뒤로 떨어져서 가로등 아래에 서서 그 여학생이 집에 들어갈 때까지 지켜보려고 했습니다. 그때 문을 열고 들어가려던 그 여학생이 돌아서서 저를 한참 쳐다보더니 무언가 결심한 듯이 다시 발걸음을 옮겨 저에게 다가왔습니다.

그렇게 그녀가 제 앞에 마주 섰고, 우리는 서로의 마음을 얼추 짐작하고 있었기에 말없이 쳐다보다 가로등 불빛이 은은히 비치는 분위기 좋은 골목길에서 자연스레 서로를 끌어안고 포옹을 하려 했습니다. 그런데 그 순간 제 주머니에서 울리는 휴대전화 벨 소리…. 정말 기가 막힌 타이밍이었습니다. 막 포옹을 하려는 그 순간에….

당시 제 휴대전화 벨 소리는 제가 왜 그런 것으로 설정했는지는 당최 이해가 안 되지만, 흔히 사람들을 놀릴 때 부르는 "얼레리~ 꼴레리~ 얼레리~ 꼴레리~" 이런 경쾌한 노랫소리였습니다.

휴대전화 벨 소리가 들리는 그 순간 모든 분위기는 다 깨져버렸고 너무 어이없어서 서로 멋쩍은 듯이 웃다가 그냥 헤어졌습니다. 결국 나중에 그 여학생과 잠시 사귀기도 했지만, 제가 군대에 가면서 자연스레 헤어지게 되었습니다. 역시 남자의 인생은 군 제대 후부터 시작되는 것 같습니다. 군대 가기 전의 모든 것은 입대하면서 그냥 단순한 추억으로 남아버리는 것 같습니다.

어쨌든 그날 그 순간의 그 황당한 벨 소리가 울리게끔 전화를 건 사람은 제 고교 친구로, 마침 인하대 후문에 놀러 왔는데 술 한잔 마시자고 연락한 것이었습니다. 그래서 그 여학생을 집에 들여보낸 후 그 친구를 만나러 가서 "분위기 좋았는데 네가 다 망쳤다."라며 그 친구의 멱살을 잡고 흠씬 두들겨 패주었던 웃긴 추억이 있습니다.

PART. 2

기사,
남자의 인생은
군 복무 이후부터

훈련병

○ 난 측량 특기병에 지원했는데 웬 지뢰 설치 제거?

앞서 언급했듯이, 저는 3월 초 대학 입학과 동시에 측량 특기병으로 육군에 지원하였습니다. 지금 돌이켜 생각해 보면 어차피 자격증이 있었기 때문에 아무렇게나 입대했어도 공병 병과로 분류되었을 텐데, 참 쓸데없이 복잡한 절차로 입대한 것 같습니다.

지원 후 약 1개월이 지난 2001년 4월, 특기병 지원과 관련하여 면접 시험을 보러 오라는 연락을 받았습니다. 면접 장소는 정확하게 기억나지는 않지만, 안양 공설 운동장이었던 것 같습니다.

정해진 시간에 도착하니 중사, 상사 같은 분들이 많이 계셨고 달리기, 팔굽혀펴기, 윗몸일으키기 등의 기본적인 체력 검정과 기술 특기병이니만큼 전문 분야에 대한 면접 심사도 있었습니다. 그렇게 나름대로 까다로운 절차를 거쳤고, 합·불 여부는 그곳에서 바로 판정을 받았습니다. 저는 당당히 합격 통보를 받았고 정확한 주특기와 입대 일자는 추후 우편으로 공지된다고 들었습니다.

그렇게 또 시간이 흘러 5월 20일에 드디어 병무청으로부터 등기 우편이 하나 날아왔습니다. 특기병에 합격하였다는 것인데, 충격적인 2가지 내용이 담겨 있었습니다. 첫 번째로 충격이었던 것은, 저는 분명 측량 특기병을 지원하였기에 주변에서 군필자들에게 주워들은 것처럼 포병 측각병이나 공병 야전건설 주특기가 나올 것이라 예상했었는데, 입대 영장에 찍혀있는 주특기는 '1612: 지뢰 설치 제거'였습니다. 헐.

저는 추후에 여차저차한 복잡한 사정으로 인해서 군 복무를 근 6년간 하면서 중사(부사관)로 전역했는데, 전역하는 그 순간까지도 대체 측량과 지뢰 설치 제거가 무슨 연관이 있다는 것인지 도통 그 이유를 찾을 수 없었습니다.

두 번째로 충격이었던 것은, 5월 20일에 입영 영장을 받았는데 불과 12일 뒤인 6월 1일에 입대하라는 것이었습니다.

이번 학기는 마무리하고 가고자 6월 중순 정도로 예상하고 있었는데, 날벼락같이 6월 1일이라니….

영장을 받은 이후부터는 정말 정신없이 바빴습니다. 어떻게든 이번 학기 성적은 인정받고자 여기저기 급하게 알아보았고, 각 교수님과 강사님들을 일일이 찾아다니며 기말시험을 못 보고 입대해야 하는 상황에 대해 양해를 구하고 성적을 인정받을 수 있게 선처를 부탁드렸으며, 또한, 그 와중에 지인들과 송별 인사를 나누는 등 정신없이 시간이 흘러갔습니다.

어느덧 입대 전날인 5월 31일 저녁이 되었습니다. 다음 날인 6월 1일 아침에는 논산 육군 훈련소로 입영 예정이었기에, 그 전날 밤에 아직 군대에 가지 않은 유일한 친구 한 명과 단둘이 논산행 기차에 올랐고, 밤에 훈련소 앞의 허름한 여인숙에서 간단하게 소주를 한잔 마시며 잤습니다. 다음 날 아침에는 돈이 없어서 500원짜리 초코바 하나로 쓰린 속을 달래며 친구와 훈련소 입구에서 헤어졌습니다.

친구와 헤어지기 직전에 마지막 남은 현금을 탈탈 털어서 육군 훈련소 입소대대 위병소 앞에서 즉석 사진(폴라로이드)을 한 장 같이 찍어서 친구에게 넘겨주고 홀로 쓸쓸히 훈련소 안으로 걸어 들어갔습니다.

[2001년 6월 1일, 논산 육군 훈련소 입소대대 앞에서]

그렇게 저는 제 인생에서 가장 소중했던 3개월간의 캠퍼스 생활을 끝마치게 되었고 근 6년간의 길고 긴 군인으로서의 새로운 삶을 시작했습니다.

○ 충성! 할 수 있다!

논산 육군 훈련소에 들어가니 연병장에 입소자들을 줄 세워놓고 마중 온 가족, 친구 등 일행들이 관람석에서 지켜보는 가운데 입소식 행사를 진행했습니다. 경례조차 할 줄 모르는 갓 입대한 민간인(훈련소에서는 '장정'이라 호칭함)들에게 한 10분 만에 속성으로 경례 등 입소식 행사 요령을 교육하더니 후다닥 입소식 행사를 끝마쳤습니다.

이제 입소식을 마친 장정들은 조교의 인솔에 따라 가족 및 친구들이 있는 관람석의 반대편 군 막사 쪽으로 줄 맞춰서 걸어 들어갔습니다. 그때까지는 조교(병사) 및 간부(장교 및 부사관)들도 입소한 장정에게 적당히 존칭을 써 주며 친절히 대해 주었습니다.

몇 발짝 걸어 들어가서 관람석의 일행들과 멀어져 서로 보이지도, 들리지도 않을 거리가 되자, 기다렸다는 듯이 드디어 교관과 조교들이 본색을 드러내기 시작했습니다. 그때부터 우리를 죄수 비슷하게 취급하며 각 내무실에 욱여넣듯이 인원을 채워 넣은 후 3일간의 입소대대에서의 시간이 시작되었습니다.

입소대대는 장정들이 정식으로 훈련에 들어가기 전에 다시 한번 신체검사를 하거나 전투복 등의 군 물품을 배급하고, 민간에서 입고 온 옷과 소지품을 택배로 집에 보내는 정도의 절차를 담당하는 곳이었습니다.

입소대대에서는 불과 3일 정도만 있었지만, 특이한 경례 구호 때문에 많이 당황했던 기억이 납니다. 육군 훈련소는 육군 본부의 경례 구호인 '충성'을 적용하는데, 입소대대만 희한하게 "충성! 할 수 있다!"라는 경례 구호를 외쳤습니다. 태어나서 처음 듣는 경례 구호였는데 그 구호가 제 이름과 유사하다 보니 여기저기서 조교들이 경례할 때마다 마치 누가 저를 부르는 줄 알고 혼란스러웠던 기억이 납니다. '충성!', '춘성!'

또한, 불침번(순번을 정해 돌아가며 잠을 자지 않고 깨어 있는 감시병)이라는 것도 난생처음으로 해 보았는데, 멀쩡히 잘 자는 사람을 깨워서 전투복으로 갈아입히고 비몽사몽한 상태에서 몇 시간 동안 서 있게 하고, 그리고는 또다시 자라고 하고. 불편함과 어려움의 연속이었습니다. 제 기억 중에 훈련소 생활 중에서 가장 힘들고 어려웠던 것은 막상 군사 훈련이 아니라, 밤에 자다가 깨서 눈을 뜨고 서 있어야 하는 불침번 근무였습니다.

그렇게 3일 동안 입소대대에서의 죄수 취급(?)을 마치고 실제 훈련을 받을 교육연대로 배치되었습니다. 그때부터 새로 부여받은 저의 호칭은 '박춘성'이 아닌 '제28 교육연대 3대대 10중대 2소대 45번 훈련병'이었습니다.

[갓 입대한 어리바리한 훈련병 1주 차 시절]

사람의 인연이라는 게, 언제 어디서 다시 마주칠지 정말 알 수 없는 것입니다. 제가 훈련병이었을 당시 대대장이었던 소령님(당시 훈련소 대

새벽 4시, 꿈이 현실이 되는 시간

대장 계급은 소령이었음)을 약 5년 후 중사 시절에 제 작전 지역인 도라산역 일대에서 공병 참모과 보병 참모의 입장으로 다시 만난 적이 있습니다.

처음 만났을 때는 훈련소에 갓 입대한 훈련병과 까마득한 대대장이었는데, 5년 후에 만났을 때는 공병 소대장과 보병 연대 참모로 다시 만나게 되었던 것이지요. 얼핏 기억하기로 그분은 사관학교나 학군단(ROTC) 출신이 아니어서 꽤 많은 진급 누락을 겪으셨고, 결국 그렇게 소령으로 남아 계시다 만 45세 소령 계급 정년에 걸려 군복을 벗으신 것으로 알고 있습니다. 지금은 어디서 무엇을 하시려는지?

○ 처음 들은 총소리의 공포감

제가 신병 훈련을 받은 기간은 6~7월로 땡볕의 혹서기여서 땀을 엄청나게 많이 흘렸습니다. 가만히 앉아만 있어도 땀이 주룩 흘러내려 러닝셔츠를 축축하게 적셨고 땀에 젖어버린 셔츠는 몸에 착 달라붙어 더욱더 끈적하게 만들었던 그런 불쾌한 기억들이 가득합니다.

그렇게 더웠지만, 그래도 훈련은 계속되었습니다. 혹여 훈련병들이 일사병에 걸릴까 봐 훈련소에서는 끼니마다 국물을 짜게 조리하여 강제로 염분을 보충할 수 있게 관리했는데, 그 짠 국물 덕분인지 비록 혹서기였지만 특별히 쓰러지는 등의 문제는 발생하지 않았습니다.

훈련소에서 있었던 많은 사건 중에서 몇 가지 기억나는 일화를 써 보고자 합니다.

첫 번째로 기억나는 것은 실탄 사격을 처음 했을 때의 기억입니다.

사격장에서는 조교들이 1:1로 달라붙어서 사격 훈련을 진행하는데, 그때 처음 들은 실제 총소리는 그야말로 천둥소리와 같이 어마어마했습니다. 방아쇠를 당기면 총탄의 화약이 폭발하며 쌩~하고 날아가는데, 화약이 폭발하는 소리는 마치 고막을 찢어버릴 것처럼 엄청나게 크게 들렸습니다. 그때 느낀 감정이 어느 정도였냐면, 총알을 한 번 쏠 때마다 그 총소리에 제 전투복의 소매 깃이 마치 강풍에 펄럭이는 것처럼 착각이 일어날 정도였습니다.

[2001년 여름, 신병 훈련 중에]

실제 수류탄 투척 훈련도 무섭기는 매한가지였습니다. 특히 인상 깊었던 게 당시 전투복 착용 규정상 상의는 항상 단정하게 하의 안에 밀

　　　　　　　　　　　　새벽 4시, 꿈이 현실이 되는 시간

단을 집어넣어서 입게 되어 있었는데, 수류탄 투척 훈련을 할 때는 전투복 상의의 밑단을 바지 바깥으로 꺼내어서 입도록 합니다.

혹여 훈련병이 수류탄을 상의 안으로 집어넣어서 자폭하려는 것을 방지하기 위함이죠. 그것 또한 엄청난 공포였습니다. 실제 수류탄 투척 훈련은 사격보다도 더 위험한 훈련이므로, 숙련된 조교라 할지라도 간부들이 병사를 온전히 믿지 못하기에 무조건 하사 이상의 간부를 훈련병에게 1:1로 붙여서 실제 투척 훈련을 진행하였습니다.

두 번째로 기억나는 일화는 너무나도 배고픈 나머지 음식물 수거통, 즉 짬통에 버려진 잔반을 몰래 주워 먹다가 성질 더러운 조교에게 걸려서 짬통 옆에서 얼차려를 받았던 기억입니다.

당시 저는 식사 당번으로 잔반 처리병 임무를 맡고 있었는데, 혹서기의 고된 훈련에 너무 배가 고파서 국물 한 방울도 남기지 않고 매 끼니를 다 먹었습니다. 그런데도 항상 배가 고팠습니다. 그런데 조교 중 누군가가 그 맛있는 돈가스를 입에 대지도 않은 채 짬통에 버리는 것을 보게 되었습니다.

너무나도 배고픈 나머지 그 돈가스 한 덩이를 몰래 주워서 입에 물었는데, 그 순간 성깔 더러운 조교에게 딱 걸렸습니다. 그 조교는 훈련병이 건방지게 서서 돈가스를 먹는다는 이유로, 그 돈가스를 입에 문 상태로 짬통 옆에 엎드리게 한 후 팔굽혀펴기 등의 얼차려를 주었습니다. 입에 돈가스를 물고 짬통 옆에서 얼차려 받는 게 너무 치욕적이고 자존심 상했던 기억이라 지금도 선명하게 기억이 납니다.

○ 훈련 중의 희생정신 발휘

한 번은 주말에 중대 대청소를 한 후 내무실에서 수양록(당시 군대에서 의무적으로 써야 했던 일기장)을 작성하며 쉬고 있었는데, 갑자기 당직 분대장이 전 중대원들에게 성질을 내며 이상한 방송을 했습니다.

내용인즉슨, 방금 중대 대청소를 끝냈는데 그 직후에 누군가가 화장실에 대변을 보고 물을 안 내렸다는 것이었습니다. 따라서 그 범인은 자진해서 행정반으로 오라고 협박 방송(?)을 하고 있었습니다.

사고 친 놈이 어느 놈인지는 모르겠지만, 그런 싸늘한 분위기에서 감히 당당하게 나서지는 못했을 것이라 이해는 합니다. 그렇게 한 2~3분 지난 후에도 아무도 자수하는 사람이 없자, 당직 분대장은 전 중대원들에게 얼차려를 시키기 시작했습니다. 간만에 맞이하는 꿀 같은 휴식 시간에 이게 웬 날벼락인지?

처음에는 엎드려 있는 수준으로 얼차려를 받다가, 그래도 자수를 안 하니 어깨동무를 하고 쪼그려 뛰기를 시키고, 그래도 안 나오니 복도 바닥에서 포복을 시켰습니다. 그렇게 한 30분 정도는 얼차려를 받은 것 같습니다. 온몸이 땀으로 흥건해졌습니다. 그 당직 분대장은 괘씸한 마음에 악에 받쳤는지 다음 단계로 전원 완전군장으로 연병장에 집합하라고 방송했습니다. 결국에는 궁극의 얼차려인 완전 군장 뺑뺑이를 시키려는 것이었습니다.

저는 너무나 억울했고 어느 놈인지는 모르겠지만 그 녀석이 너무 미웠습니다. 간만에 맞이하는 꿀맛 같은 휴일에 군장 뺑뺑이까지 돌 수는 없는 노릇이었습니다. 약간 망설인 끝에 제가 그냥 자진해서 행정반으로 내려갔습니다. 저는 전혀 모르는 일이었지만, 그냥 이러한 불필요한 시간 낭비를 빨리 끝내고 싶었습니다. 당직 분대장을 찾아가서 당당하게 말했습니다.

"제가 범인이니, 이제 단체 기합은 그만하고 저만 처벌하시라."

자수한 범인이라는 놈이 너무나 당당하게 인상을 쓰며 외치니 그 분대장도 꽤 당혹스러웠던 것 같습니다. 하지만 곧바로 저에게 마구 욕설을 하며 얼차려를 부여했고, 저 역시 당당하게 인상 쓰면서 "똥 싸서 정말 죄송합니다!"라고 반항하듯이 엄청나게 큰 소리로 복명복창하면서 처벌을 받았습니다. 분대장은 그런 모습에 또 당황스러웠는지, 흠칫하더니 저를 쳐다보며 질문하였습니다.

"네가 똥 싸놓은 화장실이 몇 사로(화장실 칸 위치)냐?"

제가 알 턱이 없었죠. 대답을 못 하고 있으니 좌측이었는지, 우측인지만 말해보라고 했습니다. 그것도 알 턱이 없었으나, 그냥 빨리 얼차려 받고 이 상황을 끝내고 싶어서 좌측이었다고 둘러대었습니다.

분대장이 얼차려를 그만하라고 하더니 중앙에 있는 변기였다며, 너는 왜 범인도 아닌데 내려왔냐고 물었습니다. "지금 그걸 몰라서 물어보나?"라고 말하고 싶었지만, 조교에게 그렇게까지 말은 못 하고 그저 인상만 쓰고 있으니 "알겠다."라며 그만 올라가라고 했습니다.

내무실로 올라가는 동안에 뻥 뚫린 복도를 지나가면서, 다른 내무실에서 동기들이 욕할 게 두려워 후다닥 뛰어서 돌아갔습니다. 그들은 단순히 제가 범인인데 뒤늦게 내려가서 본인들까지 괜히 얼차려 받았다고 짜증 내고 있을 게 뻔했으니까요. 내무실로 들어가면서 저는 동기들에게 뭐라고 변명해야 할지 고민이었습니다. 제 발로 내려가 놓고 내가 그런 게 아니라고 말하기도 그렇고…. 동기들은 저 때문에 괜히 얼차려 받았다고 기분 나빠 하고 있을 텐데….

두려운 마음에 내무실로 돌아왔는데, 모든 소대원들이 저에게 박수를 쳐 주면서 엄지손가락을 치켜세워 주었습니다. 이게 무슨 상황인지 어리둥절하고 있었는데, 알고 보니 저와 같은 분대의 전우조(훈련 기간 동안 3인 1조로 상호 도움도 주고 감시도 하는 역할을 함)들이 제가 내려가서 얼차려를 받는 동안 모든 내무실을 돌면서 "쟤가 그런 게 아니다. 그냥 총대 메고 홀로 벌 받으러 내려간 것이다."라고 제 변호를 해 주었다고 합니다. "쟤는 대청소 이후에 화장실 한 번 간 적 없고 내무실에서 같이 수양록을 쓰고 있었다. 그러나 아무도 자수를 안 하니 그냥 단체 기합을 끝내려고 자진해서 희생한 것이다."라고.

그리고 곧이어 아까 그 분대장의 방송이 또 흘러나왔습니다.

"어느 한 훈련병이 본인이 하지도 않았는데 희생해서 내려왔기에 더 이상은 책임은 묻지 않겠다. 그 희생정신이 투철한 동기 덕분에 오후에 분대별 PX 이용을 허용해 주겠다."

저와 비슷한 시기에 군대에 다녀온 사람들은 잘 알겠지만, 훈련소에서는 PX를 거의 갈 수가 없습니다. 잘해야 퇴소 직전에 한 번 정도 이용시켜 줍니다. 그 분대장 덕분에 저희는 입소 초기에 PX를 이용하여 배 터지게 과자 파티를 할 수 있었으며 이 일로 저는 훈련소 동기들에게 생색을 내며 어깨에 힘 좀 주고 다닐 수 있었습니다.

○ 부사관에 대해서 알아보다

마지막으로 기억에 남는 훈련소에서의 일화는 부사관(장교와 병사의 중간 계급으로 예전에는 '하사관'이라 호칭) 제도에 대해 알아봤던 것입니다. 입대 전까지는 전혀 부사관에 대해서 알지 못했습니다. 저는 군대 내의 계급도 '일병→이병→삼병(?)→사병(?)'의 1, 2, 3, 4 순서인 것으로 알고 있었을 정도로 군대에 대해 깜깜했습니다.

대학에 잠시 다닐 때 교내 게시판에 특전 부사관 모집 공고나 부사관 군 장학생 제도 등의 게시물을 보기는 했었지만, 최소한 전문대 졸업은 해야만 지원할 수 있는 제도였기에 저는 전혀 관심을 두지 않았었습니다.

그런데, 신병 훈련 과정 중에 부사관 제도를 소개해 주는 시간이 잠시 있었습니다. 그때 처음으로 부사관에 대해 자세히 듣게 되었고, 고졸 이상이면 누구나 지원 가능하다는 것을 알게 되었습니다. 그때는 참으로 많이 고민했습니다. 아버지 병원비에 집 공과금, 전역 후 제 학자금 등…. 돈이 절실하게 필요했는데 과연 군 복무를 짧게 끝내고 나와서 사회에서 돈을 버는 게 맞는 것인지, 아니면 부사관에 지원하여 군대에서 돈을 좀 모아서 나오는 게 맞을지 판단이 서지 않았습니다.

그래서 훈련소 소대장님과 면담 시간에 이러한 생각을 상의했었고, 소대장님이 중대 내 하사 소대장님(훈련소는 하사가 소대장을 맡는 경우가 많음)과 세부 면담을 주선해 주어 상담을 받아볼 수 있었습니다. 그때 그 하사 소대장님에게 들은 바로는 급여가 예상외로 너무도 적었습니다. 월 80만 원 정도라고 들었고 그 돈이면 차라리 빨리 전역하여 밖에서 일하는 게 더 돈을 모으기 좋겠다고 판단했습니다. 그래서 훈련소 기간에는 더 이상 부사관 지원에 미련을 두지 않았습니다.

그러나 나중에 자대에 배치되어 소속 부대의 부소대장님(중사)을 통해서 제대로 듣게 되었는데, 훈련소에서 그 하사 소대장님이 말한 금액은 본봉(기본급)이었습니다. 그 본봉에 각종 수당 등이 붙으면 2001년 당시 기준으로도 하사 1호봉이 약 150~180만 원 정도 되어 그럭저럭 안정적인 생활이 가능한 금액이었던 것입니다. '이렇게 확실히 설명을 들었더라면 훈련소에서 바로 부사관으로 지원했었을 텐데…' 하는 아쉬움이 좀 남습니다.

○ 의정부 306보충대, 시설이 열악한 휴양소

6월 1일에 입대하여 6주간의 신병 훈련을 마치고 7월 21일에 훈련소를 수료했습니다. 마지막 6주 차에 접어들면 정식으로 이등병 계급장을 제봉(오바로크) 부착하게 해 주는데, 그깟 이등병 계급장이 뭐라고 그리도 달고 싶어 했는지 모르겠습니다.

훈련병 수료식 전날에는 중대별로 훈련병들을 한자리에 모아놓고 자대 배치 결과를 육성으로 통보해 주었습니다. 대부분의 신병들은 훈련소에서 주특기를 부여받고 각자 후반기 교육을 받기 위해 각종 병과 학교로 배치되는데, 저는 애초에 특기병으로 지원하였기에 그 주특기에 대한 실무 능력이 있다고 분류되어 후반기 교육 없이 바로 자대로 배치되었습니다.

참 웃기게도 제가 부여받은 주특기는 '지뢰 설치 제거'였는데, 측량 기술자가 지뢰에 대해서 뭘 안다고 후반기 교육도 없이 자대로 보낸다는 것인지 의문입니다.

저는 우선은 의정부에 있는 306보충대로 이동한다고 들었습니다. 다른 동기들과 다르게 아직 자대 분류가 안 되었다고 하니, 어디 이상한 곳으로 끌려가는 게 아닐지 매우 불안했습니다.

수료식을 마치고 연무대역에서 군 수송 열차에 탑승할 때만 해도 주변에 온통 신병들뿐이니 그다지 특별한 건 없었습니다. 신병들을 태운 열차는 대전역에서 잠시 정차한 후 한 무리의 신병들이 우르르 내렸고, 또 한참 올라와 서울역에서 나머지 신병들이 모두 우르르 내렸습니다.

서울역에서부터 의정부역까지는 지하철 1호선을 타고 이동했는데, 이때 6주 만에 처음으로 민간인들을 다시 볼 수 있었습니다. 사복을 입은 민간인들을 다시 보니 신기하고(?) 감회가 새로웠습니다. 의정부 역으로 이동한 후 다시 군 버스를 타고 한참을 가서 의정부 306보충 대에 도착했습니다.

배정받은 내무실로 들어가 짐을 풀고 거기서 3일 정도를 대기했는 데 보충대의 생활은 매우 편했습니다. 물론 가끔 기간병이 들어와 잔 소리하기도 했지만, 훈련소와 같이 얼차려를 주지는 않았고 크게 괴롭 히지도 않았습니다. 훈련소에 비하면 완전 천국이었습니다. 다만 시설 이 너무 열악한 것이 흠이었습니다.

7월 말의 그 무더위에 열댓 명이 생활하는 내무실에는 선풍기 2대 외에는 아무 조치가 없었고, 특히 화장실 변기가 죄다 꽉 막혀서 대변 을 남이 싸놓은 똥 덩어리 위에 그냥 엉거주춤 앉아서 쌀 수밖에 없었 던 것이 아주 불쾌했던 기억들로 선명히 남아있습니다. 그때 그 똥이 꽉 찬 좌변기 위에서 혹여나 엉덩이에 똥물이 튈까 두려워하며 대변 을 봤던 기억은 제대한 지 한참이 지난 지금도 가끔 꿈에서 악몽으로 나타나기도 합니다.

담배도 우리보다 며칠 먼저 보충대에 들어온 다른 훈련병들에게 얻을 수 있어서, 6주 만에 처음으로 담배를 태우는 여유도 가질 수 있었습니다. 3일간의 의정부 306보충대 생활을 요약하자면 다음과 같습니다.

'시설이 매우 열악한 콘도에 휴양 온 기분.'

저는 보충대에 입소한 지 3일째 되던 날 제1보병사단으로 자대 배치 를 받았으며, 보충대의 기간병들을 통해 자대에 대한 소문을 좀 들을 수 있었습니다.

'제1보병사단. 파주-문산 인근 최전방에 주둔, 전쟁 나면 총알받이, 전시 생존율 5%'

병 복무

○ 자대 배치

의정부 보충대에 들어간 지 3일째 되는 날, 저는 또다시 군용버스를 타고 이동했습니다. 한참을 달린 끝에 '제1보병사단 보충대'라는 곳에 내렸습니다. 거기서 짐(더블백)을 풀고 또 이틀을 더 대기하며 〈사단가〉를 배우는 등 자대에 대한 기본 교육을 받았습니다. 1사단 보충대는 의정부 306보충대보다도 훨씬 더 천국이었습니다. '여기가 내 자대였으면…' 하고 바랄 정도로 좋은 시설과 좋은 기간병(그 부대에 소속되어 복무하는 병사)들로 구성되어 있었습니다.

이곳에서는 입대 후 처음으로 TV를 볼 수도 있었습니다. 제가 군에 입대할 당시에는 왁스의 〈오빠〉라는 노래가 최고의 인기를 구가했었는데, 간만에 본 TV에서는 왁스는 쏙 들어갔고 브라운아이즈의 〈벌써 1년〉이라는 노래가 최정상을 달리고 있었습니다.

그곳에서 제가 배치될 공병 대대에 대한 정보를 몇 가지 주워들을 수 있었습니다. 당시 집권 정부의 분위기가 전반적으로 북한과의 평화 분위기였기 때문에 경의선 철도와 도로 연결 공사가 거론되는 시기였고, 그렇기 때문에 공병 대대로 배치되면 어쩌면 경의선 공사를 위한 비무장지대 내 지뢰 제거 작전에 투입될 가능성이 크다는 것이었습니다.

새벽 4시, 꿈이 현실이 되는 시간

아뿔싸, 어쩐지 측량 특기병에 지원했는데 지뢰 주특기를 부여받았을 때부터 뭔가 불길하더니만….

천국 같은 보충대에서의 생활을 끝내고 드디어 7월 27일경에 공병대대로 배치되었습니다. 대대에서는 저를 3중대로 배치하였는데, 3중대는 대대 주둔지에 같이 붙어 있지 않고, 홀로 전방 GOP(민간인통제선) 내 보병 대대 주둔지에 기생(?)해서 주둔하고 있었습니다. 3중대의 주요 임무는 GOP 및 DMZ(비무장지대) 내에서 공병 임무를 수행하는 것으로써, 점점 저의 불길한 예상이 맞아들어가는 것 같아서 서글펐습니다.

3중대 배치 초기에는 엄청나게 긴장했었는데, 막상 1주일 정도 생활해 보니 그럭저럭 생활할 만했습니다. 물론 고참 중 일부 몇 명은 불과 몇 개월 빨리 입대했다는 이유로 설쳐대는 한심한 사람도 있었지만, 그런대로 대부분의 고참은 편안하게 잘 대해 주었습니다. 또한, 소대장님도 부임한 지 불과 1개월 정도밖에 안 되는 학군단 출신 신임 소위라서 열정과 관심으로 저에게 잘 대해 주었습니다. 특히 부소대장님은 전역을 약 반년 정도 앞둔 말년 중사셨는데, 저를 상당히 예뻐해 주셔서 본인이 담당하는 공사 현장마다 저를 감독병으로 데리고 다녔습니다.

제가 이등병 때 우리 중대의 장교는 중대장님(대위, 95군번)과 전역을 4개월 정도 앞둔 말년 학사 장교(중위, 99군번)와 이제 1년 차가 좀 지난 학군 장교(중위, 00군번) 그리고 우리 소대장을 포함한 신임 소위 2명(학군/육사, 01군번)이 있었고, 부사관으로는 중대 행정보급관 원사(80군번)와 우리 소대 부소대장인 중사(98군번)가 있었습니다.

○ 군 경력을 건설 기술 경력으로
  인정받기 위한 고군분투

저는 신병 때부터 간부와 면담할 때마다 가장 궁금했던 게, 공병 복무 경력이 건설 기술인 협회의 기술 경력으로 인정받을 수 있는지였습니다. 하지만 이 질문에 제대로 답변해 준 간부는 아무도 없었습니다. 그도 그럴 것이, 대위나 상사급 이상 간부는 아예 평생을 직업 군인을 할 사람이니 구태여 건설 기술 경력 관리가 불필요했을 것이며, 중위나 중사급 이하 초급 간부는 어린 나이에 군에 와서 어찌 보면 이곳이 첫 직장으로, 본인들도 그러한 경력 관리를 한 번도 해 본 적이 없었을 것이니 전혀 모르고 있었을 것입니다. 심지어 아예 건설 기술인 협회 등이 무엇을 하는 기관인지도 모르고 있었을 것입니다.

그러나 저에게는 군 경력을 인정받는 게 매우 중요한 목표였습니다. 측량 산업 기사 취득 후 약 8개월의 민간 경력에 군 경력 4개월만 더 보태면 일병 시기에 측량 기사 자격시험에 응시할 수 있고, 기사 자격을 보유한 사람은 같은 계열의 모든 기사 자격증 응시가 가능하므로 상병~병장 때 토목 기사를 추가로 취득할 수 있었기 때문이죠.

제가 계획한 대로만 잘 진행된다면 병장으로 전역하는 24살에는 측량 기사와 토목 기사, 이렇게 2개의 기사 자격을 취득하여 좀 더 좋은 조건으로 취직할 수 있으리라 생각했습니다. 하지만 그 어떤 간부도 건설 기술인 경력 관리에 대한 명확한 답변을 주지 못했기에 저는 소중한 백일 휴가나 일병 휴가 때 제가 직접 건설 기술인 협회를 찾아다니며 군 경력 인정 방법을 문의했고, 어렵사리 경력 인정이 가능한 방법을 찾아낼 수 있었습니다.

황금 같은 휴가를 써 가면서 여기저기 문의한 끝에 알아낸 군 경력을 인정받는 방법은 2가지였습니다. 하나는 병무청에서 공병으로 복무했다는 병적 증명서를 첨부하여 산업 인력 공단에서 자격시험 응시 후 경력 조건 확인 시에 제출하는 것인데, 이 방법은 전역한 사람만이 가능했고 국가 기술 자격시험 응시 조건 부합여부 확인 목적으로만 통용될 뿐, 건설 기술인 협회의 기술 경력으로는 신고할 수 없었습니다.

다른 하나의 방법은 건설 기술인 협회의 경력 확인서 양식으로 작성하여 군 지휘관 확인(날인) 후 협회에 직접 신고하는 방식이었습니다. 이 양식은 단순히 공병으로 근무했다는 것만 쓰면 안 되고, 실제로 어떠한 건설 공사에 참여하였고 담당 업무가 뭐였는지까지 상세하게 작성해야 하며, 병사의 경우에는 소속 대대장의 직인을, 간부의 경우에는 육군 본부 공병감(소장)의 직인을 받아야 했습니다. 공병감 직책은 지금은 사라졌지만, 육군 공병 학교장이 경력 확인의 기능을 이어받아서 수행한다고 알고 있습니다.

경 력 확 인 서

					처리기간	
					즉 시	

인적 사항	성 명	박춘성 (인)	주민등록번호	▓▓▓▓▓▓
	주 소	▓▓▓▓▓▓▓▓▓▓▓▓	전 화 (▓)

1. 근무처 경력

소 속 회 사	회 사 명	육군 (공병)		
	건설업종		면허번호 또는 등록번호	
	대 표 자		주민등록번호	
	주 소		전 화 (-)
	입 사 일	2002 10. 11.	퇴 사 일	

2. 기술경력

일 번	참여기간	참여사업명	발주자	직무 분야	전문 분야	공사 종류	담당 업무	공법	직위
1	2006.6.19. 2006.3.3족	피주지역 독신숙소 신설공사	육군본부	토목	측량 및 지형공간정보	공동주택	공사감독		부사관
2	2006.3.16. 2006.9.10.	피주지역 GP 시설개선공사	육군본부	토목	측량 및 지형공간정보	기타 (군시설)	공사감독		부사관
3	2006.9.11. 2006.10.9.	피주지역 오수 모수처리 신설공사	육군본부	토목	측량 및 지형공간정보	하수도	하수감독		부사관
4									
5									
6									
7									

위와 같이 기술자에 대한 경력을 확인합니다. (인)

2006년 10월 30일

사용자(대표자) 또는 발주자   육군공병학교 (인)

※ 비 고
1. 기술경력외 기재요령은 건설기술자 경력신고서의 기재요령과 동일합니다.
2. 기술자 본인의 서명 또는 날인이 있는 경우에는 경력변경신고서를 작성하지 않아도 됩니다.
3. "입사일"과 "퇴사일"은 변경사항이 발생한 경우에만 기재하시면 됩니다.

210mm × 297mm(일반용지 60g/㎡(재활용품))

[군에서 발급받은 건설 기술인 경력 확인서 사례]

　 힘들게 경력 인정 방법을 찾아내어 저는 너무 기뻤고, 바로 부대에 복귀하여 제가 작성한 경력 확인서에 대대장님의 직인을 찍어줄 것을 간부를 통해 부탁했습니다. 당시 제 기억으로는 저로 인해 대대 인사과가 한동안 정신없었다고 들었습니다. 들기로는 부대 창설 이후 현역병이 경력 확인서에 도장을 찍어달라고 요구했던 것은 제가 처음이었다고 합니다. 그래서 관련 규정을 찾아보고 타 부대에 전례를 찾아본다고 인사 장교가 한동안 시달렸다고 합니다.

○ 공사 감독병

공병 부대에서 신병은 통상 백일휴가 이전에는 이것저것 다양한 잡일에 동원됩니다. 그리고 첫 휴가를 나갈 즈음에는 평시 공사 작업에서 전문으로 활용될 보직을 선택하게 됩니다.

일반 건설사를 예로 든다면 현장 부임 초기에는 공사/공무/관리/측량/품질 등 모든 부서의 업무를 조금씩 겪어 보고 약 1개월 차가 지날 즈음에 근무 부서가 결정되는 것과 유사합니다.

전시 보직은 '주특기'라고 하여 저의 경우에는 입대 전부터 '지뢰 설치 제거(주특기 번호: 1612)'로 분류되어 있었고, 평시 보직은 목공, 도장공, 타일공, 미장공, 공사 감독병 등 몇몇 종목을 놓고 고민하게 되었습니다.

보충대에서 들었던 경의선 공사와 관련된 지뢰 제거 작전은 다행히도 제가 소속된 1사단 공병 대대가 아닌 후방에 있는 상급 부대(1군단 공병 여단)에서 수행하게 되었습니다.

여러 평시 보직 중에서 저를 강력하게 데려가려 한 보직은 목공(목수)이었는데, 평소에는 주둔지 내 목공실에서 가구 등을 만들다가 외부 작업 시에는 일반적인 건설 현장의 목수와 같은 업무를 수행합니다. 그러다 보니 야근도 많고 힘들기도 하지만, 저는 이러한 육체적 업무 강도가 문제가 아니라 제 목표인 병 복무 중 기사 자격증 2개 취득을 달성하기 위해서는 군 시설 도급 공사에서 감리의 역할을 수행하는 공사 감독병이 더 적합하다고 판단하여 공사 감독병에 지원하였습니다. 아니, 지원이라는 표현보다는 그 해당 공사에 감독관 업무를 수행하는 부소대장님(중사)에게 공사 감독병으로 차출되어 불려 나갔다고 표현하는 것이 적절하겠습니다. 입대 전 실제 건설 현장 근무 경력이 많다는 이유로 차출되었던 것인데, 저 또한 이게 목공병보다도 제 목표에 부합되었기에 매우 만족했습니다.

우리 소대에는 목공병 보직인 상병이 한 명 있었는데, 제가 덩치가 좀 있고 힘도 좀 있어 보이니 저를 목공병으로 끌어들여서 본인의 부사수를 시키려 했었습니다. 그런데 자의든, 타의든 제가 공사 감독병으로 결정되자, 그다음부터 그 상병은 저를 엄청나게 괴롭혔습니다. 지금 생각하면 나이도 저랑 동갑이었는데 군대에 몇 개월 좀 빨리 왔다는 이유로 이런 횡포를 부리다니, 참 어이가 없습니다.

어쨌든 이러한 우여곡절 끝에 저는 공사 감독병 보직을 부여받게 되었고, 그렇게 작업 시에는 건설 공사 감독 업무를, 훈련 시에는 지뢰 설치 제거 업무를 담당하게 되었습니다.

군 건설 공사의 수행 체계는 일반 관 발주 공사와 유사합니다. 통상 5억 원 정도 이상의 규모가 큰 공사는 사단 공병에서 관리하지 않고 상급 부대인 군단 공병 여단 및 군 사령부 공병부에서 직접 감독을 수행하며, 약 5억 원 이하의 소규모 공사만 각 관할 지역을 담당하는 사단 공병 대대에서 구역별로 구분하여 공병 중대에 세부 감독 임무를 부여합니다.

그러면 공병 중대장(대위)이 「건설기술 진흥법」에 의한 그 공사의 정식 '감독관'으로 선임되는 것이고, 한 중대당 많을 때는 10개 정도의 건설 공사 감독 임무가 부여되므로 이를 각 소대장(소위~중위) 및 부소대장(하사~중사)에게 배분하여 '보조 감독관'의 임무를 담당시키게 됩니다.

각 보조 감독관 역시 한 명당 많을 때는 2~3개의 현장을 담당해야 하기에, 현장별로 1~2명의 공사 감독병을 선정하여 현장에 상주시키며 품질, 안전, 군사 보안 등을 감독하는 체계입니다. 즉, 쉽게 말하면 감독병은 현장 상주 감리원의 업무와 매우 유사합니다.

제가 병사로 복무면서 감독한 공사는 임진강 해안가에 있는 약 5㎞ 길이의 철책을 전면 교체하는 것처럼 시답지 않은 공사부터, 병영시설(막사) 신축 공사, 옹벽 공사, 도로포장 공사 등이었습니다. 이처럼 저는 규모는 크지 않지만, 매우 다양한 공종을 경험할 수 있었습니다.

[2001년 봄, 철책 공사 현장에서 감독병(일병) 시절]

감독병 역할을 하면서 가장 기억에 남는 일화가 하나 있는데, 바로 제가 작성한 감독 일지들이 최우수 감독 일지로 칭찬받으며 대대 내 표준 감독 일지로 선정된 것입니다.

기존의 감독 일지는 형식적으로 글로만 대충 작성되었었는데, 저는 실제 실무에 가까운 내용을 넣고 싶어서 설계도면의 해당 내용을 복사한 후 오려 붙이기도 하고 어떨 때는 감독관 지시 사항을 사진으로 찍어서 조치 전·중·후의 모습을 부착하는 등 다양한 시도를 했습니다. 이러한 시도 자체가 딱딱하게 경직된 군 조직에서는 매우 획기적이었을 것입니다.

그래서 당시 공병 대대 본부 공사과에서 근무하는 공사 계원들 말에 의하면 세기의 역사를 예수 탄생 이전과 탄생 이후로 나누듯이, 우리 부대의 감독 일지는 박춘성 감독병의 출현 전과 출현 후로 나뉜다고 농담을 주고받기도 한다고 들었습니다.

제가 작성한 감독 일지는 다른 중대에도 샘플로 제공되어 앞으로 이렇게들 작성하라고 지침이 내려갔다는데, 이로 인해 다른 부대의 감독병들에게는 일거리만 늘렸다고 은근히 미움을 받기도 했었습니다.

○ 4주간의 FTC 훈련, 에이스 이등병 등극

평시 보직이 공사 감독병이라고 해서 군 복무 내내 공사 감독 업무만 보는 것은 아닙니다. 공사가 없는 동절기나 우기 때는 직영 작업장에 불려가 잡부의 역할을 하기도 합니다.

또한 당시 공병 부대는 중대급 단위로 4주 동안 훈련장에서 숙영하면서 지뢰, 폭파, 축성(철조망 구축), 도하(보병 병력이 하천이나 강을 건너도록 지원) 등 공병 전술을 연마하는 전투 공병 야외 전술 훈련을 매년 필수로 수행하였습니다.

Field Traning Couse, 줄여서 FTC 훈련이라고 부르는데, 4주간 먹고 자고 훈련만 받으면서 온갖 개고생을 다 합니다.

완전 군장을 결속한 후 소대별 육공 카고 트럭을 타고 부대 막사를 떠나 훈련장으로 입소해서 1960년대에나 사용하던 깡통 막사(비닐하우스 같은 형상으로 양철판을 덧대어 만든 구식 막사)에서 4주간 먹고 자며 훈련만 받아야 합니다. 물론, 이 FTC 훈련 외에도 대대 전술 훈련(ATT), 연대 전술 훈련(RCT), 혹한기 훈련, 유격 훈련 등에 매번 참여했었지만, 다른 훈련들은 길어야 5일인 데 비해 이렇게 4주간이나 길게 하는 훈련은 FTC 훈련이 유일했습니다.

FTC 훈련에서는 지뢰, 폭파, 축성, 도하를 각 1주일간 훈련하는데, 월요일부터 목요일까지 4일간은 무한 반복 훈련을 하고, 금요일에는 실전과 같이 상황 조성 후 외부 평가관 입회하에 평가를 받아 점수화합니다.

따라서 점수를 잘 받는 게 중요하기에 반복 훈련은 전 중대원이 모두 참여하지만, 평가 시에는 숙달된 최정예 우수 병력만으로 소대급 팀을 꾸려 평가를 받습니다.

그렇기에 대부분 평가에 참여하는 병력은 숙련된 상병 및 병장급으로 구성되어 있으며, 간혹 고참급 일병이 포함되기도 합니다. 저는 자대 배치 전 신병 훈련 중에 후반기 주특기 교육을 받지 않았었기에 자대 배치 후 군단 공병 여단에서 별도로 진행하는 2주간의 야전 공병 양성 교육에 참여했었고, 그때 나름대로 재미있게 열심히 교육에 참여해 1등으로 수료하여 공병 여단장 표창장을 받기도 했었습니다.

그러다 보니 제가 상병이나 병장급 고참들보다 숙련도는 다소 부족했지만, 이등병, 일등병 수준보다는 월등히 우수했고 특히 이론 시험에서는 병장들보다도 더 좋은 점수를 받았었습니다.

이러한 연유로 저는 처음 참여한 FTC 훈련에서 이등병 5개월 차에 중대 에이스로 분류되어 모든 평가에 다 참여했었는데, 이등병으로 평가에 참여한 것은 흔하지 않은 경우라 전례가 없었다고 합니다.

그래서 평가관에게 우리 중대는 항상 좀 더 좋은 점수를 받을 수 있었습니다. 왜냐하면 계급별 참여도가 골고루 분포되어 있을수록 점수 비중이 좀 더 높아지는데, 우리 중대는 이등병인 제가 포함된 반면에 다른 부대들은 대부분이 상병~병장으로 구성되어 있었기 때문이었습니다.

저는 곰곰이 생각해본 적이 있습니다.

'내가 그리 머리가 좋은 것도 아닌데, 왜 군대에서는 교육 및 훈련에만 참여하면 좋은 성과를 올리고 표창장을 받을까?'

지금 돌이켜 생각해보면 답은 아주 간단했습니다. 저는 겁이 꽤 많았습니다. 그래서 훈련을 받을 때 교관이 "똑바로 못하면 죽여버린다."라는 등의 협박성 발언을 하면 그것을 진심으로 받아들이고 바짝 긴장해서 밤새워 연습했기 때문입니다.

어찌 보면 참 피곤하게 군 생활을 했던 것인데, 달리 돌이켜 보면 그 전에는 한 번도 누군가에게 인정받지 못하다가 군대에서부터 똑똑하다고 인정받는 게 너무 기분이 좋아 더욱 열심히 했었던 것 같기도 합니다. 아무튼 이러한 교육 훈련의 성과들을 바탕으로 여태까지 자신감 없이 소극적으로 살아온 제 인생도 조금씩 자신감을 가질 수 있는 계기가 되었습니다.

○ 불우 장병, 병 복무의 기억

저는 병사로서는 상병 4개월 차까지 약 1년 반을 복무하였고 간부 후보생으로서 부사관 학교에서 몇 개월의 교육 기간과 하사 임관 후 중사 계급으로 전역할 때까지 4년간의 세월을 모두 합하면 근 6년(65개월)을 군에서 복무하였습니다. 그중에서 병사로 복무했던 상병 4개월 차까지의 기간 중 몇 가지 기억에 남는 일화를 써 보고자 합니다.

2001년 연말, 일병 2개월 차 즈음이었습니다. 연말을 앞두고 대대 본부에서는 가정형편이 어려운 장병을 중대별로 선발해서 대대장님 주관으로 위로의 시간을 가졌었는데, 영광스럽게도(?) 제가 우리 중대 대표 불우 장병으로 선발되었습니다. 그래서 깔끔하게 A급 전투복을 다려 입고 대대 본부로 가서 대대장님과 형식적인 면담을 한 후 위로 금도 받았습니다.

말이 좋아 위로금이지, 당시 제 일기장을 읽어보니 봉투에 6만 원이 들어 있었습니다. 지금 생각하면 상당히 가증스럽게 느껴집니다. 당시 에도 어디 결혼식장이라도 가면 기본 축의금이 최소 3만 원에서 안면 이 좀 있으면 5만 원을 부조하던 시대였는데, 불우 장병이라고 저 멀 리 전방 GOP에서 불러놓고 기껏 6만 원 봉투에 넣어주고 온갖 생색 을 내니…

어쨌든 돈은 적었지만, 한참 고달픈 일병 계급에 아무도 터치하지 않는 대대 본부로 파견 나와 하루를 푹 쉬고 갈 수 있다는 것만으로 도 큰 행복이었습니다. 우리 중대 인원은 대대 본부에 출장을 오면 의 무실에서 숙박했는데, 그 의무실은 그야말로 천국이었습니다.

온종일 누워 있어도 누가 뭐라 안 하고, TV를 보든, 책을 읽든 무엇 이든지 자유롭게 할 수 있었으니 최고의 휴양소였습니다. 결론은 불우 장병으로 선정되어 대대장님과 면담하고 위로금(꼴랑 6만 원) 받은 것보다 의무실에서 1박 2일 동안 푹 쉬다 간 게 더 큰 선물이었다고 생각됩니다.

저는 군 복무 중에 누가 면회를 와 준 적이 없습니다. 아니, 딱 한 번 있기는 했는데 만나지를 못했습니다. 제가 입대하기 직전 짧은 대학 생활 기간에 잠시 사귀었던 그 여학생(얼레리~꼴레리~)이 예고도 없이 토요일 오후에 깜짝 면회를 왔던 것입니다.

그런데 제가 있던 전방 GOP 지역은 시대적 배경상 일요일 면회만 가능했고 토요일 면회는 불가하였습니다. 그래서 어쩔 수 없이 그녀는 발길을 돌려야 했고, 공중전화로 울먹이면서 조심해서 돌아가라고 통화했던 기억이 납니다.

그 여학생과는 몇 개월 후 대학 졸업하고 취업한 이후부터는 차츰 연락이 줄어들어서 아주 자연스럽게 연락이 끊어지게 되었습니다. 돌이켜 생각해 보면 그녀는 아마도 이별을 통보하고 관계를 깨끗이 정리하고자 마지막으로 저를 만나려 했던 것 같습니다. 역시 다시 한번 느끼지만, 남자의 인생은 군 전역 이후부터 시작인 것 같습니다.

또 하나의 기억에 남는 일화는 몇 번의 실제 전투 준비 태세 발령에 대한 기억입니다. 첫 번째 실전 상황은 제가 이등병 때 자대 배치 후 공병 여단으로 야전 공병 양성 교육을 2주간 들어갔을 때입니다.

저녁에 식사 후 자율 학습 중이었는데 갑자기 사이렌이 울리며 등화관제를 하고 부대 전체가 출동 준비를 하는 등 난리가 났습니다. 저는 파견 나온 교육생 신분이기에 제 소속 부대가 아니다 보니 군장을 싸거나 출동 준비를 직접 하지는 않았지만 한눈에 봐도 무언가 심각한 문제가 생겼음을 알 수 있었습니다.

새벽 4시, 꿈이 현실이 되는 시간

그때 같이 교육받던 한 병사가 TV를 켜더니 소리를 질렀습니다. TV를 보니 미국에서 항공기 한 대가 미 본토 한복판의 초대형 빌딩에 그대로 충돌하는 놀라운 화면이 연속 재생으로 계속 방송되고 있었습니다.

이른바 9·11 테러가 발생한 것이었습니다. 이때의 여파로 실제 출동까지는 하지 않았지만, 미국의 동맹국인 우리나라도 초비상 상태로 며칠 동안 비상 대기를 해야 했습니다.

그리고 두 번째로 긴장했던 실전 사례는 월드컵이 한창이던 2002년 여름이었습니다. 그때 저는 상병 2개월 차였는데, 민간 세상은 월드컵 열기로 매우 뜨거운 상황이었습니다. 그러던 어느 날 긴급 출동 준비 태세가 발령되었습니다. 이른바 제2연평해전(서해교전)이 발생했던 것이었습니다.

당시에는 언론통제로 이유를 정확히 알지는 못했지만, 실제 상황 전투 준비태세가 발령되었고 우리는 물자 분류 및 완전 군장 결속, 등화관제를 실시했고 언제든지 작전 명령이 떨어지면 출동할 수 있도록 전투 준비를 해 놓고 며칠 동안 대기했습니다.

그때는 월드컵 열기로 정부에서 아직 언론에 공개를 안 했었던 것 같은데, 중대 간부에게 듣기로는 북한이 서해바다에서 남침을 개시했다는 등의 내용이 들을 수 있었습니다. 서해에서 해군 간의 교전이 있었고 곧 전면전으로 확산될 수 있으며, 전면전으로 확산 시 우리는 즉시 비무장지대로 들어가 최근에 피땀 흘려 건설했던 경의선 철도와 도로를 폭파해야 했습니다.

중대원들은 유서를 쓰기도 하고 유품으로 손톱과 머리카락을 잘라서 편지 봉투에 넣어두기도 했습니다. 그러나 저는 당시 구태여 세상에 큰 미련이 없었고 누가 제 유품을 신경 써서 챙겨줄 만한 사람도 없었기에 그런 행동 없이 묵묵히 대기하고 있었습니다.

다행히도 상황은 더 이상 확산되지 않았고 해군 간의 교전으로만 끝났다고 합니다. 그때 아마 완전 군장 출동 대기 상태로 이틀 정도는 긴장한 채로 대기하고 있었던 것 같습니다.

마지막으로 기억에 남는 일화는 미국의 당시 조지 워커 부시(George W. Bush) 대통령이 우리 중대의 주둔지 근처인 최전방 도라산역에 방문했던 때입니다. 제 기억으로는 그때 인근의 모든 작전권을 미군(아마도 미 대통령 경호실이었던 것 같음)이 좌지우지했는지 우리 군 병력은 정말 쥐죽은 듯이 부대 내에서 가만히 있었습니다.

그러던 중 도라산역에서 영접 대기 중이던 사단 사령부의 고위 참모로부터 비포장길이라 먼지가 많다고 물조리개로 먼지가 나지 않도록 물을 좀 뿌리라는 지시를 받았습니다.

우리 중대원들은 모두 물조리개를 들고 우르르 도라산역으로 가서 먼지가 나지 않도록 비포장길에 열심히 물을 뿌렸습니다. 그때 지나가던 부사단장님(정확하지는 않음)께서 그 모습을 보고 인상을 찌푸리며 당장 그만두라고 하셨습니다.

"대한민국 육군이 물조리개로 물이나 뿌리는 사람들인가? 당장 그만둬라!"

뭐 이런 식으로 간부들에게 호통을 쳤다고 들었습니다. 꽤 멋있는 분이라고 생각했습니다. 우리나라에도 이런 강단 있는 지휘관이 계시다니…

하지만 그것도 잠시, 얼마 후 군단 사령부에서 사전 점검을 나왔고, 지나가면서 왜 이렇게 먼지가 많냐고 한마디를 하시고 갔는데 그 한마디에 우리 중대원들은 다시 물조리개를 집어 들고나와 몇 시간 동

새벽 4시, 꿈이 현실이 되는 시간

안 구석구석 물을 뿌리며 돌아다녔었습니다.

○ 차라리 해 보고 후회하자

저는 병 복무 중에도 아버지의 병원비를 주기적으로 납부해야 했습니다. 그때마다 전역 후 복학하기 위해 모아 두었던 제 비상금 통장에서 행정반의 일반 전화를 사용해 폰뱅킹으로 이체 납부했습니다. 이러한 변수로 당초 입대 전에 계획했던 제 자금 운영 계획에 큰 차질이 발생했습니다. 이 상태가 지속되면 전역 후 복학은커녕 당장 먹고살 생활비도 부족할 상황이었습니다.

참으로 고민이 많았습니다. 이 경제적 난국을 어떻게 타개해야 할지 매우 난감했습니다. 게다가 일병 3~4개월 차에 들어서서 부대에 완벽하게 적응하여 군 생활에 요령이 생기다 보니 여러 잡생각이 많이 들었고 그 모든 게 장래의 걱정거리였습니다.

여러 고민이 많았었지만, 거두절미하게 결론을 말하자면 저는 이러한 경제적 궁핍을 해소하고자 병사에서 부사관(하사)으로 현지 임관을 지원하게 되었습니다. 부사관 지원을 놓고 주변의 선배와 친구들 등 많은 사람에게 의견을 구했었는데, 단 한 사람도 좋게 말해 준 사람이 없었습니다.

"절대 하지 마라. 그러다 후회한다.", "그런 건 사고 치는 사람이나 하는 거다." 등의 내용이었습니다.

당시 부사관에 대한 사회적인 인식도 그러했었고, 또한, 결정적으로 제 주위 사람 중에는 부사관이나 장교같이 군 간부 출신으로서 직업 군인의 세계를 이해하고 있는 사람이 단 한 명도 없었습니다. 그러다 보니 본인들의 병 생활 경험에 빗대어 오랫동안 군에 묶여 있는 간부에 대해서는 모두가 반대하였던 것이었습니다.

하지만 제가 부사관 제도에 관심을 가지고 자대에서 부소대장님(중사)과 몇 차례 면담을 통해 알아본 바로는 매우 매력적인 조건이었습니다. 중사 계급이면 월급이 240만 원이 넘는다고 하고, 초임 하사라도 이것저것 수당을 합치면 180만 원은 된다는 것이었습니다.

게다가 저는 하사 임관 즉시 병사로 복무했던 개월 수만큼 하사 1호봉의 본봉(기본급)을 곱하여 일시금으로 지급받을 수 있다고 들었습니다. 정확히는 기억나지 않지만, 제가 하사로 임관하면서 약 750만 원 정도를 병 복무 기간 일시금으로 받았던 기억이 납니다.

입대 전에 다니던 회사에서 이십 대 후반의 주임급 직원이 받던 월급이 평균 150~200만 원이었던 것을 감안한다면, 하사의 월급이 결코 적은 금액이 아니었으며, 또한 의식주가 모두 제공되는 군대의 특성상 지출금이 거의 없으므로 어찌 보면 실수령액 차원에서는 고졸 회사원들보다는 월등히 높은 수준이었던 것입니다. 오랜 고민 끝에 내린 결론은 다음과 같았습니다.

'부사관을 지원해도 후회할 것 같고, 안 해도 후회할 것 같으면 차라리 해 보고 후회하자!'

그러한 결정을 바탕으로 일병 말호봉(6개월 차)에 행정보급관님과 면담하고 기술 부사관 현지 임관 제도에 지원하였습니다. 제가 원하는 공병 병과는 인력수급(TO)이 당장 있는 게 아니다 보니 반년 정도를 더 대기하다가 상병 4개월 차에 간부 후보생으로 신분이 전환되어 부사관 학교에 입교하게 되었습니다.

현지 임관 부사관 지원 절차도 상당히 복잡했습니다. 우선 중대 간부들과의 심층 면담을 통과해야 했고, 최종적으로 대대 주임원사님 및 대대장님과 면담을 실시한 후 사단 사령부에서 소양 평가 필기시험을 치렀습니다.

소양 평가는 간부로서 병력을 통제하기 위한 기본적인 지적 능력을 확인하는 시험으로 국어, 국사, 수학 등 고졸 정도의 학력이면 누구나 합격할 수 있는 정도의 무난한 수준이었으며, 소양 평가 합격 후에는 추가 신체검사 및 체력 검정 시험을 보고 최종적으로 합격하게 되었습니다.

이러한 우여곡절을 거쳐서 근 1년 반 정도의 병 복무를 끝내고 또다시 땡볕이 작렬하는 2002년 8월 말에 간부 후보생 신분으로 파주 문산역에서 군 수송 열차에 몸을 싣고 육군 부사관 학교가 있는 전남 강경역으로 출발했습니다. 제가 속해있던 1사단에서는 저처럼 현지 임관으로 지원하여 부사관 학교에 같이 입교한 동기가 총 3명 있었습니다. 서로 문산역에서 처음 만나서 통성명을 하고 내려가는 기차 안에서 각자 부대에서의 무용담(?)을 늘어놓으며 급속도로 친밀감을 느끼게 되었습니다.

간부 후보생

○ 음주 입교, 최악의 벌점

동병상련의 감정이랄까? 부사관 학교 입교 동기들과 이야기를 나눠 보니 부대원들 사이에 부사관에 지원한다고 소문났을 때, 일부 속 좁은 고참들이 엄청나게 괴롭혔다고 합니다. 저 역시도 몇몇 고참이 마치 간부들에게 갈굼 당한 설움을 저에게 화풀이하려는 듯이 많이 괴롭혔습니다.

이런 괴롭힘을 저뿐만 아니라 같이 부사관에 지원한 다른 부대 동기들도 똑같이 받았던 것입니다. 그래서 대화가 더 잘 통했고 열차를 타고 이런저런 재미있는 대화를 나누다 보니 금방 부사관 학교가 있는 강경역에 도착하게 되었습니다. 입교식 이전까지 아직 시간적인 여유가 있었기에 우리 일행은 강경역 주변의 중국 음식점에서 점심을 먹고 입교하기로 했습니다.

이번에 부사관 학교에 훈련을 받으러 들어가면 6주 동안은 외출이 불가하기에, 휴가 복귀하는 심정으로 자장면, 짬뽕, 탕수육 등 여러 메뉴를 시켜놓고 배를 채웠습니다. 이렇게 좋은 안주들이 즐비한데 술이 빠지는 것은 예의가 아니라는(?) 생각이 들어 만장일치로 소주를 한 병 주문했고, 간단히 반주 삼아 한두 잔 한다는 것이 먹다 보니 각자 1병씩 마시게 되었습니다. 나름 주량이 약하지는 않았기에, 이 정도는 무난할 것이라는 오만한 생각을 했었던 것입니다.

이제 입교 시간이 가까워져 우리는 택시를 타고 들어갔고, 등록처에 입교 등록 후 각각 다른 교육 중대로 소속이 갈라져 작별을 고하고 각자가 소속된 교육 중대 행정반으로 입교 신고를 하러 들어갔습니다.

그 당시 부사관 학교의 지휘 체계는 부사관들에게 자긍심을 심어주기 위해 부구대장(부소대장과 유사)은 하사가, 구대장(소대장과 유사)은 중사가, 중대장은 상사가 각각 직책을 맡고 있었습니다. 그 위로는 교육대장이라는 직책으로 3개 교육 중대를 총괄하는 소령 지휘관이 있었으나, 실질적으로 훈련 수행은 교육 중대 단위로 받게 되어 있었습니다.

중대 행정반에 들어갔더니 눈에 살기가 번뜩이는 구대장(중사)들이 초장부터 군기를 잡는다고 엄청 사납게 으르렁거리며 온갖 트집을 잡고 있었습니다. 간혹 전쟁 영화를 보면 미군 해병들이 훈련받을 때 모자챙이 긴 유격 모자를 착용한 교관이 훈련병 얼굴 바로 코앞까지 얼굴을 들이밀고 모자챙으로 훈련병의 안면을 내리 쪼며 막 고함치는 장면들이 있는데, 그때 제가 겪은 그 상황이 딱 그러했습니다.

저도 영화에서나 보던 장면이 눈 앞에 펼쳐지니 당황스러울 따름이었습니다. 저에게 막 뭐라고 고함을 치며 지시하는 구대장의 얼굴이 제 얼굴에서 불과 10㎝도 안 떨어져 있었던 것 같습니다. 그러다 보니 아무리 숨기려 해도 숨을 쉴 때마다 은은히 번져 나오는 저의 술 냄새를 완벽히 숨길 수는 없었습니다.

"어쭈, 이 자식 봐라? 술 처마시고 들어왔네? 엎드려! 푸시업 200회 실시!"

아뿔싸, 제대로 걸렸습니다. 뭐라 변명의 여지가 없었습니다. 즉시 "죄송합니다!"라고 크게 외치고 무거운 더블백을 등에 멘 채로 팔굽혀 펴기를 실시했습니다. 훈련소에서도 팔굽혀펴기를 100개 이상을 해 본 일이 없었는데, 더블백까지 등짝에 올려놓은 상태로 팔굽혀펴기를 하니 죽을 것만 같았습니다. 하지만 멈출 수도 없었습니다. 음주 입교만 해도 중죄인데, 여기서 얼차려도 똑바로 소화하지 못하면 퇴교당할지도 모른다는 생각이 들어 바짝 긴장했습니다. 이처럼 궁지에 몰리자 저도 모르게 초인적인 힘이 나타났습니다.

8월 말 폭염에 더블백을 등에 멘 채로 팔굽혀펴기를 200회 하고 나니 전투복이 흥건하게 다 젖었고, 온몸에 비 오듯이 땀이 솟구쳤습니다. 그래도 팔굽혀펴기 200회를 꼼수 부리지 않고 완료하니 좀 전까지 죽일 것처럼 노려보던 구대장도 살짝 화가 누그러진 것처럼 보였습니다. 그러면서 저에게 -3점의 벌점을 먹였습니다.

"귀관은 음주 입교로 군 간부 후보생으로서의 품위를 손상시켰다. 교육 규정에 의거하여 품위유지 의무 위반으로 벌점 -3점을 부여한다. 당장 내무실로 들어가 다음 통제에 따르도록. 이상."

나중에 들어서 알게 되었지만, 원래 음주 입교는 내규상 즉시 퇴교라고 합니다. 비록 술을 마시고 들어왔지만 짐이 잔뜩 들어 있는 더블백을 매고 200회 팔굽혀펴기를 완료한 덕분에 그나마 퇴교는 면할 수 있었던 것 같습니다.

그리고 벌점 -3점이라기에 처음에는 별것 아닌 줄 알았었는데, 나중에 교육이 시작되어 상벌 규정에 대한 설명을 들었더니 아뿔싸, 누적 벌점 3.5점이면 퇴교 대상이었습니다. 즉, 저는 간신히 퇴교만 면한 상태로 입교하자마자 가장 최악의 벌점을 받았던 것입니다.

이후 내무실을 배정받고 대충 더블백만 내려놓은 다음에 바로 연병장에 집결하여 입교식 행사를 준비했습니다. 항상 그렇듯이 군 행사는 리허설이 엄청나게 깁니다. 특히나 구대장들이 초장에 군기를 바짝 잡고자 일부러 더 악독하게 얼차려를 부여하며 입교식 예행연습을 시키고 있었습니다.

그러다 보니 자연스레 "앞으로 취침.", "뒤로 취침.", "좌로 굴러.", "우로 굴러." 등의 얼차려를 많이 받았는데, 순간 저도 모르게 폭염의 열기와 무리한 얼차려로 인해 술기운이 확 솟구치며 결국 연병장 바닥에 오바이트(구토)를 하고 말았습니다.

퇴교만은 면하려고 구토가 나와도 빠르게 가래침 뱉듯이 토사물을 바닥에 쏟고 군홧발로 대충 흙을 덮은 뒤, 얼차려를 받느라 흙이 잔뜩 묻은 지저분한 손바닥으로 대충 입 주변의 잔존물을 닦아내며 멀쩡한 듯이 각 잡고 서 있었습니다.

그러나 제가 아무리 재빠르게 행동했다고 해도 구대장들이 눈치채지 못했을 리 없습니다. 다만, 이미 과도하게 얼차려를 부여받은 것을 알기에 못 본 척 넘어가 준 것으로 추측합니다.

다행히도 더이상 음주 입교 문제로 시끄러워지지는 않았습니다. 다만, 제 주위에 도열해 있던 다른 동기들이 예상치 못한 고통을 당했을 뿐….

왜냐하면, 제가 구토한 이후에도 "앞으로 취침.", "뒤로 취침.", "좌로 굴러.", "우로 굴러." 등의 무자비한 얼차려가 계속되었기 때문입니다. 한참 얼차려를 받다 보니 여기저기서 욕이 들려왔습니다.

"앗! 씨X, 어떤 새끼가 토해 놨어? 옷에 다 묻었네. 젠장." 등….

ㅇ 6주간의 간부 양성 훈련

그 당시 육군 부사관 양성 체계는 2가지 경로가 있었습니다. 민간인에서 바로 하사 계급으로 지원해 입영하는 사람은 육군 훈련소(논산)에서 6주간 기초 군사훈련을 받고 부사관 학교로 이동하여 8주간추가로 간부화 양성 훈련을 받았습니다.

저처럼 현역병으로 복무하다 현지 임관으로 지원한 사람은 이미 훈련소의 군 기본 훈련과 자대에서 여러 가지 훈련을 거쳤기 때문에 이런 과정은 생략하고 6주간의 간부화 양성 훈련만 받게 됩니다.

주요 과목은 초급 간부로서 10여 명에서 40여 명의 분대~소대 병력을 전투에서 지휘할 수 있는 능력을 배양하는 목적으로, 일일이 다 기억나지는 않지만, 다음의 과목 등으로 구성되어 있었습니다.

'분대 공격, 분대 방어, 독도법, 생존, 적 전술, 아군 전술, 교수법, 정찰 등.'

저는 이미 훈련소를 거쳐 1년 넘게 자대에서 온갖 훈련을 겪어 본상황인지라 훈련에는 별 어려움이 없었습니다. 다만, 얼차려의 강도는 훈련소와는 비할 바가 아닐 정도로 매우 강도가 강했습니다. 그때서야 깨우치게 되었는데, 왜 병사들 사이에 얼차려 등 가혹 행위가 생기게 되었는지를 깨닫게 되었습니다.

아마도 장교, 부사관들이 이런 양성 기관에서 교육받으면서 받았던얼차려를 부대 부임 후에 병사들에게 적용한 것이 시초가 된 것이 아닐까 싶습니다. 말로 설명하기는 참 애매하지만, 하여튼 얼차려의 강도는 병사로 복무하던 중에 받았던 그 어떤 얼차려보다 가혹하고 무시무시했습니다.

새벽 4시, 꿈이 현실이 되는 시간

저는 나름대로 이 모든 훈련 과정들을 잘 이수했고, 특히 독도법에서 많은 두각을 나타냈었습니다. 독도법의 핵심은 넓은 지역에서 달랑지도 한 장 들고 목적지를 정확히 찾아가는 것인데, 이미 장항선 철도현장에서 조사 측량을 수행하며 몇 달간 지도 한 장 들고 측량 기준점을 찾아다녔던 경험이 있기에 전혀 어려움이 없었습니다.

독도법 훈련의 가장 마지막 관문은 야간 독도법 실습으로, 완전히해가 떨어진 깜깜한 밤에 2인 1조로 각기 다른 집결지에서 출발하여오직 지도, 나침반, 랜턴만을 가지고 약 10㎞ 떨어진 집결지를 찾아가는 훈련이었습니다.

대부분의 후보생은 늦은 밤이고, 길도 낯선 데다 지도를 보는 방법도 미숙하기에 통상 4시간 정도가 소요된다고 하는데, 저는 불과 2시간 만에 1등으로 집결지에 들어와 당시 교관님(상사)이 역대 최고 기록이라며 깜짝 놀라 했던 기억이 납니다.

저는 독도법 외에도 분대 공격, 분대 방어 등 많은 훈련에서도 소대장 역할을 맡으며 꽤 우수한 성적으로 훈련을 마쳤고, 그 결과 6주간의 훈련이 끝난 후 상·벌점 최종 집계 시 -3점으로 시작한 제가 +2점으로 꽤 높은 상점이 누적되었으며, 석차도 입교생 약 350명 중 초기에는 음주 입교로 꼴찌였으나, 훈련을 마칠 때는 35등의 성적으로 엄청난 역전 드라마를 펼쳤습니다.

교육 과정을 거의 마칠 즈음에는 육군 간부들이 사용하는 다이어리인 '육군 수첩'을 지급받았는데, 이때 기분이 참 묘했습니다. 병사였을때 항상 마주치는 간부마다 이 육군 수첩을 한 손에 들고 있었는데, 제가 그분들과 똑같은 간부 신분이 되었다는 것을 이 육군 수첩을 받아봄으로써 실감하게 되었습니다.

[2002년, 육군 부사관 학교 간부 후보생 시절]

○ 임관식, 이제는 9급 공무원

2002년 10월 11일. 이날 저는 정식으로 대한민국 육군 부사관(하사)으로 임관하였습니다. 공무원 급수로 본다면 국방부 소속 9급 공무원의 신분이었습니다.

제가 임관하기 직전까지만 해도 군 조직에서는 장교에게만 '임관'이라는 멋진 명칭을 사용했었고 부사관은 일반 공무원과 같이 취급되어 '임용'이라는 격하된 명칭을 사용했었습니다. '부사관'이라는 명칭도 몇 해 전까지만 해도 '하사관'이라고 불렸는데, 제가 군 복무를 할 즈음에 모두 개선 적용되었습니다.

선임하사라는 호칭도 '부소대장' 또는 '담당관'으로, 인사계라는 호칭도 '행정보급관'으로 변경되어 불리게 되었습니다.

새벽 4시, 꿈이 현실이 되는 시간

정식으로 계급장을 받는 수료 행사를 이전까지는 '임용식'이라 불렀는데, 딱 제가 수료할 때부터 자긍심을 향상시키겠다고 장교와 동일하게 '임관식'으로 명칭이 격상되었습니다.

　정말 사람 인생이라는 게 알 수가 없는 것 같습니다. 제가 하사 계급장을 전투복 옷깃(칼라)에 달게 될 줄이야? 그 누가 상상이나 했겠습니까?

　당시에는 이런 생각이 들었습니다. 전투모 모자챙의 구부린 정도에 대한 감상인데, 이등병은 당연히 군기가 살아있으니 전투모의 챙이 일자로 펼쳐져 있고, 일병부터 상병까지는 전투모 모자챙을 멋스럽게 조금씩 꺾어서 착용하다가 병장이 되면 전투모 모자챙을 완전히 터널 라이닝 콘크리트(?) 마냥 아치 형상으로 동그랗게 접기 마련입니다.

　여기까지가 병사로서의 관점이고 간부(부사관을 예로 들어서)의 관점으로 보게 되면 다음과 같습니다. 하사부터 중사는 간부이기에 육군 복장 규정에 따라 모자챙을 많이 접지 않고 양 끝단만 살짝 꺾이도록 합니다. 병사 계급을 예로 들자면 일병 정도 수준의 모자챙이 꺾인 상태와 유사할 것입니다.

　그런데 상사가 되면 모자챙이 이등병처럼 판판하게 일자로 펴진 상태로 다니고, 마지막으로 원사 계급이 되면 모자챙이 평평한 상태가 되다 못해 오히려 U자 형식으로 모자챙이 위를 향하여 꺾이게 되는 경우가 많습니다.

　참 신기하다고 생각했습니다. 마치 패션계에서 돌고 돌아 복고풍이 돌아오듯이, 군대 내 전투모 모자챙도 계급별로 돌고 도는 것 같아 재미있었습니다. 물론, 현재는 베레모로 변경되었기에 다 옛날이야기가 되었습니다.

제가 하사로 임관할 때 다른 사람들은 대부분 부모님이 입회하여 전투복 양쪽 깃에 반짝반짝 빛나는 황금빛 철제 하사 계급장을 달아 주었습니다. 하지만 저는 아버지는 의식 없이 병원에 계시니 오실 수 없었고, 초교 4학년 때 이혼하셨던 어머니가 어찌 소식을 들으셨는지 먼 길을 내려오셔서 임관식 때 전투복 옷깃에 계급장을 달아 주었습니다.

　정식으로 하사 임관 후 이제는 직업 군인으로서 각 병과 학교에 입교 명령을 받게 되었고, 입교 일자만 준수하면 어디를 놀러 가든 제한을 받지 않게 되었습니다. 그래서 제 연고지인 인천으로 올라와 3일간의 꿀맛 같은 휴가를 보내고 다시 14주간의 전문병과 교육을 받기 위해 전남 장성에 있는 육군 공병 학교(상무대)로 향하였습니다.

　물론 휴가 및 외박 때 입을 민간 복장도 같이 챙겨갔습니다. 저는 이제 병사가 아닌 직업 군인이었으니까요. 이른바 대한민국 국방부 소속 9급 공무원 말입니다.

하사, 9급 공무원

○ 상무대, 육군 공병 학교

육군 공병 학교는 일명 '상무대'라 불리는 전남 장성의 병과 학교 집합체입니다. 상무대 안에는 보병, 포병, 기갑, 공병, 화학 병과 학교가 있었으며, 부지 규모 또한 어마어마하게 큽니다.

공병 학교에서 받은 14주간의 교육은 엄청나게 편했습니다. 완전히 휴양 온 기분이었습니다. 이제는 간부라고 기간병(조교)들이 꼬박꼬박 경례해 주며 "간부님들. 이쪽으로 이동하시겠습니다." 등의 예우를 갖춰 주었고, 교관들 또한 함부로 저희를 대하지 않고 꼬박꼬박 "귀관은 ~"이라며 존칭을 해 주었습니다.

또한, 훈련장에서도 실습하기 전에 각종 교보재 등은 훈련병들이 알아서 세팅해 주었고, 훈련 종료 후 정리도 마찬가지로 저희 대신 훈련병들이 우르르 달려와 모두 싹 치워 주었습니다. 말 그대로 간부들은 몸만 살짝 가서 대충 하는 시늉만 하고 나오면 끝이었습니다.

처음에는 이러한 대우가 너무 낯설고 적응하기 어려웠는데, 한 2주 정도 지나니 슬슬 저희 스스로도 저희를 간부로 인식하며 행동에 주의하게 되었습니다. 마치 영국 상류층 신사들처럼 전투복도 항상 깔끔하게 다려진 것만 입고, 교육받으러 갈 때는 손에 가죽장갑을 낀

채로 검은색 007 가방(학과 백)을 한 손에 들고 오와 열을 맞춰 이동하니, 굉장히 멋있고 품위 있어 보였습니다.

육군 공병 학교에서의 교육은 단연 제가 동기들 중에서도 최고의 에이스였습니다. 이미 이등병 때부터 야전 공병 교육을 1등으로 수료한 전력과 근 1년 반 동안의 현역병으로 야전 부대에서 복무하면서 겪은 수많은 훈련 경험이 축적되어 있었기 때문입니다.

전투 장갑 도저(M9 ACE) 운전 및 장간 조립교 구축 등 제가 병사로 복무할 때 해 본 적 없던 몇몇 특이한 과목을 제외하고는 일반적인 공병 업무인 지뢰, 폭파, 축성, 도하 등의 과목에서 단연 매우 우수한 성적을 받았습니다.

타 병과에서 지원한 동기를 가르쳐 주는 것은 물론이고 현역 조교와 교관보다도 제가 더 전문가인 과목도 많았습니다. 그렇기에 나름 교관님의 체면을 손상시키지 않는 범위 내에서 오히려 제가 조교들을 가르치기도 했습니다. 그러다 보니 교육을 수료할 때는 동기생 30여 명 중에서 2등을 하여 공병 학교장 표창장을 수여받게 되었습니다.

[2003년, 육군 공병 학교에서]

[공병 학교장 표창장]

새벽 4시, 꿈이 현실이 되는 시간

육군 공병 학교는 교육을 수료할 때 성적순으로 등수를 매기며 1등에게는 교육 사령관 표창을, 2등에게는 학교장 표창을 수여합니다. 통상 표창을 받는 1~2등은 암묵적으로 임원진 등 감투를 쓴 교육생이 받는 것이 일반적인데, 저는 그러한 역할을 한 적도 없으면서 2등을 하여 교관 및 훈육관님들이 꽤나 놀라워했던 기억이 납니다.

명색의 군 간부이다 보니 주말마다 외출·외박이 허용되었는데 몇 번은 인천에 올라오기도 했고 몇 번은 인근 광주 시내에서 동기들끼리 놀기도 했습니다. 이와 관련하여 기억나는 몇 가지 일화도 있습니다.

첫 번째로, 광주 공항에서 비행기를 타고 김포 공항으로 온 적이 있었는데, 고교 시절 제주도 수학여행 때 이후로 난생 두 번째로 타 보는 비행기였습니다. 그 20여 분간의 비행에 바짝 긴장해서 이착륙할 때 부들부들 떨었던 기억이 납니다.

두 번째로, 외출·외박 시에는 주로 민간 복장을 착용하고 나서는데, 언젠가 한 번은 고교 친구들에게 저의 각 잡힌 전투복과 번쩍이는 하사 계급장을 자랑하고 싶어 전투복에 항공 점퍼(간부에게만 지급되는 겨울 점퍼)를 걸치고 외박을 나간 적도 있었습니다.

○ 꼴에 간부라고, 지금 생각하면 갑질

저는 또래에 비해 군대에 좀 늦게 간 편이라, 제가 하사 임관할 즈음에 고교 친구들 대부분은 모두 병장 전역 후 복학해 있었습니다. 그 친구들과 만나기로 한 토요일 밤에 저는 칼같이 다려 입은 간부용 맞춤 전투복에 항공 점퍼를 입고 번쩍거리는 철제 하사 계급장을 부착한 전투모를 착용하고 약속장소에 나갔습니다.

[간부용 항공 점퍼 착용]

친구들은 겉으로는 아직도 군바리냐고 놀려댔지만, 맵시 좋은 맞춤 전투복과 간부 계급장에서 은근히 뿜어져 나오는 위압감에 살짝 주눅 들어 있는 듯했고, 저는 득의양양하게 어깨를 쫙 펴고 인천의 어느 역 앞의 먹자골목을 휘젓고 다녔습니다.

간부는 영외에서 병사들의 비위 행위를 목격하면 즉시 주의를 주고 그 병사의 소속 부대와 관등성명을 파악하여 해당 지휘관에게 통보해 줄 의무가 있습니다.

하지만 대부분의 간부는 귀찮고 번거로워 이를 잘 지키지 않습니다. 몇몇 병사가 길거리를 지나가다 간부를 마주치면 그냥 못 본 척 경례를 안 하고 지나치는 일이 많은데, 이는 그 병사가 간부를 못 본 척한 게 아니라, 그 간부가 귀찮아서 병사를 못 본 척한 것이라고 해석해야 할 것입니다. 그러기에 대부분의 간부는 이런 번거로운 상황에 얽히는 게 싫어서 외부에 나갈 때는 가급적 민간 복장을 하고 다닙니다.

마침 그날도 휴가 나온 몇몇 병사들이 전투복을 입고 술도 한잔 걸친 상태에서 복장 불량하게 먹자골목을 다니는 게 눈에 들어왔습니

새벽 4시, 꿈이 현실이 되는 시간

다. 저도 병 생활을 해 봐서 다 이해하기에 평소 같으면 못 본 척 지나 갔겠지만, 그날따라 몇몇 친구들이 간죽거리며 자꾸 부추겼습니다.

"간부인데 왜 입수 보행하는 병사 안 잡냐?"

그래서 그날은 제가 완전히 그 동네의 헌병 역할(?)을 하고 다녔습니다. 역세권 먹자골목을 휘젓고 다니며 전투복을 입은 채로 입수 보행하거나 경례를 안 하는 병사들은 모조리 잡아서 소속과 관등성명을 파악하고 다녔습니다.

지금 생각하면 참 미안하게 생각합니다. 간만에 휴가 나와서 잘 놀고 있는데, 웬 이상한 하사 한 명 만나서 기분 잡쳤을 테니…. 저도 지적까지만 했지, 그들의 신원을 별도로 부대에 알리는 등의 2차 조치는 하지 않았습니다. 그냥 친구들에게 폼 한 번 잡고 싶었던 마음이었습니다.

여기까지는 좋았습니다. 어깨에 힘주고 다니며 똥폼(?) 잡고 먹자골목을 휘젓고 다니다가, 친구들과 오락실 앞에서 펀치 게임 내기를 하게 되었습니다. 길거리에 흔히 있는 펀치 게임 기계였는데, 저는 명색이 현역 군 간부였기에 저질 체력의 민간인 친구들에게 지고 싶지 않았습니다.

제 차례가 되었을 때 저는 무리한 객기를 부렸습니다. 무슨 생각으로 그랬는지는 잘 모르겠으나, 영화에서나 나올 법하게 높이 점프해서 펀치 기계를 왼발로 딛고 공중에 붕 떠서 오른쪽 군홧발로 멋지게 타겟을 후려치는 멋진 모습을 상상했습니다. 그리고 이를 실행에 옮겼습니다.

하지만 현실은 상상과 달랐습니다. 왼발로 펀치 기계를 디딘 것까지는 일치했으나, 펀치 기계의 테두리 스테인리스 부분에 왼발을 디디는 순간, 미끄덩하며 중심을 잃고 공중에서 한 바퀴를 붕 돌고서 그대로 땅바닥에 나자빠져 대(大)자로 바닥에 널부러져 버렸습니다. 그 순간 얼마나 쪽팔리던지….

토요일 밤에 대학생들로 북적이는 대학가 역전 먹자골목 거리에서 저는 너무도 쪽팔려 차마 일어날 수가 없었습니다. 그렇게 몇 초 정도 대자로 뻗어 있다가 너무 창피한 마음에 잽싸게 일어나 뒤도 안 돌아 보고 뛰어서 도망갔습니다. 그날 그 사건으로 친구들에게는 두고두고 평생 놀림거리가 또 하나 생기게 되었습니다.

○ 반년 만에 상병이 하사가 되어 자대 복귀

14주간의 공병 학교 후반기 교육을 마치고 2003년 1월 말에 다시 제 1보병사단으로 원대 복귀하였습니다. 당연히 다시 공병 대대로 돌아 가리라 생각했었는데 사단 사령부에 복귀 신고를 하니 공병 대대가 아닌 수색 대대에 폭파 담당관으로 가야 한다는 충격적인 말을 하는 것이었습니다.

수색 대대는 그 당시 DMZ(비무장지대) 내 GP에 상주하는 것을 주 임무로 하고 있었기에 근무 여건이 좋은 편이 아니었습니다. 또한, 제 가 공병 기술 부사관에 지원한 이유는 건설 경력을 인정받아서 기사 자격시험에 응시하기 위한 것도 큰 이유였는데, 이렇게 되면 완전히 제 계획이 틀어져 버리는 것이었습니다.

그로부터 며칠 동안 마음고생이 심했는데 어느 날 공병 대대 주임 원사님으로부터 연락을 받게 되었습니다. 다행히도 다시 공병 대대로 복귀할 수 있게 되었으며 이 과정에서 대대장님이 사단 사령부 인사처 에 엄청나게 압박을 가했다는 사실을 알게 되었습니다.

어찌 보면 공병 대대장님이 상급 부대인 사단 사령부의 인사 명령에 항명한 것인데, 처음에는 대대장님도 이렇게까지 해서 저를 데려올 생각이 없었다고 합니다. 하사 한 명 때문에 시끄럽게 할 필요는 없을 테니…. 그런데 제가 공병 학교장 표창을 받은 것을 보고받고 나서는 마음이 바뀌었다고 합니다.

공병 학교장 표창까지 받은 우수한 공병 간부를 보병 수색 대대로 보내는 것은 불합리하다는 논리로 사단 사령부를 어렵게 설득했다고 합니다.

그렇게 저는 다시 공병 대대로 돌아왔습니다. 통상 저처럼 병사에서 현지 임관된 간부는 기존의 중대로 보낼 경우 병사들이 잘 안 따를 수도 있다는 우려로 다른 중대로 배치하는 경우가 많은데, 저는 또 한 번 운 좋게 제가 원래 소속되어 있었던 3중대로 돌아오게 되었습니다.

당시 3중대 행정보급관님(원사)은 주임원사님보다도 몇 개월 빠른 군번으로 대대 내에서는 대대장님 외에는 아무도 터치할 수 없는 무적의 존재였습니다. 이러한 배경으로 3중대 행정보급관님을 다른 간부나 병사들은 '전방 공병 사령관' 또는 '3중대 참모총장', '제2 공병 대대장' 등의 별칭으로 불렀습니다.

그런 3중대 행정보급관님께서는 중대 내 후임 부사관 한 명 없이 홀로 업무를 보시며, 대대장님 및 주임원사님에게 저를 꼭 다시 3중대로 보내 달라고 신신당부를 하셨다고 합니다.

이런 고마우신 대대장님과 주임원사님, 행정보급관님 덕분에 저는 다시 제가 병사로 복무하던 1사단 공병 3중대에, 그것도 제가 소속되어 있었던 1소대의 부소대장으로 복귀하게 되었습니다. 상병으로서 복무하던 그 내무실에, 6개월이 지나서 하사 계급장을 달고 부소대장으로 복귀하였던 것입니다.

제가 중대에 복귀하니, 제 동기들은 병장 3호봉으로 최고의 실세를 구가하고 있었습니다. 그 위로 고참 병사 3명 정도가 중대에 남아 있기는 했지만, 모두 제가 복귀 후 1~2개월 이내에 나갈 사람들이어서 서로 별 신경 안 쓰고 터치하지 않았습니다. 그렇게 제 고참이었던 병사들도 모두 전역하니 중대 내에서 저는 비록 초임 하사였지만 전 중대원을 말 한마디에 통솔할 수 있는 엄청나게 무시무시한 짬밥 파워(?)를 발휘할 수 있었습니다.

○ 국군 기무사령부 영입 제안

부소대장 직책으로 자대 복귀 후 몇 달 지나지 않았을 때의 일입니다. 동절기여서 특별한 작업이나 훈련 없이 부대 관리 중이었는데 어느 날 관할 기무 부대의 기무부관(중사)이 저를 찾아왔습니다. 방문 목적은 본인의 상관인 기무반장(대위)이 저와 면담을 하고 싶어 한다며 기무 부대로 잠시 같이 가자는 것이었습니다.

예나, 지금이나 기무 부대는 일반 군인들이 가장 꺼리고 경계하는 내부 조직입니다. '무언가 트집을 잡기 위해서 왔나?' 하는 생각도 들었고, 혹여 제가 무슨 사고를 쳤나 싶기도 하여 걱정이 태산이었습니다.

행정보급관님(원사)에게 기무부관의 방문 목적을 보고드리고 그 기무 부관을 따라나섰습니다. 도착한 기무반에는 기무반장이 저를 기다리고 있었습니다. 두려워하며 걱정했었는데 예상과 달리 기무 반장은 환하게 미소를 지으며 커피를 대접해 주었고, 저에게 기무사령부로 영입을 제안하였습니다.

예상외의 전개에 말문이 막혀 당혹스러워하고 있으니 그 기무반장이 차근차근 경위를 설명해 주었습니다. 각 병과 학교 1~2등 수료자는 우수 자원으로 분류되어 장래 기무사 영입 대상 리스트에 올라가고, 기무사령부에서 추가로 세밀한 신원 조회를 실시하여 특이 문제가 없으면 각 지역 기무 부대에서 이렇게 호출하여 영입을 제안한다는 것이었습니다.

처음에는 당혹스러웠지만 이내 갈등이 좀 되었습니다. 하지만 저는 애초에 군 부사관에 지원한 목적 자체가 당장의 생계유지 및 부친의 병원비를 벌기 위한 것이었지, 군에 평생 말뚝으로 남아있을 생각은 전혀 없었습니다. 게다가 기무 병과는 건설 기술자로 경력 인정 자체가 불가능하니 제 장기 목표와도 상반된 길이었습니다.

애써 신경 써 준 기무반장의 면전에서 단칼에 거절하기에는 눈치가 보여 생각할 시간을 좀 달라고 말한 후 다시 부대로 돌아왔습니다. 부대 복귀 후 행정보급관님(원사)에게 자초지종을 설명하였고 고민을 상의드려 보고자 했으나, 행정보급관님은 기무사의 영입 제안이 있었다는 제 말이 끝나기가 무섭게 버럭 성질을 내셨습니다.

"야, 이 XX야! 내가 너 다시 우리 중대로 받으려고 대대 최고참인데도 반년간 졸병 한 명 없이 혼자서 중대 일 다 처리하면서 기다려 줬는데, 인제 와서 뭐? 기무사? 이 XX가! 야, 인마! 가고 싶으면 가! 이 나쁜 XX야!"

[2012~2014년, 하사 군 복무 시]

욕을 들을 당시에는 굉장히 기분이 나빴습니다. 제가 가겠다고 한 것도 아니고, 상황을 보고드린 것뿐인데….

하지만 근 마흔인 지금 돌이켜 생각해 보면 그때 행정보급관님이 정말 저를 아껴 주시고 좋게 봐주셨던 게 틀림없는 것 같습니다. 욕은 욕이지만, 저를 필요로 하고 있다는 뜻이기도 하고, 저를 진정한 부사관 후배로서 인정해 준다는 뜻이기도 하고…. 뭐… 아주 정감 가는… 그런 기분 좋은 욕이었습니다.

상황이 이러니, 기무사 문제는 더 이상 생각할 가치가 없었습니다. 행정보급관님 앞에서 한 번만 더 기무사 얘기를 꺼냈다가는 기무사로 전출 가기도 전에 맞아 죽을 것 같은 기세였기에, 그렇게 기무사 얘기는 쑥 들어갔습니다.

기무반장에게도 저는 장기 복무 의사가 없어서 그러니 양해해 달라고 잘 말씀드려서 정리하고 한동안 잊고 지냈는데…. 2018년 연말에 뉴스에서 기무사와 관련된 좋지 않은 보도가 엄청나게 쏟아지다 보니 새삼 그때가 다시 생각이 납니다. 만일 그때 기무사 영입 제안을 받아들였다면 지금쯤 제 삶은 어찌 되었을까요?

○ 도급 공사, 공사 감독관

공병 부대에서 수행하는 건설 공사 업무는 크게 2가지로 분류됩니다. 첫 번째로 도급 공사가 있습니다. 군에서 직접 할 수 없는 기술력이 필요하거나 큰 규모의 공사에 대해서는 조달청 공개 경쟁 입찰하여 건설사에 외주 도급을 주는 방식입니다. 주로 병영 시설(막사) 신축 공사 등 어느 정도 규모 있는 공사는 다 여기에 해당합니다.

이런 도급 공사가 발주 나면 관할 공병 중대장(대위)이 감독관으로 선임되고, 소대장급(소위~중위 또는 하사~중사) 중 한 명이 보조 감독관으로 선임됩니다. 그렇게 지정된 보조 감독관은 사실상 일반 건설 현장으로 예를 들자면 감리단장의 역할을 수행하게 됩니다. 또한, 공사 규모가 좀 크면 혼자서 관리하기가 어려우므로 공사 감독병을 공종별로 2~3명씩 배치하여 상주 감리원의 역할을 수행시킵니다.

당시 저의 서류상 보직은 '1소대 부소대장'이었지만, 항상 장교가 정원보다는 부족하였기에 대대장님의 승인하에 실질적으로는 '2소대장'의 직무를 수행하고 있었습니다. 생각해 보면 군대에서나, 사회에서나 직원은 항상 부족하게 배치해 주는 것 같습니다. 그래야 일을 더 많이 시킬 수 있을 테니까요.

하여튼, 저는 병사 출신 부사관 소대장이다 보니 장교 소대장에 비해 부대 짬밥이 꽤 많았습니다. 그러다 보니 중대장님이 업무를 분배를 할 때 경험이 부족한 장교 소대장들에게는 주로 난이도가 쉬운 공사를 주로 맡겼고, 저에게는 상대적으로 난이도가 높은 비무장지대(DMZ) 내 GP 개보수 등 어려운 일을 많이 맡기었습니다. 아마도 1사단 관할 GP 시설 중 절반 이상은 제가 전담하여 매년 1개소씩 개보수 공사를 수행했던 것 같습니다.

이때의 도급 공사 감독관 경험이 향후 제가 건설 회사에서 실무를 볼 때 정말 많은 도움이 되었습니다. 기본적으로 설계도를 쉽고 빠르게 보는 법에 익숙해졌고, 감독관, 즉 감리단장의 역할로서 업무를 보다 보니 향후 시공사 근무 시 감리단을 상대할 때 그들이 원하는 것을 쉽게 파악하여 잘 대처할 수가 있었습니다.

특히나 돈을 다루는 감독자의 역할이다 보니 매일매일 공사 진척도와 반입 자재에 대해 내역서(일위대가)를 가계부 쓰듯이 실시간으로 관리하여, 돈 다루는 기성금 관리 업무의 기본을 습득할 수가 있었습니다.

그리고 무엇보다 제 인생에 가장 큰 도움이 된 것은 보고서 작성 기법을 통달한 것이라고 할 수 있겠습니다.

군대의 모든 업무는 보고로 시작하여 보고로 끝마칩니다. 그만큼 군 조직에서 보고는 매우 중요합니다. 특히 중간보고를 자주 해야 방향성이 틀어지지 않고 올바른 방향으로 일을 이끌 수 있습니다. 이때 짧고 간결한 보고서 작성이 필수입니다.

공사를 수행하다 보면 수많은 관련자(타 부대 지휘관 등)가 현장에 방문하고, 오는 사람마다 설계와 내역에도 없는 이상한 것들을 제각각 추가로 요구하고는 합니다. 만약 요구 사항을 안 들어주면 기분 상해하기도 하고, 어떨 때는 성질을 내며 작전에 방해된다고 억지 부리며 공사를 훼방 놓기도 합니다.

특히 공병이 아닌 다른 부대 간부들은 도급 공사가 시작되면 그 공사 업체를 이용해 부대 내의 모든 시설을 싹 손보려 하는 좋지 않은 경향을 보입니다.

시공 업체들도 능구렁이인지라 뻔히 설계 내역에 없는 것을 잘 알면서도 쉽고 싸게 할 수 있는 부분은 모르는 척 사용 부대의 요구대로 다 해놓고 나서, 나중에 설계에 포함된 내용 중 비싸고 어려운 공종 즉, 돈이 안 되는 공종은 그때의 추가 공사를 핑계 대며 하지 않고 버티기도 합니다.

대부분의 초임 소대장들은 이러한 상황에 대한 대응 능력이 부족하기에 현장에 방문하여 추가 공사를 요구하는 타 부대 장교가 본인보다 계급이 높으면 시키는 대로 다 해야 하는 줄 알고 사고를 많이 칩니다.

물론 저도 초임 하사 때 몇 번은 업체 소장들에게 뒤통수(?)를 제대로 후려 맞기도 했습니다. 하지만 경험이 쌓이다 보니 나름의 요령이 생겼는데, 이 방법은 군 공사뿐만 아니라 사회에 나와서도 매우 요긴하게 활용할 수 있었습니다.

저는 보고서를 매일 만듭니다. 주절주절 길게 쓰지는 않고 깔끔하게 제목과 일자, 요약 보고 내용, 향후 조치 계획 그리고 확인 서명 칸으로 간단히 구성합니다.

딱 1장짜리 보고서만 작성합니다. 기본적으로 보고서는 1페이지를 넘어가면 보고서라고 할 수 없습니다. 추가적인 첨부 자료가 뒤에 붙을지언정, 보고서의 핵심 내용은 딱 1페이지 이내에 끝나야 합니다.

현장에 방문한 타 부대 간부들이 설계 내역에 없는 것들을 요구할 경우, 저에 대한 지휘권이 있는 직속상관(중대장, 대대장, 사단장 등)이라면 즉시 수행하고 감독 일지에 지시자의 성명과 지시 내용, 조치 경과 등을 소상히 기록해 둡니다.

그리고 저에게 지휘권이 없는 상관(타 부대 지휘관 등)이 요구하는 것이라면 저는 "신속히 지휘관에게 보고 후 지침을 받아 조치하겠습니다."라고 말하여 돌려보내고 그날의 특이사항 등을 모두 1장짜리 보고서에 명기하여 저의 지휘관(중대장)에게 매일 결산보고를 합니다.

며칠 후 타 부대 지휘관 등이 다시 방문하여 경과를 물어보면 그때 저의 지휘관(중대장)의 확인 서명을 받은 보고서를 보여 주며 제가 지침받은 사항에 관해서 설명해 줍니다.

제 역할은 딱 거기까지입니다. 그 타 부대 지휘관이 저의 중대장보다 계급이 높고 힘이 있는 사람이라면 저의 중대장에게 직접 연락해서 부탁할 것이고, 저의 중대장보다 후배라면 그냥 입을 다물 것입니다.

이러한 보고서 작성은 제 지휘관에게도 꽤 이득이 됩니다. 현장에 상주하는 저와 같은 소대장 직급에서 모든 것을 결정해 버리면 정작 본인이 생색낼 수 있는 게 별로 없는데, 저와 같이 조치하면 제 지휘관은 그 요구 사항을 가지고 그쪽 부대와 거래(협상)를 할 수도 있습니다. 공정과 비용에 별문제가 없다면 못이기는 척 부탁을 들어주며 생색 한 번 크게 낼 수 있기 때문입니다.

군 복무 시절 다양한 보고서를 매일같이 작성하다 보니 나름대로 보고서 작성에 대해 많은 요령이 생겼고, 이 부분이 제가 후에 기술사 시험에서 높은 점수로 빠르고 쉽게 합격하게 된 것에도 큰 영향을 미쳤습니다.

[군 공사 감독관 업무를 수행하던 시절]

○ 직영 공사, 작업반장

공병 부대에는 도급 공사도 많지만, 군 병력으로 직접 시공하는 자잘한 직영 공사도 매우 많습니다. 고도의 기술력이 필요하지는 않지만, 민간인 출입이 제한되는 지역의 경우에는 공병 병력과 보유하고 있는 중장비 자산으로 작업반을 편성하여 직영 공사를 수행하기도 합니다. 제가 수행했던 대표적인 직영 공사로는 임시 숙영 시설(목조 천

새벽 4시, 꿈이 현실이 되는 시간

막), 탄약고, 철책, 콘크리트 도로포장, 폐공(북한 땅굴 탐지를 위한 수직 갱을 지하수가 오염되지 않게 다시 밀폐시키는 공사) 등이 있습니다.

[DMZ와 GOP에서 군 직영 공사를 수행하던 시절]

직영 공사를 수행하려면 투입할 병력 선정부터 공구, 자재, 장비 등 모든 것을 담당 간부가 챙기고 확인해야 합니다. 그러다 보니 작업 경험이 부족한 초임 간부들은 초반에 많은 어려움과 시행착오가 따를 수밖에 없습니다.

최소한 공병 간부로서 1년 이상의 짬밥이 되어야 직영 공사 수행이 가능하다고 여겨집니다. 그런 면에서 중대 간부 중에서 직영 공사 최고의 전문가는 가장 짬밥이 많은 행정보급관입니다. 그 경륜과 짬밥은 도저히 흉내 낼 수 없습니다.

저도 행정보급관님에게 비할 바는 아니지만, 군 복무를 근 6년 하며 장교 소대장들에 비해 월등히 짬밥이 많았었기에 중대 내에서 난이도 있는 직영 공사는 거의 제가 전담하다시피 수행했습니다.

앞에서 언급한 것처럼 직영 공사는 그리 큰 기술력이 필요한 것도 아니고 규모가 큰 것도 아니지만, 하나부터 열까지 담당 간부가 직접 세세하게 준비해야 하기에 이러한 경험이 전역 후 시공사에서 실무를 수행하는 데 매우 큰 도움이 되었습니다.

게다가 저는 직영 공사를 수행하는 데 큰 장점이 있었습니다. 입대 전에도 건설 현장에서 근무했었기에 캐드, 엑셀, 한글 등의 프로그램을 잘 다루었으며, 또한 도급 공사 감독도 많이 했었기에 각종 설계도면 및 내역서를 제가 직접 작성할 수 있었던 것입니다.

즉, 경험이 부족한 대부분의 다른 간부들은 직영 공사 명령을 받게 되면 단순히 막무가내로 인원 및 장비를 갖추고 나가서 작업하는 정도의 수준밖에 안 되는 데 비해, 저는 있지도 않은 설계도면을 직접 작성하고 아이템별 일위대가 및 세부 내역을 작성하여 소요 예산을 사전에 뽑을 수가 있었습니다. 그리고 그렇게 뽑은 예산은 큰 오차 없이 거의 들어맞았습니다.

저는 이러한 군 공사 경력이 제 인생에 다음과 같이 엄청나게 좋은 영향을 미쳤다고 자신 있게 말할 수 있습니다.

우선 첫 번째로, 도급 공사의 감리 역할을 수행해 봤으니 공정, 원가, 품질 관리를 몸소 경험하며 배울 수 있었습니다.

두 번째로, 직영 공사를 다수 수행해 보니, 실제 각 작업에 소요되는 인원, 자재, 장비, 경비 등에 대해 감을 잡을 수 있었습니다.

세 번째로, 이 모든 게 건설 기술인 협회의 실무 경력으로 인정되어 경력 관리가 가능하니 이 또한 매우 큰 자산이 될 수 있었습니다. 이때의 군 경력이 바탕이 되어 전역 후 이십 대의 젊은 나이에 기술사 시험에 응시할 수 있었습니다.

직영 공사 중에 여러 가지 크고 작은 사건들이 있었지만, 기억에 남는 대표적인 사례를 하나만 써 보려 합니다. 언젠가 한 번은 비무장지대(DMZ) 내 GP 시설 개보수 공사와 관련하여 직영으로 공사를 수행 중이었는데 작업을 마치고 비무장지대 밖으로 나가는 와중에 DMZ 한복판에서 육공 트럭이 고장 났습니다.

당시 비무장지대 내에 들어가려는 인원 및 장비는 최소 3일 전에 사단 사령부를 경유하여 UN 사령부까지 승인을 받아야 했으며, 공사 목적의 출입 승인 시간은 일출 이후부터 일몰 이전까지로 일몰 이후에는 남과 북 모두 수색, 매복 등 군사 작전에 돌입하기에 자칫 적군 및 아군의 오인 사격이 발생할 수도 있는 심각한 상황이었습니다.

이러한 이유로 비무장지대에는 작업 병력들만 단독 출입은 불가능하고 반드시 수색대의 중사급 이상의 간부와 1개 분대 경호 병력이 실탄 무장한 상태로 동행하여야만 했습니다.

해가 질 무렵에 차량이 고장 나 비무장지대 한복판에서 옴짝달싹 못 하고 있는데 수색대 경호팀의 무전기로 "거기서 뭐 하나? 지금 미쳤냐? 이러다 북한이 군사 작전을 벌일 수도 있다."라는 등의 다급한 무전이 계속 흘러나오다 보니 저희는 바짝 긴장할 수밖에 없었습니다. 우선 북한군의 표적이 될 수 있는 고장 난 차량에서 어느 정도 거리를 두고 떨어져 은폐한 채로 숨죽이고 마냥 상부의 지침을 기다리고 있었습니다.

그 짧았던 비무장지대에서의 대기 시간은 엄청나게 긴 영겁의 시간과도 같았습니다. 도저히 차량 현장 수리가 불가하기에 경호팀 간부와 상의하여 차량은 놔두고 병력만 도보로 철수하기로 의견을 모았는데, 다행히도 UN 사령부에서 긴급 구난 차량(대형 렉카) 통행을 승인해 주어 야밤에 비무장지대에서 대규모 경호 병력들과 함께 들어온 구난 차량으로 육공 트럭을 견인하여 간신히 빠져나올 수 있었습니다. 나름대로 심장이 쫄깃했던 기억이었습니다.

[비무장지대(DMZ)에서 직영 공사를 수행하던 시절]

또한, 제가 군에서 복무하던 시기에 남북한 경의선 철도 및 도로 연결공사가 진행되었습니다. 당연히 주요 공사는 기술력이 필요한 대규

새벽 4시, 꿈이 현실이 되는 시간

모 사업이니 국방부에서 별도의 건설단(단장 공병 준장)을 조직하여 현대건설, 대림산업 등의 대기업 건설사에 외주 도급을 주어 수행하였으나, 사전작업인 지뢰 제거, 전술 도로포장, 철책 이전 설치, 경계용 진지 구축 등은 저희 일선 공병 부대에서 직영으로 공사를 수행하였습니다.

다행히도 지뢰 제거 작전은 전문 장비를 보유하고 있고 병력들의 여유가 있는 후방의 공병 여단이 담당했고, 저희 사단 공병에서는 지뢰 제거를 제외한 나머지 잡공사들을 담당하여 수행했었습니다.

[2003년, 비무장지대(DMZ) 내 경의선 공사 현장에서]

경의선 공사를 수행하려면 불가피하게 비무장지대 내에 대규모 건설 인력과 장비가 투입되어 공사를 해야 하므로, 기존의 철책과 군사 분계선이 무의미했습니다. 그래서 남북한 상호 경계 병력이 개인화기 유효 사거리인 약 200m를 이격한 채 서로 경계 진지를 앞뒤로 옮겨 다니며 상호 견제하고 있었고, 저희 공병 작업병들은 그 남북한 양측의 총구 한가운데에서 비무장 상태로 눈에 잘 띄는 주황색 조끼 한 벌만 착용한 채 작업을 수행하고는 했었습니다. 돌이켜 보면 웃을 수 있는 일이지만, 그 당시에는 얼마나 섬뜩하던지, 까딱하면 벌집(?)이 될 뻔한 기억이었습니다.

○ 사람은 언제, 어디서 다시 보게 될지 모른다

앞서 언급했듯이 경의선 복구공사와 관련하여 군에서는 군 공사 업무를 총괄할 여단급 부대를 '건설단'이라는 명칭으로 창설했으며, 그 부대는 제가 근무 중인 도라산역 인근에 주둔했습니다.

건설단의 최고 책임자는 당시 박○○ 장군님(공병 준장)이었는데, 그 장군님은 과거에 제가 소속된 1사단 공병 대대장을 역임하셨었다고 합니다. 저는 그분이 빨간 성판(장군용 차 번호판)을 달고 지나쳐 가는 것만 봤었지, 실제로 뵌 적은 한 번도 없었습니다. 그러나 저희 행정보급관님(원사)은 그분과 아주 잘 아는 관계라고 하셨습니다.

예전에 그분이 공병 대대장이었을 때 우리 행정보급관님은 상사 계급이었고, 나이가 엇비슷해서 그리 어렵게 대하지는 않았었다고 합니다. 그래서 행정보급관님은 가끔 건설단 앞을 지날 일이 있으면 한 번씩 들러서 차 한잔 얻어 마시며 인사를 드리기도 했었습니다.

그분은 나중에 공병 병과에서 최고로 높은 계급인 소장(☆☆)으로 진급하여 육군 본부 공병감까지 역임하고 퇴역하셨고, 수년 후 제가 근무하던 현대건설에 자문역으로 영입되시어 군 공사 수주와 관련하여 많은 역할을 담당하셨습니다. 그래서 제가 현대건설에 근무할 적에 신규 입사 직원 명단에서 그분의 이름을 보고서는 깜짝 놀랐던 기억이 납니다.

그 건설단에는 단장님(준장) 다음으로 높은 직책인 참모장 김○○ 대령님이 계셨었는데, 그분조차도 하사~중사 계급이었던 저는 쳐다보기도 힘든 높은 분이셔서 지나가다 마주치면 큰소리로 우렁차게 경례를 드린 정도 외에는 별 기억이 없습니다.

그런데 한 15년 정도의 세월이 흐른 후 최근에 그분과 재회하게 되었습니다. 잘 아시는 지인분이 주말에 같이 점심이나 하자고 하시며 꽤 비싼 일식집의 룸을 예약해 두었다는 것입니다. '대체 그 비싼 일식집 룸은 왜?'라고 의아해하며 약속 시각에 그 장소에 도착해 보니 다른 일행이 한 분 같이 계셨습니다.

그분은 육군사관학교 졸업 후 대령으로 군에서 예편하시고 설계감리회사에서 군 공사 수주 영업을 좀 하시다가 새로운 예편 인력이 나올 때마다 전관예우의 약발(?)이 떨어져 자꾸 한직으로 밀려나시게 되어, 회사에 대한 불안감에 저처럼 강의, 컨설팅, 자문 등의 프리랜서 활동을 하고 싶어 하신다며 프리랜서와 관련된 조언을 얻고 싶다고 자리를 주선해 달라고 하셨던 것입니다. 대화를 나누다 보니 그분이 바로 옛날 건설단의 참모장이셨던 김○○ 대령님이셨습니다.

그분은 공병 대령으로 예편할 즈음 노후를 위해 오십 대 중반에 열심히 공부해 건축 시공 기술사와 건축 품질 시험 기술사를 취득하셨고, 퇴역 후 건축 설계감리회사에 전관예우를 받고 전무 직급으로 이직하셨다고 합니다. 그런데 주 업무가 군 공사 관련 영업이다 보니, 현직에 있는 후배들에게 찾아가 접대하는 것도 너무 고되고 또한 일에 비해 연봉도 적어서 고민이라고 하셨습니다.

나름대로 규모 있는 설계감리회사 고위 임원(전무)인데도 연봉이 6,300만 원 정도밖에 안 된다고 하셨습니다. 원래 설계나 감리 업계의 연봉이 적기는 하지만, 주 업무가 영업이라서 더 적었던 것 같습니다. 예전에 저도 항만 설계사로 이직해 보고자 알아봤던 적이 있었는데 그 당시에 파악하기로 이사 직급은 6,000만 원 정도, 전무나 부사장급은 7,000만 원 정도의 연봉 수준이었습니다.

어쨌든 기술사가 2개나 있으시고 경력도 많으셔서 충분히 프리랜서로 설계 심의, 기술 자문, 강의 등의 활동을 하시면 지금 연봉 이상으로 벌 수도 있고 게다가 여유 시간도 많이 챙기실 수 있기에, 맛있는 고급 일식 코스요리를 얻어먹은 대가로 여러 가지 조언을 드렸습니다.

옛날 군 복무 당시 건설단에서 대령과 하사의 계급으로 만났을 때, 15년 후 이렇게 다시 만나게 되리라고 그 누가 상상이나 했겠습니까? 전에도 많이 느꼈지만, 새삼 다시 한번 느낍니다.

'사람 관계는 언제 어디서 다시 만날지 모릅니다.'

지금은 제가 '갑'의 위치에서 갑질을 할 수도 있겠지만, 다음번 조우시에는 반대로 제가 '을'이 되어서 그 사람의 비위를 맞춰야 할 수도 있습니다. 그래서 항상 '갑질'하지 말고 겸손하게 살아야 하겠습니다.

○ 간절히 원했던 기사 자격증 취득

군에서의 제 목표는 한시도 변함없이 일관되었습니다. 오직 경력 관리를 통해 기사 자격을 취득하여 전역 후의 삶을 대비하는 것이었습니다. 병사로 복무한 경력을 저희 부대 역사상 최초로 어렵사리 인정받아, 건설 기술인 협회에 경력 신고를 할 수 있었고, 간부로 근무한 경력도 매년 연말마다 육군 본부 공병감실에서 경력 확인서를 발급받아 두었습니다.

어렵사리 받은 군 공사 경력 확인서와 입대 전의 사회 경력을 합산하면 산업 기사 자격 취득 후 1년 이상의 경력이 확보되어 측량 및 지형 공간 정보 기사 자격시험에 응시할 조건이 되었습니다.

그렇게 응시 가능 조건을 갖추자 군 복무 중 여가 시간을 쪼개어 틈틈이 자격증 공부를 하였고 2003년에는 드디어 그토록 간절히 원했던 측량 및 지형 공간 정보 기사 자격증을 취득할 수 있었습니다.

새벽 4시, 꿈이 현실이 되는 시간

측량 기사 자격증을 취득함으로써 건설 분야의 다른 기사 자격증에 모두 응시 가능한 조건이 형성되었습니다. 이에 꾸준히 주경야독하여 2005년에는 건축 기사 자격증을, 그리고 전역을 앞둔 2006년에는 건설 안전 기사 자격증을 취득하였습니다. 또한 2004년에는 워드프로세서 1, 2급 자격을 한번에 취득하기도 했습니다.

당시 공사 및 훈련 업무로 공부할 시간이 부족하여 수험서를 몇 페이지씩 찢어서 전투복 건빵 주머니에 넣고 다니며 공사장이든, 훈련장이든 틈틈이 짬 나는 대로 자격증 공부를 한 결과 이렇게 원하는 목표를 성취할 수 있었습니다.

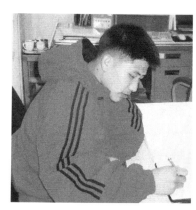

[군 복무 중 끊임없는 자기계발로 국가 기술 자격증 다수 취득]

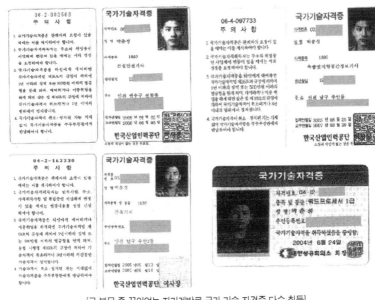

[군 복무 중 끊임없는 자기계발로 국가 기술 자격증 다수 취득]

이렇게 근 6년의 군 복무 기간 동안 병사로 근무한 첫해와 하사로 갓 임관한 두 번째 해를 제외하고는, 매년 1개 이상의 국가 기술 자격증을 취득하여 전역할 때는 기사 3개, 산업 기사 1개, 기능사 2개, 워드프로세서 1, 2급의 총 7개의 국가 기술 자격증을 보유하게 되었습니다.

그때는 정말 공부하는 순간이 행복했습니다. 제가 비록 동갑내기 장교 소대장들보다 학벌은 짧지만, 실무 경험과 자격증이 월등히 많았기에 행정보급관님이나 주임원사님은 물론이고 중대장님, 대대장님도 제 칭찬을 많이 해 주시며 장교 소대장들에 비해 매우 좋게 저를 평가해 주셨습니다.

지금 현재도 그렇지만 당시 주변을 둘러봐도 제 또래 나이에 저보다 많은 자격을 보유한 사람은 찾아볼 수가 없었습니다. 나름대로 가방끈이 짧은 설움을 다수의 자격증을 보유함으로써 만회하려고 부단히도 노력했었던 것 같습니다.

새벽 4시, 꿈이 현실이 되는 시간

○ 훈련, 나는야 역전의 용사

공병이라고 해서 훈련도 없이 작업만 하는 것은 아닙니다. 주기적으로 공병 대대 전술 훈련(ATT) 평가를 받아야 했고, 또 우리 중대가 지원하는 보병 연대에서 연대 전술 훈련(RCT) 평가를 받을 때도 같이 참여합니다.

이 외에도 매년 주기적으로 수행하는 유격 훈련과 혹한기 훈련, 전투 공병 야외 전술 훈련(FTC) 등이 있었는데, 이 모든 훈련이 실제로 부대 병력이 기동하는 훈련이었기에 평균 2~3개월 간격마다 훈련에 참여하여 야외 산속에서 텐트를 치고 숙영하며 지뢰 설치 및 폭파 등 각종 작전을 수행해야 했습니다.

이러한 훈련과 관련하여 기억에 남는 일화 몇 가지를 이야기해 보고자 합니다.

우선 2004년도 유격 훈련 때의 일입니다. 우리 중대는 그즈음에 공교롭게도 여러 훈련과 공사 업무가 동시다발적으로 중첩되어, 중대장님은 본부 요원 몇 명만 데리고 상급 부대 지휘 훈련에 참여해야 했고, 행정보급관님은 당시 원사 진급에 따른 보수 교육 파견 중이어서 부재중이었습니다.

남은 간부는 저를 포함해서 총 3명이었는데 그중에서도 한 명은 공사 업무를 위해 감독병 등의 최소 병력만 데리고 부대에 잔류해야 했고, 나머지 모든 중대원을 저와 선임 소대장인 김○○ 중위, 이렇게 둘이서 이끌고 유격 훈련에 참여하게 되었습니다.

[소대장으로서 각종 전투훈련에 참여하던 시절]

새벽 4시, 꿈이 현실이 되는 시간

당시 선임 소대장이었던 김○○ 중위는 호쾌하고 성실하며 긍정적인 성격의 소유자로서, 나이도 저와 동갑이어서 매우 친밀하고 좋은 관계를 유지하고 있었습니다.

[2004년, 유격 훈련장에서 중대원과 함께]

유격 훈련 입소 첫날, 훈련장 내 숙영지에 텐트를 구축하고 전 대대원이 유격 복장(회색의 구형 민무늬 전투복, 위 사진 참조)으로 환복한 후 훈련 입소식 행사 및 기초 체력 훈련(PT 체조)에 참여하기 위해서 숙영지에서 약 2㎞ 정도 떨어진 곳의 대연병장에 집결했습니다.

형식적인 간단한 입소식 행사 후 대대장님 및 본부 참모들은 세부 훈련 계획 논의를 위해 숙영지 내 대대 지휘소로 먼저 돌아갔고, 그날 따라 기막힌 우연의 일치(?)로 다른 중대장 및 소대장들도 모두 이것저것 훈련 준비 등으로 먼저 자리를 이탈해 버렸습니다. 즉, 대대 병력을 지휘할 간부가 오직 저 혼자만 남게 된 것입니다.

지금 생각해도 영화에서나 나올 법한 기막힌 우연의 일치였습니다.

어쩔 수 없이 유일한 간부인 제가 유격 교관과 함께 전 대대원 약 5백 명을 통제했고, 특히 그날 훈련을 마치고 숙영지로 복귀할 때가 아주 장관이었습니다.

500여 명의 대대 병력을 하사 한 명이서 일사불란하게 지휘하며 오와 열을 맞춰 뜀 걸음으로 약 2㎞ 정도 떨어진 숙영지로 이동시켰고, 숙영지 도착 후에도 다시 각 하위 제대별로 도열시킨 후 분대장(병장)들에게 지시하여 인원 및 장비 점검 후 숙영지로 소산시켰는데, 이 모습이 실로 장관이었던 것입니다.

누군가는 일개 하사가 어떻게 대대 병력 500여 명을 지휘하냐고 반문할 수도 있겠지만, 당시 저는 하사 4호봉으로 군 짬밥이 만 3년이 넘었습니다. 당연히 다른 중대의 고참 병장들도 갓 입대한 신병이었을 때부터 제 얼굴을 봐 왔고, 짬밥으로 모든 것을 결정하는 군 조직의 특성상 제 지시에 일사불란하게 잘 따라주었던 것입니다.

저는 대대의 유일한 간부로서 당연히 지휘권의 책임을 지고 수행했는데, 이 모습을 지켜봤던 유격 교관을 통해 저에 대한 입소문이 쫙 퍼졌습니다. 공병 대대는 하사 한 명이 대대 병력을 일사불란하게 지휘할 정도로 훈련이 잘되어있다고….

게다가 훈련 계획 회의를 위해 먼저 대대 지휘소로 복귀했던 대대장 님도 지휘소 천막에서 이 모든 광경을 지켜보고 계셨던 것이었습니다. 나중에 인사 장교로부터 전해 들었는데, 당시 대대장님이셨던 강○○ 중령님이 이 모습을 매우 흐뭇하게 지켜보면서 참모들에게 제 칭찬을 많이 했었다고 합니다.

원래 사람 심리가 첫인상을 좋게 보면 그 이후의 모든 행동이 다 예뻐 보이는 것 같습니다. 반대로 첫인상이 안 좋게 박히면 뭘 해도 밉상으로 보이는 것 같습니다.

다음 날 아침에는 대대장님으로부터 전 간부들 앞에서 공식적으로 칭찬을 들은 일 있었습니다. 그 전날 밤에는 비가 꽤 많이 내렸습니다. 저는 텐트에서 자고 있었는데 소변이 급해서 새벽녘에 더 이상 못 참고 귀찮지만 간부 우의를 뒤집어쓴 채 텐트 밖으로 나와 소변을 해결했습니다.

정말 밖에 나오기가 귀찮고 싫었는데 어쩔 수 없이 소변이 급해서 나왔고, 이왕 나온 김에 비가 많이 내리니 랜턴을 들고 숙영지 주변을 한 번 둘러보았습니다. 별문제는 없어 보여 바로 또 들어가 잠을 청했고 해가 뜰 때까지 이어서 푹 잤습니다.

[간부 우의를 착용하고 제설 작업을 지휘하던 시절]

아침에 비가 그치고 해가 떠오르자 대대 본부 연락병이 전 간부들을 대상으로 대대장님의 정신 교육이 있다고 지휘소로 모이라는 통지를 해 왔습니다.

'아침부터 웬 정신 교육?' 의아해하며 대대 지휘소에 저를 포함해서 훈련에 참여 중인 대대 전 간부가 모이게 되었습니다. 잠시 후 대대장님이 오셔서 간부들에게 "정신이 나태하다.", "군기가 해이하다." 등의 질책을 시작했습니다. 그런데 그 와중에 느닷없이 대대장님이 3중대 칭찬을 하시는 것이었습니다. 다음과 같은 내용이었습니다.

"대대장은 어젯밤에 비가 많이 와 걱정스러워서 잠을 못 이뤘다. 걱정스러운 마음에 새벽에 숙영지를 돌아보니, 유일하게 3중대 간부만이 밤새 잠들지 않고 숙영지 주변을 순찰하고 있었다. 모든 간부는 3중대 간부들을 본받아라."

헐. 소변이 마려워 잠시 나와서 소변을 보고 다시 잠들었던 것뿐인데, 그게 대대장님 눈에는 제가 밤새 잠을 자지 않고 숙영지 주변을 점검한 것으로 느껴지셨나 봅니다.

전역 이후 강○○ 대대장님께 제가 감히 쉽게 전화드릴 위치가 아니었기에 연말에 문자 메시지 정도로 인사드리기도 했었는데, 최근에 원사 계급으로 정년 퇴역하신 옆 중대 행정보급관님을 우연히 마주쳤을 때, 그 원사님을 통해 강○○ 대대장님의 소식을 전해 들을 수 있었습니다.

대대장님은 관운이 매우 좋으신지, 학군단(ROTC) 출신임에도 승승장구 진급하셔서 현재는 준장으로 고위직에 계시는데, 부하 간부들에게, 특히 부사관들에게 교육하실 때마다 부끄럽게도 제 사례를 많이 이야기하신다고 합니다.

"예전에 내가 1사단에서 공병 대대장을 할 때 부하 중에 박춘성이라는 부사관이 있었다. 책임감 있게 간부로서 복무도 열심히 했지만, 군에 있을 때 열심히 자격증을 많이 취득해서 전역 후에는 굴지의 대기업인 현대건설에 들어갔고, 거기서도 열심히 공부해서 기술사 자격을 여러 개 가지고 있고, 현재는 교수가 되어 학생들을 가르치고 있다. 전

새벽 4시, 꿈이 현실이 되는 시간

역을 생각하는 초급 간부들은 그를 본보기로 삼아서 자기계발에 최선을 다해라."

○ 공병 훈련의 꽃, 전투 공병 야외 전술 훈련(FTC)

지금도 이 훈련이 존재하는지는 잘 모르겠지만, 제가 복무할 때 공병 부대는 중대급 규모로 매년 4주간 전투 공병 야외 전술 훈련(FTC)을 해야 했습니다. 이 훈련이야말로 공병 훈련의 꽃이었습니다.

저 역시 매년 FTC 훈련에 참여했었고 항상 훈련 평가의 최일선에 있었습니다. 그도 그럴 것이, 장교 소대장들은 공병 학교에서 병사들이 모두 세팅해 놓은 교보재를 가지고 시늉만 해 보는 게 전부인 데 반해 저는 이등병 때부터 실제 훈련장에서 박박 기어 다니며 가장 밑바닥에서부터 힘들고 어려운 각 훈련 과정들을 모두 겪어 봤기 때문입니다.

FTC 훈련은 모든 공병 병과에 공통으로 적용되는 지뢰, 폭파, 축성 훈련을 기본으로 각 1주일씩 4일간 연습하고 5일 차에 외부 평가관에게 평가받는 것으로 구성되고, 가장 마지막 주차에는 부대별 특별 임무를 반영한 훈련을 하게 됩니다.

우리 부대는 전시 특별 임무가 임진강 도하였는데, 그러다 보니 도보교, 경문교 등을 긴급 구축하여 운영하는 임무가 있었습니다.

모두 힘들고 위험한 훈련이지만, 특히 그중에서도 경문교는 각 단위 부재의 무게가 약 300kg으로 통상 6~8명이 한 조가 되어 부재 하나씩 도수 운반 후 레고처럼 조립하여 구축하는 것으로 가장 위험한 훈련에 해당합니다.

만약 조원 중에서 단 한 명이라도 중간에 힘을 빼거나 넘어져 버리면 조원 모두가 중량물에 깔리는 중대한 인명 사고가 발생할 수밖에 없는 것입니다.

[훈련 교관을 하던 시절]

항상 어느 곳이나 그렇듯이, 사람의 생명을 다루는 중대한 상황에서는 군기를 바짝 잡을 수밖에 없습니다. 한 번의 실수가 중대 재해로 이어지기에 항상 긴장감을 팽팽하게 유지해야 합니다. 4주간의 FTC 훈련의 모든 과정이 힘들지만, 그중에서도 최고점은 바로 이 경문교 훈련이었습니다.

이러한 이유로 경문교 훈련 교관은 대부분 경험 많고 노련한 고참 부사관들이 주로 담당합니다. 저는 전 대대 간부들 중에서 유일하게 경문교를 직접 조립(병 복무 시절)해 봤고 행정보급관님 다음으로 훈련 참가 경험이 가장 많았기에 항상 경문교 훈련은 제가 전담으로 교관을 담당했었습니다.

새벽 4시, 꿈이 현실이 되는 시간

그러다 보니 부득이 경문교 훈련 시기만 되면 중대원들로부터 가장 악랄한 호랑이 교관으로 악명을 얻을 수밖에 없었습니다.

[FTC 훈련에서 경문교 교관을 하던 시절]

2006년 봄. 전역을 앞두고도 마땅히 경문교 훈련을 지휘할 수 있는 간부가 없어서, 비록 말년 중사였지만 FTC 훈련에 참여했었고, 경문교 외에는 직접적인 훈련 교관보다는 교보재 관리나 가끔 대항군 놀이를 하면서 훈련 기간을 보냈었습니다.

대항군 역할 중에서 기억에 남는 일화가 있습니다. 숙영지를 벗어나 산속의 훈련장으로 부대가 출발하는 순간부터는 실전과 같은 상황을 조성하기 위해서 제가 이끄는 3명의 대항군은 행군 길목 한복판에, 또는 훈련 중에 불시에 후방에 출몰하여 공포탄을 쏴대며 훈련을 방해하고 긴장을 조성하는 임무를 수행했습니다.

가끔은 수통이나 방독면을 이동로에 일부러 떨어뜨려 놓고 폭음탄을 연결한 부비트랩을 설치해서, 이동하던 병력에 충격과 공포를 안겨 주기도 했었습니다.

[훈련에서 대항군(게릴라) 역할을 하던 시절]

그러던 중 우리 부대가 협소한 훈련장을 지나갈 때, 저희 대항군들이 갑자기 협로 양쪽에서 기습하며 "북조선 만세!", "간나 XX들!" 등의 장난 섞인 괴성을 지르며 공포탄을 몇 발 쏘고 솔방울(수류탄으로 가정)을 투척하여 부대원들에게 혼란을 일으켰는데… 알고 보니 우리 부대가 아닌, 훈련장 코스에 익숙하지 않은 다른 부대(9사단 공병)가 그 길목으로 먼저 진입을 해 왔고, 이를 알지 못했던 저는 생뚱맞게 다른 부대에 갑자기 튀어나와 공포탄을 쏘고 솔방울을 던지며 생~쇼를 했던 어색한 일화가 기억납니다.

전투모에 빨간 띠를 두르고 갑자기 산 옆에서 뛰쳐나온 우리를 9사단 장병들은 어이없어하며 멍하니 쳐다보고 있었고, 한참 공포탄을 쏴대다가 부대 마크가 다른 것을 알고 나서는 저 또한 어찌나 민망했던지… 나중에 그쪽 인솔 간부를 만나서 민망해하며 사과하고 다시 산속으로 철수했었습니다.

새벽 4시, 꿈이 현실이 되는 시간

중사, 8급 공무원

○ 잊지 못할 소대장으로서의 전투 훈련

제가 근무했던 1사단은 보병 사단이었기에 모든 훈련이 보병 위주로 진행되었습니다. 훈련 규모는 통상 연대 전술 훈련(RCT)이 실 병력 거동 훈련으로서는 최대 규모였습니다. 이러한 연대급 훈련에는 1개의 공병 중대가 보병 연대장 휘하로 배속되어 같이 훈련에 참여하며, 공병 중대장이 보병 연대장의 공병 참모로서 임무를 수행하게 됩니다.

보병 연대 훈련 외에도 매년 각 보병 대대 실 거동 훈련(ATT)도 수행했는데, 이때는 1개의 공병 소대가 훈련에 같이 참여하여 공병 소대장이 보병 대대장의 공병 참모 임무를 수행하게 됩니다.

제가 간부로 군 복무할 때의 보직은 초반 2년 정도는 1소대 부소대장이었고 나머지 기간에는 비록 비인가 보직이었지만 2소대장 임무를 수행하였습니다.

제가 하사(중사 진급 예정)로 1소대 부소대장이었을 때, 보병 대대 실 거동 훈련에 우리 소대가 참여하게 되었는데, 그 시기에 동갑내기였던 학군(ROTC) 출신 소대장은 어떠한 사유가 있어 훈련 참여가 불가능한 상태였습니다.

그러면 통상 다른 소대장을 대신 지원을 내보내곤 하는데, 그 시기에 우리 중대장님과 대대장님은 저를 많이 믿고 신뢰해 주신 것 같습니다. 저에게 당당하게 소대원들을 지휘하여 일주일간의 보병 대대 전투 훈련에 참여하고 오라는 것이었습니다.

겉으로는 "문제없습니다!"라고 자신감 있게 대답했지만, 실은 매우 두려웠습니다. 아무리 같은 간부라도 부사관은 장교에 비해서 제대로 정식 군사 교육을 받는 기간이 짧을뿐더러, 훈련 중에도 분대 규모 소부대 전투 지휘를 주목적으로 하기에 장교에 비해 전술 훈련의 비중이 낮은 편입니다.

또한 평시에도 훈련이나 작전보다는 인사, 보급 등의 업무를 주로 수행하기에 장교들에 비해서 정보·작전 분야에서는 잘 모르는 것이 현실입니다.

하지만 이미 엎어진 물, 돌이킬 수가 없었습니다. 훈련 준비를 하면서 공병 작전 관련 야전 교범도 깡그리 숙독하는 등 마음을 단단히 먹고 훈련에 참여했습니다. 훈련장에 도착하여 보병 대대 천막 지휘소에 들러서 보병 대대장에게 배속 신고를 하였습니다.

당시 그 보병 대대장은 육군사관학교 출신으로서 평소에 운전병을 두지 않고 혼자서 직접 대대장 지휘차량(레토나)을 운전해 다닐 정도로 열성적이어서, 장래에 장군 진급이 거의 확실시된 열혈 군인이었습니다.

보병 대대장은 저를 보자마자, 아니, 저보다는 저의 하사 계급장을 보자마자 "왜 장교가 안 오고 하사가 왔나? 공병 중대장이 지금 나를 무시하나?"라며 기분 나빠하는 모습을 보였습니다.

그러면서 마치 저를 시험이라도 하려는 듯이 간부 양성 교육에서나 배웠던 몇 가지 기본적인 적 전술과 아군 전술 용어를 물어봤습니다. 당시 하사에게 중령 계급은 말을 걸기 힘들 정도로 높은 갭 차이가 있었기에 저는 비록 주눅 들어 있었지만, 다행히 아는 내용인지라 주섬주섬 답변했습니다.

그다음에는 보병 대대장이 저에게 8자리 숫자 좌표를 불러 주고 보병 대대 지휘소 중앙에 설치된 커다란 군사 지도를 가리키며 그 좌표의 위치가 어디인지? 그리고 현 위치에서 어떤 경로로 이동할 것인지를 설명해 보라고 시켰습니다.

그냥 쉽게 말해서 저를 대놓고 무시하고 있었습니다. 지도도 똑바로 볼 줄 모르는 하사 나부랭이(?)를 보냈다는 불만을 우리 중대장에게 던지려고 일부러 그런 것이라 생각합니다.

정보·작전 분야에서는 장교들에 비해서 부사관이 좀 부족한 건 사실이지만, 앞서 부사관 학교 양성 교육에서 서술했듯이 독도법 하나만큼은 정말 자신 있었습니다. 바로 좌표를 해석해서 지도상의 위치를 가리키고 현재 위치는 나침반을 꺼내 방위를 측정한 후 주변 산악 지형지물을 이용해 후방교회법으로 지도상의 현재 위치를 찍어냈습니다. 그리고 지도상으로 보이는 군사 도로를 따라 이동하겠다고 설명했습니다.

보병 대대장은 다행스럽게도 더 이상 물어보지 않고 그 정도에서 끝내 주었습니다. 말로 하지는 않았지만, 나름대로 저를 인정해 주었던 것 같습니다. 그래서 명령받은 위치로 육공 트럭에 소대원을 태우고 이동했으며, 수시로 지뢰 매설 및 적 지뢰 지대 돌파 등 공병 작전이 필요할 때마다 무전으로 임무를 부여받고 이를 수행하며 무난히 훈련을 마칠 수 있었습니다.

게다가 훈련 말미에는 우리 공병 소대 숙영지 인근을 우회하여 대대 지휘소를 기습하려는 대항군(연대 수색 중대에서 이러한 훈련 때마다 전문적으로 대항군 역할을 담당)을 정말 기막힌 우연의 일치로 먼저 발견해서 대대 지휘소에 첩보를 제공해 주었고, 그 덕분에 대대 지휘소는 기습 공격에 사전 대비하여 좋은 평가를 받을 수 있었습니다.

이러한 경험은 일반인들이 평생 얻기 힘든 매우 귀중한 경험이라고 생각합니다. 20여 명의 소대원을 이끌고 비록 가상이지만 생사를 걸고 지휘하여 작전을 성공적으로 수행했다는 게, 전역한 지 한참 지난 지금도 큰 자부심으로 남아있습니다.

○ 철제 식판으로 뒤통수를 얻어맞은 사연

군 간부로 근무하면서 꼭 좋았던 일들만 있었던 것은 아닙니다. 제가 실수했던 기억들도 있고 억울한 오해로 난처했던 기억들도 많습니다. 이러한 사례에 대해 몇 가지만 적어 보려 합니다.

첫 번째 기억은 다른 부대의 행정보급관인 이○○ 상사에게 철제 식판으로 뒤통수를 얻어맞은 사연입니다. 당시 제가 소속된 공병 중대는 공병 대대 주둔지가 아닌 GOP 내 보병 수색 대대 주둔지 내에 2층짜리 막사 한 동을 빌려서 셋방살이(?) 형태로 주둔하고 있었습니다.

그러다 보니 자연스레 경계 근무 및 청소 등 모든 일상적인 부대 관리는 보병 수색 대대장의 지휘를 받아야 하는 완벽한 셋방살이 신세였는데, 그래도 철통같은 바람막이가 하나 있었습니다.

바로 우리 중대의 행정보급관인 문○○ 원사님의 어마무시한 짬밥이었습니다. 당시 행정보급관님의 짬밥은 웬만한 다른 대대 주임원사들과 동기 내지는 그보다도 선임이었습니다. 그러다 보니 보병 대대 주임원사도 우리 중대 행정보급관님에게 뭐라 말을 함부로 못 하는 상황이었습니다.

새벽 4시, 꿈이 현실이 되는 시간

경계 근무 및 교육 훈련, 작전 등의 장교들이 주관하는 업무는 우리 중대장님이 보병 대대장에 비해 한참 짬밥이 안 되므로 찍소리 못하고 보병 대대장의 의도대로 움직여야 했으나, 보급, 군수, 행정, 부대 시설관리 등은 전통적으로 부사관의 영역이기에, 오히려 우리 행정보급관님이 보병 대대 행정보급관에게 이것저것 일을 시켜가며 부려 먹고 있었습니다.

특히 바로 옆에 인접한 보병 본부 중대 행정보급관인 이○○ 상사는 그로 인한 불만이 극에 달했었습니다. 예를 들어, 함박눈이 내려도 우리 공병 중대는 딱 우리 막사 앞의 눈만 치우고 나머지 모든 구역은 보병 본부 중대에서 제설 작업을 하는 방식이었습니다.

언젠가 토요일에 연병장에서 보병 대대 체육대회를 하고, 점심때 간부 식당에서 보병 대대 참모 및 본부중대의 간부들이 회식을 했던 적이 있습니다. 저는 공병이었으니 당연히 같이 어울릴 일도 없었고, 게다가 그즈음에 공사 일이 매우 바빠 주말에도 못 쉬고 현장에 나가 있는 경우가 태반이었습니다.

그날도 현장에서 작업을 하다가 오후에 귀대하여 늦은 점심을 먹기위해 간부 식당에 들어갔습니다. 그 간부 식당에서는 대대장을 포함한 보병 대대 간부들이 모여서 뒤풀이로 술 한잔을 하고 있었고, 가볍게 보병 대대장에게 경례를 하고 저는 조용히 식판에 밥과 반찬을 떠서 구석에 앉아서 식사를 했습니다.

그런데 보병 본부 중대 행정보급관인 이○○ 상사가 술에 많이 취하셨는지 약간 상기된 얼굴로 저에게 "건방지다.", "괘씸하다."라고 하시면서 다가오셨습니다.

우리 중대 행정보급관님 때문에 스트레스를 많이 받고 있음을 저도잘 알고 있었기에 상당히 눈치 보며 조심스레 행동하고 있었음에도,

그분은 술기운이 오르자 뭔가 마음이 뒤틀리신 것 같았습니다. 그렇게 제 테이블 쪽으로 다가오시기에 저는 식사하다 말고 일어서서 이○○ 상사에게 경례하며 잔소리에 대비하고 있었습니다.

그런데 많이 취해서 그런지, 예상외로 잔소리는 하지 않았습니다. 잔소리 대신 순식간에 제 뺨을 강하게 탁구 스매싱하듯이 후려치시고, 정강이를 군홧발로 걷어찼으며, 다시 주먹으로 제 얼굴을 쥐어 패셨습니다.

저도 깜짝 놀랐지만, 저보다도 오히려 보병 대대 간부들이 더 화들짝 놀랐습니다. 본부 중대장 등 몇몇 간부가 달려와 이○○ 상사의 팔을 붙들며 말렸고, 이 상황을 지켜보던 보병 대대장은 입맛이 떨어졌는지 떨떠름한 표정을 지으며 자리에서 일어나 그냥 나가버렸습니다.

여러 사람이 말리다 보니 사태가 좀 진정되는가 싶어서 자리에 다시 앉아서 밥을 마저 먹었습니다. 군대에서 얻어맞는 건 흔한 경우는 아니었지만, 가끔 있었던 일이라 별로 대수롭게 생각하지 않았습니다. 게다가 보병 본부 중대장 및 주임원사가 대신 사과하며 조용히 넘어가자고 부탁을 하셔서 그냥 없던 일로 넘겼습니다.

그렇게 식사를 좀 하던 중에 다시 그 이○○ 상사가 제 앞에 왔습니다. '아까 때린 것을 사과하려나 보다' 하는 생각으로 못 본 척 그냥 밥을 먹고 있었는데, 이번에는 느닷없이 제가 먹던 철제 식판을 뺏어 들고 제 안면을 후려쳤습니다. 그때는 저도 생명의 위협을 느껴서 본능적으로 얼굴을 감싸고 고개를 돌렸고, 그 덕분에 식판은 제 뒤통수를 내리치게 되었습니다. 그러다 보니 국물과 김치 등의 온갖 음식물로 머리부터 발끝까지 저의 온몸이 더럽혀졌습니다.

좀 전과 마찬가지로 보병 간부들이 또 우르르 달려와 이○○ 상사를 붙들었고, 이번에도 똑같이 보병 주임원사가 와서 대신 사과하며, "그

새벽 4시, 꿈이 현실이 되는 시간

래도 고참인데, 네가 이해해 주라."라는 식으로 말씀하셨습니다. 억울하고 아팠지만, 어디에 하소연하기도 뭐하고 그렇다고 우리 행정보급관님에게 고자질하는 것도 뭐하고 해서… 그냥 꾹 참았습니다. 그대로 숙소로 들어와 샤워하고, 전투복을 다시 갈아입고 오후 작업하러 공사장으로 다시 나갔습니다.

그 뒤로 뒤통수와 뺨, 정강이가 며칠간 후끈거리고 아팠지만, 차마 내색하지는 못했습니다. 다만 그런 식의 몇몇 부사관 고참들을 보면서 부사관 제도의 폐해에 대해서 많은 불만을 느꼈습니다.

'흐르지 않고 고여 있는 물은 썩는다.'

두 번째 기억은 동갑내기인 소대장과의 관계가 소원해졌던 사례입니다. 그 소대장은 학군 장교 출신인데 신임 소위 때 첫인상은 매우 씩씩하고 저돌적이어서 중대장님을 비롯한 간부들도 그런 씩씩함을 마음에 들어 했었습니다. 그런데 시간이 지나며 겪어 보니 씩씩하기만 할 뿐, 업무 처리가 잘 안 되었습니다.

매번 자신 있게 일을 벌여 놓고 결국에는 마무리를 못 지어 다른 간부들이 마무리 짓는 식으로 매번 처리되었던 것입니다. 이른바 '해결도 못 하면서 일거리만 만들고 다니는 스타일'이었습니다.

언젠가 적군 간첩이 침투한 상황을 가정한 '진돗개 훈련'이 떨어져 우리 소대가 평소 임무를 맡고 있는 1번 국도상의 주요 목진지에 소대원들이 3인 1조로 소산되어 출동했었습니다.

거기서 훈련 상황이 종료될 때까지 경계근무하며 거동 수상자를 발견하면 보고 및 포획, 사살하는 것이 저희의 임무였습니다. 저는 당연히 FM(야전 교범)대로 진지에 투입하자마자 안면 위장은 물론 방탄모의 윤곽을 가리기 위해 주변 풀잎과 나뭇잎을 주워 방탄모 위장도 하였습니다.

잠시 후 상황이 종료되어 부대로 복귀했는데, 저보다 먼저 복귀한 소대장 조원들이 중대장님에게 야단을 맞고 있었습니다. 내용인즉슨, 실전과 같은 상황인데도 안면 위장조차 제대로 안 했다는 것이었습니다. 그 와중에 부소대장인 제가 행정반에 들어왔는데 저희 조원들은 모두 안면 위장은 물론이고 방탄모에 수풀 위장까지도 되어 있는 상태였기에, 중대장님은 소대장에게 저와 비교하며 더 나무랐습니다.

의기소침한 소대장은 욕을 먹고 삐쳐 있었고, 저는 나름대로 소대장의 기분을 풀어주기 위해 커피 한 잔 들고 갔습니다. 그런데 그 소대장은 저를 보자마자 기분 나빠하며 싫은 소리를 했던 기억이 납니다. 당시 소대장과 저는 같은 나이었습니다. 그래서 상호 존칭을 써 주고 있었는데, 그때는 말만 존칭이었지, 굉장히 짜증 난다는 티를 팍팍 내는 어투였습니다.

간부로서 4년 넘게 근무하며 다른 모든 장교 소대장들과는 매우 친밀하게 지냈고 지금까지도 친구, 형, 동생으로 연락을 주고받으며 잘 어울리고 있는데, 유독 저 소대장 한 분하고만 관계가 소원하고 연락도 하지 않고 있습니다. 저는 전혀 의도하지 않은 것인데 오해를 사고 시기와 질투를 받아서 기분이 상했던 사례가 군 생활을 하는 중에 몇 번 있었습니다.

더 재미있는 것은 우리 중대에 그 소대장과 같은 학군단 동기 장교가 한 명 더 있었는데, 그 소대장은 일 처리를 매우 잘해서 중대장님을 비롯한 다른 간부들로부터 좋은 평가를 받았습니다. 그런데 아이러니하게도 두 학군 장교가 전역할 때 일 처리를 잘하고 성격 좋은 소대장은 GS건설의 최종 면접까지 올라갔다가 떨어져서 결국 1년을 더 취업 준비하다가 자그마한 실내 건축 회사에 입사했으며, 일 잘 못 하고 다른 간부들과 소원한 관계였던 사고뭉치 소대장은 굴지의 대기업인 D건설사(?)에 장교 특채로 잘 취업했다는 것입니다.

전역한 이후로는 연락 주고받지 않아 현재의 소식은 모르겠지만, 이러한 경험에 빗대어 봤을 때 대기업 인사 시스템도 그다지 신뢰할 만한 체계는 아닌 것 같습니다.

그 두 명의 동갑내기 학군 장교들이 저보다는 1년 먼저 전역했는데, D건설사에 취업한 그분을 보면서 '저런 사람도 대기업에 입사할 정도면 자격증도 더 많고 일도 더 잘하는 나는 당연히 대기업에 입사할 수 있겠다.'라는 쓸데없는 자신감을 가지게 되었습니다.

○ 소대장들의 이야기, 나의 착각

제가 하사로 원대 복귀했을 때는 병 복무 시절 소대장님(학군 장교)이 말년 중위로서 최고의 끗발을 구가하고 있었습니다. 몇 개월 정도 같이 시간을 보내고 그 중위님은 훌쩍 전역해서 나가셨고 후에 대전 교육청에서 시설직 공무원에 합격하셨다고 들었습니다.

또, 제가 상병 때 신임 소위로 부임했던 소대장님이 2명 있었는데, 이분들은 모두 장기 복무 대상이어서 제가 하사로 부임한 지 몇 개월 만에 대대 본부의 인사 장교와 공사 장교로 보직을 옮기셨습니다.

그러다 보니 저는 제가 하사 초임 때부터 저보다 조금 늦게 부임한 신임 학군 장교 소위 2명과 학사 장교 소위 2명, 이렇게 4명의 장교와 함께 많은 시간을 보냈습니다. 그 4명의 장교 모두 단기 복무자여서 앞선 사례처럼 대대 본부로 옮기지 않고 전역할 때까지 저와 같이 중대에서 생활했습니다.

그리고 그 4명의 장교가 모두 80년생으로 저와 동갑내기여서, 어쩌다 보니 중대장님과 행정보급관님을 제외한 중대 간부 모두가 동갑내기로 구성되어 꽤 친하고 재미있게 지냈었습니다. 서로 나이가 같아서 그런지 매우 친밀감을 느꼈으며 또한, 우리 중대는 민간인 통제구역(GOP) 내에 주둔하다 보니 간부 숙소가 별도로 없었기에, 내무실 2개를 방처럼 개조하여 장교, 부사관 구분 없이 룸메이트를 바꿔가며 같이 뒤엉켜서 재미있게 생활했었습니다.

서로 호칭은 '소대장님', '부소대장님' 등 이렇게 존칭을 써 주었지만, 친구처럼 잘 어울렸고 어느덧 2년의 세월이 훌쩍 흘러 복무 기간이 짧은 학군 장교 2명은 2005년 6월에 먼저 전역하였고, 나머지 학사 장교 2명은 저와 비슷하게 2006년 10월에 전역하였습니다.

[군 간부 시절을 같이 보낸 동갑내기 장교 소대장들]

먼저 전역한 학군 장교 중 한 명은 D건설사(?)에 장교 특채로 취업에 성공했고, 다른 한 명은 GS건설에 최종 임원진 면접에서 탈락의 고배를 마시고 아예 진로를 실내 건축으로 변경하여 전문기업에 취업하였습니다. 뒤늦게 전역한 학사 장교 2명도 1군 상위권인 금호산업과 범양건영에 취업하여 같이 복무한 동갑내기 장교 대다수가 전역 후 1

군 대기업에 안정적으로 취업하였습니다.

　저는 이런 동료 소대장들의 취업을 보면서 아주 크나큰 착각을 하였습니다. 저도 당연히 전역 후에 이들처럼 대기업에 들어갈 수 있다고 엄청난 오판을 했던 것입니다. 제가 그들보다 자격증도 훨씬 많고 또한 현장 실무 경력도 많았으며, 일도 잘 처리한다고 중대장님이나 대대장님으로부터 칭찬도 많이 들었기에 자신감이 매우 넘쳐났었습니다.

　지금도 생생하게 기억나는 일화가 있습니다. 언젠가 중대장님이 저에게 주둔지 주변의 탄약고 등 시설물 배치 상태 약도를 만들어 오라고 시켰는데, 저는 전문 측량 기술을 활용해 50m 줄자를 활용한 지거 측량법으로 정확히 위치와 규격을 측정하여 캐드 프로그램으로 방위 표시와 도곽까지 입혀서 멋들어지게 평면도를 만들어 보고를 드린 적이 있었습니다.

　입대 전에 밥 먹듯이 하던 일이었던지라 별로 시간이 걸리지 않았고 간단하게 몇십 분만에 완료하여 결과물을 보고드렸는데, 그때 중대장님이 도면을 지그시 쳐다보시다가 진지한 얼굴로 저에게 이런 말을 했었습니다.

　"박 중사는 내가 일을 지시하면 항상 기대보다 120% 이상 수준으로 일을 처리해 오네."

　이러한 착각 속에 빠져서 저는 대기업 취업 조건에 대해 자세히 알아보지도 않은 채로 저도 다른 소대장들처럼 전역하면 당연히 그런 대기업에 들어갈 거로 생각했습니다.

　어느 정도 규모 있는 회사는 모두 기본 채용 조건이 학사학위 이상인데, 전문대도 졸업하지 못한 고졸 주제에 실로 엄청난 착각을 하고 있었던 것입니다.

ㅇ 첫눈 내리는 날 행정반에서 만납시다

같이 근무했던 여러 소대장이 모두 좋은 사람들이었고 저와 친하게
지냈지만, 아무래도 오랫동안 같이 근무하고 비슷한 시기에 전역한 학
사 장교 소대장과의 추억이 더 많을 수밖에 없습니다(학군 장교는 약 2
년 복무, 학사 장교는 약 3년 복무).

거의 친구처럼 서로 장난도 쳐 가면서 훈련이든, 작업이든 재미있게
같이 어울렸던 기억이 많습니다.

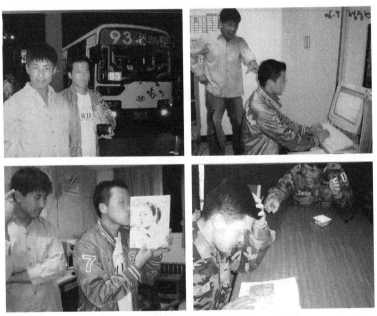

[군 복무 시절에 친하게 지낸 학사 장교 소대장들과의 추억들]

당시 우리 중대 초급 간부들끼리 만든 모임이 있었는데, 모임 명은
'나인틴 쓰리(93)'였습니다. 왜냐하면 그 당시 파주시 문산읍 터미널에

새벽 4시, 꿈이 현실이 되는 시간

서 우리 부대, 즉 최전방 GOP 안으로 운행하는 버스는 유일하게 93번 버스 하나밖에 없었기 때문입니다. 그래서 우리 모두 항상 93번 버스를 타고 오가야 했기에, 모임명을 '93'으로 정하게 되었던 것입니다.

2004년 12월, 첫눈이 내리던 날이었습니다. 폭설이 내리니 사단 사령부의 차량 운행 금지 지침이 떨어져 작업장도 못 나가고 행정반 창문 앞에 서서 창밖의 함박눈을 하염없이 바라보고 있었습니다. 그때 3소대장이었던 엄○○ 중위가 커피믹스 한 잔을 들고 다가와 제 옆에 서서 하염없이 내리는 첫눈을 같이 바라보았습니다. 그러다가 문득 엄 중위가 제게 말을 건넸습니다.

"부소대장님. 우리 내년 첫눈 내리는 날에도 행정반에서 만납시다."

나, 참⋯. 어이가 없어서⋯ 어이가 너무 없어서 웃었습니다. 그냥 둘이서 창밖으로 쌓이는 눈을 바라보며 한참을 웃었던 기억이 납니다. 그 말을 하고 나서 매년 첫눈 내리는 날마다 행정반에서 만나자고 했지만, 2006년에 전역한 후에는 벌써 십수 년째 그 약속을 못 지키고 있네요.

[군 시절 친하게 지낸 학사 장교 소대장들과 전역 13년 후]

모두 지금은 멀리 지방에 떨어져 살다 보니 자주 보지는 못하지만, 오래된 친구처럼 종종 연락하여 서로 안부도 묻고 편하게 지내고 있습니다. 가끔 그 지역에 들릴 일이 있으면 찾아가서 얼굴 한 번씩 보기도 합니다. 최근에는 작년 하반기에 한 번 만났었는데, 젊고 날쌔며 갸름했던 그 멋진 육군 소대장들은 온데간데없고 웬 아저씨들만 사진에 남아있습니다.

저와 비슷한 시기에 전역한 학사 장교 2명이 신임 소위로 우리 중대에 처음 부임했을 때의 일화입니다. 부대에 배치될 신임 소위 명단을 먼저 전해 들었는데, 이름이 '혜진'이라는 것이었습니다. 당시 저를 비롯한 중대 간부들 모두 '드디어 이 최전방 GOP에도 여군이 입성하는구나!' 하면서 설렘 반, 걱정 반의 마음으로 신임 소위의 자대 배치를 기다리고 있었습니다.

나중에 부임한 신임 소위를 만나 보니 상상했던 아리따운 여군 장교 '혜진'이 아니라, 경상도 사투리를 아주 구수하게 날리는 부싼 싸나이 '해진'이었던 것입니다. 그때 우리 중대 간부들의 실망감이란….

○ 세상 좁다, 죄짓고 살지 말자

요즘은 저의 프리랜서 활동이 경제적으로 여유 있다 보니 업무 분야를 선택과 집중하여 축소 관리하고 있는데, 프리랜서 초창기에는 불안전한 소득 유형에 보탬이 되고자 잠시 기술사 자격 취득을 위한 강의도 했었습니다. 일요일에 기술사 강의를 나가면 많은 수강생 중 어느 한 분이 언뜻 알 듯 말 듯 한 얼굴로 몇 번 지나쳐 가고는 했었습니다.

얼굴이 좀 낯익다 싶어서 한참을 곰곰이 생각해 보니, 제가 군 복무

새벽 4시, 꿈이 현실이 되는 시간

할 때 고참이셨던 옆 중대(공병 2중대) 행정보급관님이셨습니다. 그래서 반가운 마음에 인사를 여쭈었습니다.

"혹시, 1사단 공병 2중대 이○○ 행정보급관님 아니신지요?"

그랬더니 그분도 저를 한참 뚫어지게 보시더니 뭔가 기억이 난 듯 말씀하셨습니다.

"어~ 어? 어! 설마… 3중대 박 중사?"

제 체격이 군 복무할 때와 다르게 좀 많이 불어 있어서 몇 주간 서로 마주쳤으면서도 제가 바로 그 박 중사였음을 전혀 알아보지 못했었다고 합니다.

제가 전역한 지 올해가 13년이 지났는데, 그간 지내오신 경과를 들어보니 공병 간부로 해외 파병을 나갔다가 1사단이 아닌 다른 부대로 배치받아 지속 복무하셨고, 2017년 연말에 원사 계급으로 정년 퇴역하셨다고 합니다.

현재는 군 공사 전문 건축 감리 회사에서 근무하고 계신다며 군에 계실 때는 기술사에 대해서 전혀 생각을 안 해 봤는데, 막상 사회에 나와 관련 업계에서 일하다 보니 기술사가 없으면 어디에 명함도 내밀지 못하겠다고 하소연을 하셨습니다.

감리단장(건설 사업 관리 책임 기술자)이라도 맡아서 해 보려면 최소한 기술사 한 개는 있어야 하겠다고 판단하여, 그래서 환갑을 바라보는 늦은 나이이지만 시공 기술사 취득에 도전하신다고 하셨습니다. 반갑게 인사를 나누고 제가 도와드릴 수 있는 것이 있으면 최대한 도와드리기로 하며 연락처를 교환하고 헤어졌습니다.

새삼 다시 한번 느끼는데, 인간관계라는 게 언제, 어디서, 어떻게 다시 만날 줄 그 누구도 알 수 없습니다. 그러니 항상 적을 만들지 말고 착하게 살아야 한다는 것을 또 한 번 느꼈습니다.

○ 구태여 군에 남아있을 이유가 없다

제가 일반 병사로 입대한 후 부사관으로 현지 임관에 지원한 이유는 돈 때문이었습니다. 당장 부친의 병원비와 집에 각종 생활비를 드려야 했기에 저에게는 선택의 여지가 없었습니다.

애초에 목적 자체가 단기 복무였기에 저는 장기 복무 지원에는 관심이 전혀 없었습니다. 하지만 근 6년간 군 복무를 하다 보니 주변의 강력한 권유로 몇 번 살짝 흔들린 경우가 있기도 했습니다.

2005년에 제가 공사 감독한 GP 시설 개선 공사에 군 사령부의 소령님이 준공 검사를 나온 일이 있었습니다. 그 소령님은 제가 준비해 놓은 각종 준공 서류 및 감독 일지, 정산 내역서 그리고 현장의 실제 시공 완료 상태를 둘러보시고는 연신 감탄을 하셨습니다.

그 당시 주 감독관이었던 중대장님이 타 부대로 전출을 가시고 후임 중대장님은 내정이 되어있었지만 아직 부임하기 전이어서 선임 소대장(부중대장 격)인 그 '부산 싸나이' ○해진 중위가 중대장님 대신 준공 검사에 같이 입회했습니다.

하지만 실상 그 공사에 대해서는 아무것도 대답할 수 있는 게 없었습니다. 그래서 모든 브리핑과 안내, 질의응답을 제가 다 이끌어 나갔는데 그 소령님이 최종적으로 준공 검사 승인 서류에 검사관 승인 도장을 찍어 주시면서 이런 말씀을 하셨습니다.

"여태껏 봤던 공사 중에서 공사 감독을 최고로 잘했다. 여기는 중대장이 부재중인데도 전혀 걱정이 없네. 능력 있는 부하를 두어서 타 부대로 전출 갔음에도 준공 검사 때 불려 다니지 않는 것도 중대장의 큰 복이지."

당시에는 관례상 중대장이 자리를 옮겼어도 준공 검사를 할 때는

새벽 4시, 꿈이 현실이 되는 시간

다시 소환되어 하자나 문제점에 대해서 갖은 질책을 받는 게 일상적인 절차였습니다. 그래서 처음에는 전임 중대장 없이 선임 소대장과 보조 감독관만으로 준공 검사를 받는다기에 그 소령님은 어이없어했었으나, 말미에는 매우 좋게 받아들여 주셨던 것입니다. 그분이 그때 저에게 이렇게 제안해 주셨습니다.

"이대로 부사관으로 있기에는 아까우니 간부사관 제도를 통해서 장교에 지원해 보는 건 어떻겠나?"

제가 단기 복무 자원인 것을 모르고 하신 말씀이실 테지만, 그 순간 저도 '혹시나 지원해볼까?' 하는 마음이 들었습니다. 왜냐하면, 군에 몇 년 있다 보니 느낀 것이 부사관으로서는 군 조직에 오래 있고 싶지 않았으나, 장교라면 또 말이 달랐습니다.

명예도 있고 나름대로 국가의 검증을 받은 육체적·정신적 엘리트 자원이며 최소한 소령까지만 진급해도 만 45세까지는 정년이 보장되고 예편 후 다달이 군인 연금도 수령 가능하기 때문입니다.

그날 이후 며칠 동안 간부사관 지원을 놓고 잠시 고민했었습니다. 간부사관 제도는 군 복무를 1년 이상 한 현역 상병 이상의 군인이 부대장의 추천 등의 절차를 통해 장교로 현지 임관하여 임관 후 3년의 의무 복무 기간을 갖는 제도를 말합니다. 예전 부사관 현지 임관 제도와 유사하나 최종 학력 등의 지원 가능 기준이 더 높습니다.

며칠 동안 고민하던 중에 대대 인사과에 찾아가 간부사관 지원 절차를 살짝 알아봤는데, 그 순간 저의 고민이 말끔히 싹 해결되었습니다. 왜냐하면 저는 간부사관에 지원할 기본 자격조차 안 되었기 때문입니다. 간부사관도 장교이기에 최소한 전문대졸 이상이거나 4년제 대학 과정 중 2년 이상 수료를 해야만 지원 가능 자격이 있는 것이었습니다.

이 일을 계기로 '대한민국은 완벽한 학벌 위주 국가'라는 인식이 제 머릿속에 아주 뼈저리게 각인되었습니다. 전쟁터에서 병사를 지휘하는 장교들에게도 최소 학력 기준을 적용하니, 아무리 실력이 검증된 자원이더라도 학벌이 없으면 장교는 될 수가 없는 것이었죠.

그 이후에는 더 이상 고민이 필요 없었습니다. 게다가 그즈음에 장기간 지병으로 의식 없이 병원 중환자실과 요양원에 계시던 부친이 여러 합병증으로 결국 돌아가셨습니다. 중환자실에 오래 계시다가 차도도 없으시고 병원비도 감당하기 힘들어 저렴한 요양원으로 옮겼는데 의식이 없으시니 몸을 움직이지 못하고, 그러다 보니 욕창, 폐렴 등 각종 합병증이 발생하여 결국 쓰러지신 지 7년 만에 한 많고 파란만장한 부친의 생애를 마감하셨습니다.

부친마저 돌아가시고 나니 전역에 대한 제 결심은 더욱 확고해졌습니다. 제가 군대가 좋아서 부사관에 지원한 것도 아니었고, 나름대로 군에서 열심히 노력하여 기사 자격증도 다수 취득했는데 사회 나가서 이 한 몸 밥벌이를 못 하겠나 싶기도 하고… 그런 생각이 들자 임관 후 4년간의 의무 복무만 마치고 전역하기로 확정을 짓게 되었습니다.

이렇게 하여 병사로 약 1년 반, 간부 후보생 기간 몇 개월 및 임관 후의 4년을 모두 합하여 약 6년의 세월을 보낸 군과의 작별을 준비하게 되었고, 2006년 10월 10일부로 사단 사령부에 전역 신고를 하고 그간 지겹게 입어온 군복과 군화를 벗게 되었습니다.

[약 6년간의 군 복무를 마치고 전역을 앞둔 시절]

○ 흐르지 않고 고여 있는 물은 썩는다

지금은 부사관도 일정 주기별로 소속 부대가 변경된다고 들었습니다. 또한, 본인이 지원하면 해외 파병 기회도 쉬이 주어지고 파병 복귀 후에는 가급적 원하는 부대로 배치될 기회를 준다고 합니다. 하지만 제가 복무했던 때에는 이렇게 부사관이 부대 이동을 하는 경우는 흔치 않았습니다. 대부분의 부사관 선배들은 한 번 배치된 부대에서 평생을 지내 오신 분들이셨습니다.

한 부대에 오래 있으면 그 지역에 대한 지리 정보나 지역 특성 등을 잘 인지할 수 있고, 지역 주민과의 유대 관계가 좋아져 민원 해결 등에 유리한 장점이 있습니다. 하지만 반대로 한 부대에서 똑같은 일을 20~30년간 무한 반복한다면 어떨까요? 미래에 대한 발전이 없어집니다. 어차피 있는 곳이 똑같고 하는 일이 똑같으면 누가 더 나은 미래를 위해서 노력하고 투자를 하겠습니까? 제가 좋아하는 아인슈타인의 명언이 있습니다.

"어제와 똑같은 오늘을 살면서 더 나은 내일을 기대하는 것은 정신 병 초기 증세다."

저는 이 말에 깊이 공감합니다. 제 부사관 선배들 중에는 훌륭하게 타의 모범이 되는 분들도 일부 계셨지만, 대부분의 선배님들은 그렇지 않았습니다. 저는 그분들처럼 안이하게 똑같은 삶에 안주하고 싶지 않았습니다. 구르지 않는 돌은 이끼가 끼는 법이고, 고여 있는 물을 금방 썩기 마련입니다.

군을 전역하기로 마음먹은 결정적인 이유는 부친께서 돌아가신 후 경제적 부담이 해소된 것이었지만, 몇몇 부사관 선배들의 '고여 있는 썩은 물'과 같은 안이한 태도에 대한 실망도 큰 이유 중 하나였습니다.

아마도 간부사관 제도 등을 통해 장교가 될 수 있었다면 저는 장교 가 되어 평생 군에 남았을 것으로 생각합니다. 하지만 그 최소 학력 기준에도 못 미쳐 결국에는 사회로 전역하는 결정을 하였습니다.

○ 약 3주간의 말년 휴가

그렇게 시간이 흘러 저의 이십 대 초중반 전부를 보낸 익숙했던 군 대와의 작별이 다가왔습니다. 하사부터는 간부로서 직업 군인이기 때 문에 엄연히 국방부 소속의 국가직 공무원 신분입니다. 그렇기에 저는 9급(하사)을 거쳐 8급(중사) 공무원으로 재직하고 있었습니다.

그래도 공무원 신분이기에 주어진 연차휴가가 많이 남아 있어서, 마 지막 전역을 앞둔 2006년 9월에는 남아있는 연차를 모두 사용하여 주 말을 포함해 약 3주간의 긴 말년 휴가를 나오게 되었습니다.

말년 휴가 동안에는 사회생활에 적응하려고 참 바쁘게 이것저것 움직였습니다. 우선 첫 번째로 26살의 나이에 생애 첫 자가용을 구입했습니다. 군인 때에는 주로 험준한 산악지 위주로 다니다 보니 힘 좋은 RV 차량 외에 다른 차는 생각해 보지도 않았습니다. 그 영향으로 2001년식 뉴코란도 차량을 중고로 마련했습니다.

두 번째로는 전역 후에 제가 살 전셋집을 구하였습니다. 다시 야간 전문 대학에 복학해야 했기에 그 학교에서 그리 멀지 않은 위치에 있는 저렴한 18평 빌라를 700만 원을 주고 전세 계약했습니다.

그리고 부대에서 쓰던 책상, 의자, 책장 등 정말 몇 개 안 되는 집기들을 그 코란도 차량에 싣고 몇 번 왔다 갔다 하여 전셋집에 옮겨두었는데, 그때는 운전이 서툴러서 김포 톨게이트 앞에서 멀쩡히 대기 중이던 앞차를 들이받는 첫 교통사고를 내기도 하였습니다.

당시 첫 사고를 내놓고 얼마나 두려웠던지, 전역이 얼마 남지도 않았는데 불명예 전역으로 쫓겨나는 것 아닌가 싶기도 하고 별의별 쓸데없는 걱정을 다 하였습니다.

지금 생각해 보면 사람만 크게 안 다치면 그냥 사과하고 보험사에 연락하여 처리하면 그만인 것을, 경험이 없다 보니 그랬습니다. 군대에서는 나름 6년 짬밥의 전문가였지만, 사회생활에서는 완전 초짜였기에 그런 경험이 있을 턱이 없었습니다.

세 번째로는 대학 복학 준비를 하였습니다. 이 과정에서 대학의 사무 행정직 교직원들이 꽤나 고압적인 자세로 갑질을 하는 것에 대해 매우 불쾌했던 기억이 있습니다.

복학 신청을 하러 대학 교무처에 갔더니 담당 교직원이 초면임에도 불구하고 반말을 하며 저를 하대하였고, 아직 현역이라 복학이 안 된다며 세부 부연 설명도 없이 일언지하에 복학 신청을 거절하는 것이었습니다.

저는 국방부 8급 공무원 신분으로 나이도 먹을 만큼 먹었다고 생각하는데 매우 기분이 불쾌했습니다. 게다가 복학 신청을 무턱대고 하러 간 것도 아니고, 사전에 인터넷 및 전화로 문의하여 아직 전역 전이라도 휴가 기간 중에 수업 참여가 가능하다면 복학할 수 있다고 사전 확인을 받은 후 방문했는데도 말을 함부로 하는 것이었습니다.

그래도 6년간의 군 복무 경험이 완전 헛되지는 않았었는지 그 자리에서 교직원에게 정중하게 '다, 나, 까' 말투를 사용하며, 초면에 함부로 반말한 점, 그리고 사전에 알아본 바로 복학 가능하다고 확인했음에도 복학이 불가하다고 일방적으로 거절한 점 등을 조목조목 따지고 들었더니, 그 교직원은 당황해하면서 휴가 기간에 학교 복학을 해도 된다는 소속 부대장의 확인서를 제출하면 복학을 처리해 주겠다는 식으로 추가 요구를 하면서 말을 얼버무렸습니다.

당시 소속부대 인사과의 담당관(하사)이 제 까마득한 3년 후배였기에 그런 건 별문제 없었습니다. 바로 전화해서 대대장님의 확인서 한 장을 작성해서 빠른 등기로 보내 달라고 부탁했고 다음 날 확인서를 제출하여 쉬이 복학할 수 있었습니다.

마지막 네 번째로 휴가 기간 중에 준비한 것은 전역 후에 일할 직장을 구하는 것이었습니다. 그 당시 저는 건축 기사, 측량 기사, 건설 안전 기사 자격을 보유하고 있었는데 당시 판단으로는 건설 안전이 향후 가장 장래성이 좋다고 생각했었습니다.

그래서 건설 안전 업무와 관련된 일자리를 잡코리아 등의 채용 사이트에서 검색했는데, 기사 등급의 자격증이 있다 보니 금방 채용이 되었습니다. 전역 후 처음으로 구한 일자리는 야간에 대학 수업을 들어

새벽 4시, 꿈이 현실이 되는 시간

야 하다 보니 대학에서 그리 멀지 않은 송도 국제도시 내 포스코건설의 아파트 신축 현장이었고 담당 업무는 안전 감시단이었습니다.

추후에 알게 된 것이지만, 안전 감시단은 별도의 자격이나 경력이 필요 없었습니다. 그냥 특별한 기술이 없으신 분들이 돈을 좀 덜 받더라도 편하게 일하려고 많이 하는 일로써, 현장 내 지시받은 구역을 돌아다니며 근로자의 안전 보호구 착용 여부 등을 감시하는 단순 역할만 수행하는 조직이었습니다.

당시 민간 사회에 대해서는 정보가 없었던지라 저는 당연히 안전 감시단이 일반적인 건설회사의 안전 관리자와 같은 것이라고 혼동했던 것입니다. 그렇게 어쩌다 보니 군대를 전역하기도 전에 아파트 건설 현장에서 안전 감시단으로서 첫 일을 시작하게 되었습니다.

○ 건설 현장 안전 감시단

어쩌다 보니 중사 말년 휴가 중에 아파트 신축 공사 현장 한복판으로 들어가 있었습니다. 저는 단 하루도 쉴 수 있는 마음의 여유가 없었습니다. 말년 휴가 때부터 근무하기 시작한 건설 현장 안전 감시단의 업무는 매우 단순했습니다.

그냥 시간 맞춰 출근해서 해당 공구의 원청사 안전 관리자가 지정해 주는 위치에 가서 그냥 멍하니 지켜보고 서 있으면 되는 것이었습니다. 지켜보고 서 있다가 안전모 미착용자나 위험한 문제가 보이면 소리치고, 호루라기를 불고, 그래도 조치되지 않으면 조장이나 원청사의 안전 관리자에게 보고하면 되는 단순 감시 업무였습니다.

저는 당연히 안전 감시단이라는 게 건설 회사 안전 관리자를 말하는 것으로 생각하고 갔었는데, 일용직과 같은 대우에 대단히 실망이 컸습니다. 대기업 건설 회사에서는 통상 직군 체계가 다음과 같은 3가지로 구분됩니다.

① 일반직: 정규직. 대부분 명문대 공채 출신으로 일반적인 사원-대리-과장-차장-부장-임원 등의 직급으로 승진하며 연봉도 많이 받습니다.

② 프로젝트(PJT) 계약직: 추가 인력이 필요할 때 공사 현장 단위로 직급 및 계약 기간을 정하여 채용하는 계약직으로, 인사고과가 좋지 않거나, 또는 건설사가 신규공사 수주를 많이 못하여 인력 감축이 필요하면 기존 계약 종료 후 계약 연장이 안 됩니다. PJT로 근무하다가 정규직으로 전환되는 사례는 간혹 있지만 거의 기회가 없으며, 대부분 4년제 이상의 고학력자로서 연봉과 복지는 부여받은 일반직의 직급보다 약간 적은 정도입니다.

③ 현장채용(현채) 계약직: PJT와 동일한 기간제 계약이나 정식 직급 없이 '현채직 사원'으로 통용되며, 과거에는 통상 4년제를 졸업하지 않은 전문대졸 및 고졸이 주로 채용대상이었으나, 요즘은 취업난으로 4년제 졸업하고도 대기업 현채 직원으로 들어가는 게 어려운 정도입니다. 직급이 단 한 개인 만큼 승진도 불가능하고 급여와 복지는 일반직 말단 사원의 약 50~60% 수준입니다.

그런데 안전 감시단은 위 3가지 유형에도 전혀 해당하지 않는, 아예 외부 인력 회사에서 파견 나온 용역이었던 것입니다. 일에 대한 실망도 컸지만 감시단 동료들과 서로 알아갈수록 그 실망은 더더욱 커졌습니다.

새벽 4시, 꿈이 현실이 되는 시간

대부분의 감시단 동료들은 자기계발 등의 발전을 위한 노력은커녕, 담당 업무에 대한 기본적인 전문 지식도 없고, 뭘 하고자 하는 의지조차 없었습니다. 물론 몇몇 분들은 그렇지 않은 분도 있었지만, 거의 대다수가 그러했습니다.

감시단의 약 90% 정도는 대부분이 힘든 일은 하기 싫고 마땅한 전문 지식이나 자격증은 없는 그런 부류의 분들이었고 한 10% 정도만 경험을 쌓아서 나중에 안전 기사 자격을 취득해서 건설 회사 현채직으로라도 안전 관리자로 옮겨가고자 노력하는 분들이었습니다.

저는 안전 기사뿐만 아니라 건축 기사 자격증도 보유하고 있었기에, 그 현장에서 같이 일하는 감시단 모두가 저를 이상한 눈으로 쳐다보았습니다. 모두 지나치다 저를 만날 때마다 저에게 한마디씩 하였습니다.

"여기 왜 있냐? 나 같으면 바로 어디 안전 관리자나 건축 기사로 들어가겠다."

군 생활만 오래 하다 보니 민간사회에 대한 감이 없어서 어쩌다 흘러들어왔지만, 저도 며칠 동안 겪어보니 감시단은 제가 있을 자리가 아니라는 것을 확연히 느꼈습니다.

그래서 감시단 팀장님에게 고민을 상의했는데 팀장님 입장에서도 이해를 해주셨습니다. 팀장님은 "조건상 네가 여기에 있을 사람이 아니라는 것은 잘 알고 있다."라고 하시며 이번 현장만 참아 주면 다음 현장에서는 원청사(포스코) 안전팀장에게 건의하여 포스코건설 현채직 안전 관리자로 들어갈 수 있게 해 주겠다고 저를 설득하였습니다.

뭐든지 제 자리가 있는 법입니다. 그리고 저는 아직은 많은 것을 보고 배우며 경험을 쌓아야 하는 나이였습니다. 며칠 동안 고민했지만 여기서는 도저히 배울 게 없다고 판단하여 휴가 기간인 3주 동안만 근무하고 퇴직하였습니다.

○ 27살, 7,000만 원을 손에 쥐고 8급 공무원 퇴직

마지막 휴가를 마치고 부대 복귀 후에는 근 6년간 알게 된 군 관련 지인들을 일일이 찾아뵙고 작별 인사를 드렸습니다. 그러면서도 수시로 PC방에 들러 잡코리아 등의 구직 사이트에 이력서를 올리고 구인 공고를 확인하기도 했습니다. 몇 군데에서 면접을 보자는 연락이 왔었는데, 그래도 경력을 인정해 주어 중소 측량 회사에서 대리, 과장급으로 채용 협의도 있었습니다.

그러나 저는 다시 야간 대학에 복학해야만 하는 상황인지라 야간에 수업 참여가 가능한 대학 인근 지역이 아니면 갈 수가 없었습니다. 그렇게 고르고 고른 끝에 현대건설의 시공 측량을 주로 용역을 받아 일하는 소규모 측량 회사에 입사하기로 하였습니다. 여러 업체 중에서 그 회사를 선택한 이유는 다음과 같습니다.

① 대학 인근 현장으로 배치해 주기로 약속하여, 야간 대학 복학 가능
② 대기업(현대건설) 현장이므로 큰 프로젝트에 참여 가능
③ 전공과 부합되는 토목 현장으로서, 언젠가는 시공사로 이직 예정인데, 미리 토목 시공 업무도 어깨너머로 배울 수 있음

새벽 4시, 꿈이 현실이 되는 시간

[전역 후에 취업한 측량 용역 회사에서]

다만 이와 같이 조건을 맞추기 위해서 기존 경력은 무시하고 말단 신입 사원 조건으로 입사해야만 했습니다. 그렇게 다시 일자리를 구해 놓고 전역한 바로 그날, 저는 전투복을 입은 채로 본사에 면접을 보러 갔으며, 면접관이었던 상무님은 그래도 배려해 준다고 다음 날 하루를 쉬고 그 이튿날부터 발령받은 신규 현장으로 출근하라고 했습니다.

그렇게 저는 근 6년간 군 복무를 하며 8급 공무원(중사)으로서 수중에 약 7,000만 원의 현금을 들고 사회로 돌아오게 되었고, 전역 후 딱 하루만 휴식을 취하고 바로 새로운 일터(토목 건설 현장)로 출근하게 되었습니다.

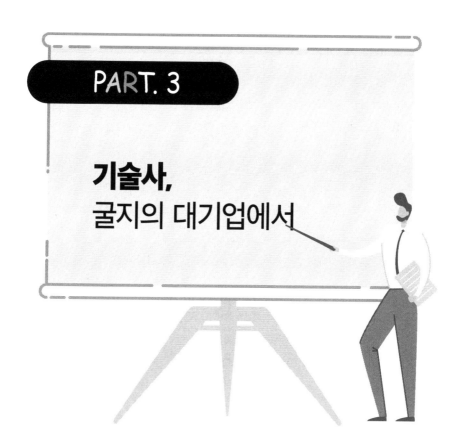

PART. 3

기술사,
굴지의 대기업에서

대규모 토목 공사 현장

○ 진정한 주경야독의 시작

군복을 벗고 사회생활의 첫발을 내디딘 곳은 우리나라 굴지의 대기업인 현대건설의 공사 현장이었습니다. 총공사비가 1천억 원 이상으로, 웬만한 신도시만 한 면적의 엄청난 부지에 대한 토공 작업이 주공종이었으며, 부지 내에 있는 축구장 3개만 한 저수지의 물을 빼내고 깊게 굴착하여 폐기물 매립장을 조성한 후 점토, 뻘 등의 불량토사를 매립하는 공사였습니다.

약 1천만㎡급(쉽게 설명하면 동네 뒷산 하나를 깎아서 평지로 만드는 수준)의 대규모 토공 현장이었습니다. 저는 그곳에서 현대건설의 하도급을 받은 측량 용역 하청업체의 직원으로 근무하게 되었고 그때부터 그야말로 진정한 주경야독을 시작하게 되었습니다.

건설 현장의 업무 시작 시간은 아침 7시부터입니다. 그러나 업무 시작 전에 국민체조 및 안전 조회를 미리 실시하다 보니, 늦어도 6시 40분까지는 출근해야 욕을 안 먹습니다. 저는 그 당시에 매일 자격증을 공부하기 위해 새벽 4시에 일어나서 일찌감치 미리 출근해서 사무실에서 공부하고 있었기에 출근에 별문제가 없었지만, 신입 사원이나 다른 업계에서 넘어오신 분들은 이른 시간의 출근 문제로 초반에 적응하기가 매우 힘들었을 것입니다.

이렇게 매일 꼭두새벽부터 일이 시작되고 저녁 무렵인 18시가 되면 소장님이나 부서장의 눈치를 보다가 18시 30분 정도에 윗분들이 퇴근하시면 뒤따라서 슬금슬금 퇴근하기 시작합니다.

저는 퇴근 후에는 바로 야간 대학으로 달려가야 했습니다. 통상 야간 수업이 18시부터 시작했으니 항상 첫 교시는 지각할 수밖에 없었습니다.

전문대 커리큘럼은 2년이라는 짧은 시간 안에 필요 과목들을 이수해야 하다 보니 시간표를 학생이 조정하기 어렵고 학과 사무실에서 일률적으로 빡빡하게 짠 시간표를 일괄적으로 통보합니다.

그렇기에 월요일부터 금요일까지 1주일 내내 야간 수업이 꽉 잡혀 있어서 회사 회식 한 번 제대로 참여하지 못하고 매일 야간 수업을 들어야만 했습니다.

저는 군에 가기 전에 1학기만 수료한 상태였고 군 전역 후 2학기를 주경야독으로 빠듯하게 보냈더니 어느덧 학기 말이 되었습니다. 종강하고 나니 그때서야 시간에 여유가 좀 생겼고 인터넷 검색 등을 통해 4년제 편입 등의 향후 진로에 대해 알아보게 되었습니다.

제 인생 목표는 전문 대학 졸업으로 끝내는 게 아니라 군에서 같이 근무했던 장교들과 같이 저도 대기업 건설사에 정규직으로 이직하는 것이었고, 그러려면 학사학위가 꼭 필요했습니다. 그렇기에 한창 4년제 편입 방법 등에 관한 정보 검색에 열을 올렸습니다.

그러던 중에 우연히 독학 제도(학점은행제)를 알게 되었습니다. 자세히 조사해 보니 기사 혹은 산업 기사 등의 자격증이 있으면 학점으로 인정해 주기에 제가 현재 보유하고 있는 자격증과 전문대 1년간의 취득 학점을 활용한다면 학사학위 취득 조건인 140학점을 훌쩍 넘길 수 있었습니다.

아주 천지가 개벽하는 정도의 큰 충격을 받고 기쁨의 환호를 질렀습니다. 학점은행제를 활용한다면 일단 3년 치의 대학 등록금을 아낄 수 있고, 단번에 4년제 졸업자와 동일한 학사(토목 공학 전공)학위를 취득할 수 있어서 대기업 정규직에 신입 사원 지원도 가능했기 때문입니다.

좀 더 자세히 알아보니 아무리 총 학점이 140학점을 초과하였더라도 최소한의 교양 학점을 필수로 이수해야만 하는 조건이 있었습니다. 교양 학점은 구태여 정규대학이 아니더라도 사이버 대학 등에서 단과 방식으로 수강이 가능하였습니다. 여기까지 알게 되자 더 이상 지체할 필요가 전혀 없었습니다.

[독학으로 취득한 학사학위증]

새벽 4시, 꿈이 현실이 되는 시간

이렇게 면밀한 조사를 끝내고 2007년 1월, 저는 다니고 있던 전문 대학에 1학년 성적만 인정을 받고 과감히 자퇴했으며 바로 몇몇 사이버 대학에 교양 과목 몇 과목을 신청하여 수강했습니다. 이후 그 교양 학점까지 모두 취합하여 2007년 8월에 그토록 간절히 원하던 공학사(토목 공학 전공) 학위증을 수여받게 되었습니다.

○ 시공 기술자가 되고 싶었다

시공 측량은 원래 입대 전부터 해 오던 업무라 전혀 어려움이 없었습니다. 전역 후 투입된 첫 현장에는 측량팀이 총 3명이었는데, 팀장님을 비롯한 측량팀 직원들의 나이가 모두 엇비슷하였습니다. 그런 상황에다 팀장님이 카리스마(리더쉽)도 약해서서 업무에 애로사항이 꽤 많았습니다.

팀장님은 군대를 면제받으셔서 직급은 과장이었지만, 밑의 직원들을 이끌어서 뭘 추진할 정도의 리더십이 전혀 없었습니다. 그러다 보니 원청사 여러 부서에서는 측량팀을 마치 급할 때 불러다 쓰는 용역 잡부 부리듯이 잡다한 일들을 많이 시켰습니다.

측량팀에서는 제가 가장 막내이기는 했지만, 경력도 있고 나이도 있고, 자격증도 많았으며, 무엇보다도 군 중사 출신이라는 부분에서 원청사 직원들로부터 상당 부분 인정받고 있어서 측량팀장님의 리더십 부족으로 인한 잡무 증가 외에는 다른 어려움은 없었습니다.

하지만 측량팀의 구심점이 없다 보니 콩가루 집안처럼 원청사 직원들이 측량팀장님을 거치지 않고 개별 측량 직원들에게 각자 직접 일을 시키는 형식으로 업무가 진행되어 체계적인 업무 관리 없이 혼란스럽게 여러 업무를 진행하는 것은 어찌할 수가 없었습니다.

원청사의 여러 부서에서 일을 시킬 때 측량팀장님을 통해 지시하지 않고 그냥 아무나 눈에 띄는 대로 이것저것 직접 지시가 떨어지니 저는 측량팀장님에게 그러한 고충을 몇 번 상의드렸음에도 전혀 개선되지 않았습니다.

그러다 보니 말이 좋아 외주(하도급) 용역 업체이지, 완전히 현대건설 직영 작업반과 같이 본래의 측량 업무에서 벗어난 이것저것 다양한 현장 잡무들을 수행하게 되었습니다.

[2006년, 측량팀의 리더십 부재로 다양한 잡무를 수행]

그 당시 원청사 현대건설의 공사팀장님은 전문대 출신의 김○○ 차장님이셨는데 아무래도 학벌이 부족하시다 보니 오십 대 중반의 연배이신데도 차장에서 더 이상 진급이 되지 않으셨습니다.

공사팀장님은 저를 보면 본인이 젊었을 때 주경야독하며 전문대에 다녔던 기억이 난다며 저를 많이 예뻐해 주셨고, 또 그렇게 예뻐해 주시는 만큼 저에게 시공 상세도 작성 등 공사팀의 업무도 다양하게 많이 가르쳐 주셨습니다.

새벽 4시, 꿈이 현실이 되는 시간

그러다 보니 자연스레 공사팀의 주 업무인 토목 시공을 곁눈질 삼아 조금씩 배우게 되었습니다. 넓디넓은 건설 현장을 총괄 지휘하는 원청사 공사팀의 업무에 많은 매력을 느끼고 저 또한 언젠가 기회가 오면 꼭 토목 시공 업무로 전향하고 싶다고 생각하게 되었습니다.

그즈음 앞서 언급한 바와 같이 학점은행제를 통해서 학사학위를 받을 수 있다는 것을 알게 되었습니다. 제가 이 측량 회사에 직급과 연봉을 낮추면서까지 입사한 이유가 야간 대학 통학 때문이었는데, 야간 대학을 자퇴하게 되자 구태여 더 이상 낮은 연봉과 신입 직급으로 남아 있을 필요가 없게 되었습니다.

이런저런 상황들을 종합하여 심사숙고한 끝에 결국 더 좋은 조건으로 이직을 결심하게 되었고, 이번에는 단순 측량 업무에만 국한된 것이 아닌, 제대로 된 토목 시공을 배울 수 있는 시공 회사로 이직하고 싶었습니다.

그때가 2007년 2월이었는데 잡코리아 등의 채용 사이트를 통해 몇 군데를 알아봤고, 마침 영종도에 있는 금호건설 토목 현장에서 측량과 공사 업무를 같이 수행할 현채 직원을 한 명 채용한다는 구인공고를 보고 지원했었는데, 면접 결과 근무 조건이 맞아서 그쪽으로 이직하고자 결정하게 되었습니다.

[2006년, 현대건설 측량 용역 하청업체 근무 시]

○ 굴지의 대기업 직원이 되다

　토목 시공으로 전향하여 이직할 결심을 하자, 측량팀장님에게 우선 상의를 했고 측량팀장님은 예상대로 전혀 만류하지도 않았습니다. 당시 측량팀장님은 리더십이 많이 부족하기는 했지만 나쁜 사람은 절대 아니었습니다.

　너무나도 순수하고 여려서 윗사람이든, 아랫사람이든 그 누구에게도 싫은 소리를 하지 못하는 성격이었기에 저에게도 아무 말 못 하셨던 것으로 생각합니다. 그렇게 퇴직 면담이 끝났고 저는 다른 대체자가 투입될 때까지 2주간 더 근무하기로 했습니다.

　그날 오후였습니다. 사무실에서 내업을 하고 있는데 연배 많으신 원청사 현대건설의 김○○ 공사팀장님께서 현장에 계시다가 '우당탕'거리며 사무실로 뛰어 들어오셨고 오시자마자 급하게 저를 찾으시며 얘기 좀 하자고 저를 회의실로 데리고 들어가셨습니다.

　알고 보니 측량팀장님이 제가 퇴사하기로 한 이야기를 원청사 공사팀장님에게 우선 전화로 보고했고 공사팀장님은 보고를 듣자마자 사무실로 들어오신 것이라고 했습니다.

　"박 기사. 방금 측량팀장 전화 받고 급하게 들어왔는데, 내가 단도직입적으로 말할게. 너 금호건설 현채 직원으로 가기로 했다면서?"

　"네, 부장님. 죄송합니다. 어쩌다 보니 제 야간대학 문제가 해결되어서 더 이상 현재의 직급과 월급으로는 근무하기가 어렵게 되었습니다."

　"박 기사. 너, 금호건설에 가서도 측량할 거야? 어차피 장기적으로 봤을 때 너는 시공을 뛰어야 해. 그래야 더 클 수가 있어. 금호건설에 가면 시공시켜 준대?"

　"면접 때 듣기로는 측량이 주 업무지만, 부수적으로 시공도 같이 봐야 한다고 들었습니다. 저 또한 부장님 말씀처럼 꼭 기회가 되면 시공 파트로 전향하여 제대로 된 시공 기술자가 되고 싶습니다."

"박 기사. 너 그러면, 당장 금호건설에 연락해서 못 가게 되었다고 말해라."

"네? 갑자기 그게 무슨 말씀이신지…?"

"내가 안 그래도 박 기사 너를 우리 공사 현채 직원으로 끌어당기려고 소장님께도 다 말씀드려 놨단 말이야. 너 어차피 시공 배우고 싶으면 금호보다는 여기 현대에서 배워. 그러니 못 간다고 당장 전화해!"

매우 당혹스러웠습니다. 이미 며칠 전에 금호건설에서 면접을 보면서 2주 후에 입사하는 것으로 일자까지 받아두었는데…. 한참 동안 망설이고 있으니 공사팀장님이 결정적으로 압박을 주셨습니다.

"박 기사, 네가 전화하기 곤란하면 내가 대신 전화해 줄게. 전화기 줘 봐. 네가 아예 토목이 아닌 다른 업종으로 간다면 내가 안 붙잡겠지만, 토목을 하겠다면 다른 데 가지 말고 여기 현대에서 일을 배워. 박 기사, 내가 너보다는 훨씬 어른이잖아? 어른이 되어서 젊은 사람에게 거짓말하면 되겠어? 난 그렇게 살아오지 않았어. 나 믿고 여기서 몇 달만 더 참아."

공사팀장님이 워낙 강력하게 말씀하시니 저도 더 이상 주장하기가 난처했습니다. 그리고 곰곰이 생각해 보면 저 역시도 이제 막 적응해서 현장 직원들과 친해졌는데 다시 새로운 곳에 가는 것보다는 여기 남는 게 더 좋았고, 무엇보다도 대한민국 굴지의 대기업인 현대건설의 직원이 될 수 있다는 말에 가슴이 설레었습니다. 고민 끝에 금호건설 담당자에게 전화를 걸어 정말 죄송하다고 사과하며 이직을 포기했습니다.

이후 공사팀장님은 약속을 지키셨고 약 3개월간 더 측량 용역 업체 소속으로 있다가, 2017년 5월 14일부로 저는 영광스럽게도 굴지의 대기업 현대건설의 직원으로 채용되었습니다.

비록 현채 직원(현장채용 계약직) 신분이었지만 어쨌든 정식으로 현대건설에 4대 보험이 소속된 토목 기술직이었으며, 월급 또한 이전의 측량 용역 업체에서 받던 월급보다 훨씬 많이 올라 월평균 270만 원 정도씩 받게 되었습니다.

군에서 중사 시절에 받던 돈이 월평균 220만 원 정도였는데 전역 후 약 6개월 만에 다시 군 시절 연봉 이상으로 상회하게 되었습니다.

이후 아쉬운 일이 하나 있었는데, 그 은인 같으신 공사팀장님이 얼마 후 명예퇴직(권고사직) 대상자로 선정되어 회사를 떠나시게 된 일입니다. 당시에는 몰랐었지만, 대기업은 암묵적으로 군대와 유사하게 계급 정년이 있습니다(인사실에서는 절대 그런 것 없다고 우기지만).

한 직급에서 정체 기간이 길면 일정 연차 이후에는 옷을 벗어야 하는 것입니다. 군대의 계급 정년과 차이가 있다면 군대에는 공식 규정이 있고, 민간은 비공식적으로 암암리에 처리하는 것 정도일 것입니다.

김○○ 공사팀장님은 비록 전문대졸 학력이었지만 경력도 많으시고 대인관계도 매우 원만하셔서 퇴직한다고 소문나니 여기저기서 그분을 모셔 가려는 러브콜이 꽤 많았습니다. 하지만 현장에서 당장 공사팀장 업무를 수행할 만한 고급 직원이 없었기에 소장님이 본사에도 건의하고 공사팀장님께도 간곡히 부탁하여 상호 협의하에 3개월 정도 퇴직을 연기하고 공사부서 선임 직원인 정○○ 과장님께 업무를 인계하신 후에야 회사를 떠나셨습니다. 비록 길게 모시지는 못했지만, 김○○ 공사팀장님의 관심과 배려 덕분에 저는 자랑스러운 현대건설에서의 첫발을 내디딜 수 있게 되었습니다.

○ 따라 해 봐! '세계의 현대, 기술의 현대'

제가 현대건설 현채직으로 채용된 후 제 직속 사수였던 정○○ 과장님이 소장님께 정식으로 인사드리자고 하셔서 같이 소장님실로 들어갔습니다. 그 당시에는 개성공단 등 대북 사업으로 국내 건설 경기가 큰 호황기를 맞아 해외에서 근무하던 많은 직원이 국내로 복귀했었습니다.

당시 현장소장님이신 이○○ 상무님도 해외에서 잔뼈가 굵으신 베테랑 기술자셨습니다. 또한, 소장님은 해외에서 근무하던 중 32살의 나이에 당시 현대건설 내에서 최연소로 토목 시공 기술사에 합격하여 나름 입지전적인 분으로 평가받고 계셨습니다.

긴장하며 소장실에 들어가자 소장님께서는 편하게 소파에 앉으라고 하신 후 차 한 잔을 같이 내어주시며 여러 말씀을 해 주셨습니다.

"당신 말이야… 평생 토목 일을 할 건가?"

그 당시에는 '당신'이라는 호칭이 그리 좋은 느낌으로 들리지는 않았지만, 시간이 흐른 후에 생각해 보니 연배가 높으신 윗분들이 아랫사람들을 칭할 때 나름대로 상당히 존칭한 것이었음을 알게 되었습니다.

"네, 소장님. 앞으로 토목 일 열심히 배우겠습니다."

"잘 생각했어. 그리고 토목을 배우려면 당연히 우리 회사에서 배워야 해. 그리고 공사부장이 당신 칭찬을 많이 하던데, 그거면 충분히 자질이 있다고 생각되니 앞으로 열심히 잘 배워 봐. 자! 따라 해 봐. 세계의 현대! 기술의 현대!"

"네? (얼떨결에) 아, 네… 세계의 현대. 기술의 현대."

"그리고 당신 말이야. 현장에 있으면서 공부 열심히 하라고. 밤마다 쓸데없이 술 마시러 다니지 말고! 난 해외에서 다른 직원들이 밤마다 술 퍼마시고 놀 때 혼자 꿋꿋하게 공부해서 32살에 최연소로 토목 시공 기술사를 취득했어. 우리 회사 역사상 최연소였지. 당신도 늘 새벽에 일찍 출근해서 공부한다고 들었는데, 아주 좋은 거야. 그렇게 항상 열심히 공부하면 좋은 발전이 있을 거야."

그렇게 소장님께 첫 정식 인사를 드렸던 기억이 납니다. 당시 매일같이 새벽 4시에 출근하여 윗분들 몰래 자격증 공부를 하고 있었는데, 아무리 몰래 한다고 해도 소장님 귀에까지 소문이 들어간 것 같습니다.

그 소장님께서는 정말 뼛속까지 현대맨으로서, 현대건설에 대한 자긍심과 애착심이 매우 크셨던 분입니다. 소장님의 말씀 중에서 특히 또 기억나는 부분은 당시 도급 순위 1~2위를 놓고 치열하게 경쟁하던 삼성물산(건설)에 대해서 그다지 좋지 않게 말씀하셨던 부분입니다.

삼성물산의 직원들은 제조업 기반인 그룹의 분위기로 인해서 건설기술자로서의 역량을 발휘하기 힘들다며, 제조 공장 생산직과 다를게 없다고 말씀하셨습니다.

그로부터 한 2년 후, 그 소장님은 해외 현장으로 다시 발령받아 현장을 떠나게 되셨고 말단 계약직이었던 저는 하늘 같은 소장님께 감히 안부 연락을 드릴 만한 위치가 아니었기에 그 이후로는 연락 한 번 드리지 못했습니다. 그렇게 또 시간이 지나 몇 년 후에, 그 소장님께서 삼성물산에 임원으로 이직하였다는 소식을 접하게 되었습니다.

현대건설에서는 상무 직급이었지만, 삼성물산 이직 후 더욱 영전하시어 부사장까지 승진하셨고 싱가포르, 호주 등 해외 현장을 총괄하며 전 세계를 누비시다가 2016년 말에 현직에서 은퇴하셨습니다. 국내에 다시 돌아오신 후에 어찌 연락이 닿게 되어 예전에 같이 근무했던 직원들을 오랜만에 한번 보고 싶다고 하셔서 2017년 2월에 여건이 되는 직원들만이라도 모여서 조촐한 만남을 가진 적이 있었습니다.

소장님께서 그 현장을 떠나신 지 딱 10년 만에 이루어진 만남이었습니다. 그날 소장님은 은퇴하셨음에도 더욱 멋져 보였습니다. 대부분 은퇴하시면 초라해지는 데 반해서 그 소장님은 현직에 있을 때 많은 것을 이뤄 놓아서인지 매우 위풍당당한 노년을 보내고 계셨습니다.

특히 모임 자리가 끝나고 헤어질 때, 식당 앞에서 비상등을 켜고 대기하던 전용 기사가 딸린 최고급 세단을 타고 떠나실 때의 그 뒷모습은 너무나도 멋져 보였습니다. 저도 꼭 늙어서 저렇게 품위 있고 멋있게 늙고 싶다는 생각을 간절히 하게 되었습니다.

[2007년 2월, 단체 사진]

[2017년 2월, 모임 사진]

○ 첫 사수

제가 현대건설 현채 직원으로 채용되어 업무 지시를 받은 첫 번째 사수(직속상관)는 당시 공사팀의 2인자였던 정○○ 과장님이셨습니다. 당시 공사팀장님은 명예퇴직이 확정되어 업무 인계 외에는 실무에서 손을 떼신 상황이셨고, 그 정○○ 과장님이 실질적인 공사팀장의 업무를 수행하고 계셨습니다.

그분은 워낙 일 처리가 꼼꼼하고 매사에 합리적으로 일을 잘하시는 분이어서 본사에서도 능력을 인정받고 계셨습니다. 그렇기에 본사에서도 현장에 내보내지 않고 그분을 붙들어서 대리에서 과장까지의 5년 동안 본사의 핵심 부서에서 근무했을 정도로 인정받는 실력자였습니다.

게다가 주변 사람들을 얼마나 잘 챙기시던지. 지금도 기억나는 일화가 저도 잊고 지내던 제 생일을 먼저 알아주시어 생일 케이크와 함께 개별적으로 선물도 주시는 등의 정말 감동스러운 적도 많았습니다. 제가 느낀 그분의 인상은 마치 TV 드라마에나 나올 법한 전형적인 대기업 엘리트 직원의 모습이었습니다.

저는 정말 운이 좋았던 것 같습니다. 비록 현채직이지만 굴지의 대기업인 현대건설에 입사하게 되었고, 게다가 처음으로 모신 사수가 이토록 배울 점이 많으신 엘리트이시니…. 그분은 그때부터 제 마음속의 영원한 멘토가 되었습니다. 지금은 겨우 일 년에 한두 번 안부 연락을 드리는 게 전부이지만, 현재 저의 꼼꼼한 업무 스타일은 모두 그분께 배운 것이라 감히 자부할 수 있습니다.

정○○ 과장님은 현장에 부임하신 지 1년 만에 차장으로 승진하셨습니다. 그러다 보니 현장 내 직급에 따른 직원 재배치로 공사과장의 자리에서 더 중요한 요직인 공무팀장의 자리로 옮기시게 되었습니다. 존경하는 제 첫 사수이신 정○○ 차장님은 그 후 그 현장에서 2009년 연말에 토목 시공 기술사에 합격하셔서 그 현장에서 유일한 기술사 보유자가 되었습니다.

현대건설 직원뿐만 아니라 협력사 및 발주처 감독 등을 모두 포함하여 약 40여 명의 토목 기술자가 그 현장에 있었는데, 그중에서도 발주처의 상무님과 정○○ 차장님, 이렇게 단 두 명만이 기술사를 보유하고 계셨습니다.

그때까지만 하더라도 저는 기술사나 석박사, 뭐 이러한 분들은 저와는 전혀 관계없는, 아니, 감히 쳐다볼 수도 없는 저 높은 하늘의 별과 같은 존재라 생각했었습니다.

그런데 제가 모시던 사수가 그 어렵다는 기술사에 합격하시다니…. '아, 실제로 기술사를 취득하는 사람도 있구나?'라는 생각이 들었으며, 허망되지만 '나도 기술사 공부를 한번 해 볼까?'라는 생각을 살면서 처음으로 하게 되었습니다.

결과적으로 기술사 4개 종목을 취득한 현재, 이 모든 성과의 시발점은 바로 그때 정○○ 차장님의 크신 가르침과 자극이 있었기에 가능한 것이었습니다.

[2009년, 토목 시공 기술사 공부 당시 사무실 책상과 수험표]

○ 기사 5관왕

저는 항상 자격증 공부를 손에서 놓지 않았습니다. 매일 새벽 4시에 일어나 바로 출근했으며, 출근 후 다른 직원들이 출근하는 6시 반 정도까지는 꾸준히 자격증 공부를 하였습니다.

점심시간도 마찬가지로 공부에 할애하였습니다. 당시 건설 현장은 특별한 일이 없으면 11시 50분 정도에 점심을 먹고 대부분 각자 자기 자리에서 의자를 뒤로 젖히고 기대어 낮잠을 잡니다.

저는 소중한 점심시간을 이렇게 허무하게 낮잠으로 보내는 게 너무도 싫었습니다. 그래서 점심시간에도 책상 위의 약한 모니터 불빛에 의지하며 자격증 공부를 했습니다.

아마 그때 그렇게 어두운 곳에서 책을 본 여파가 시력이 많이 저하되는 데 주요한 원인을 제공한 것 같습니다. 입대 전까지만 해도 시력이 1.2 정도였는데, 어두컴컴한 곳에서 공부를 했던 군 시절부터 시력이 저하되기 시작해 전역할 즈음에는 0.7 정도로 떨어졌고, 현대건설에서 한창 공부할 때는 0.4 정도까지 시력이 많이 나빠졌습니다. 항상 무언가 얻는 게 있으면 잃는 것도 있는 법인 것 같습니다.

새벽 시간과 점심시간에는 악착같이 공부하였지만, 저녁 시간에는 공부를 거의 하지 못했습니다. 그 당시에는 야근이 워낙 흔하고 당연한 시기였으며, 가끔 야근이 없는 날은 부서 회식 등의 술자리가 있었습니다. 저도 술을 꽤 좋아하기도 했고, 군 복무를 오랜 기간 하면서 팀워크가 최우선 덕목이라 생각하고 있었기에 회식 자리를 빠지는 것은 생각하기 어려웠습니다.

이렇게 힘겹게 공부한 끝에 2007년 여름에는 지적 기사를 추가로 취득하였습니다. 당시만 하더라도 제 인생이 어떤 방향으로 흘러갈지를 확정 짓지 못했었고, 여차하면 현재 주 업무 경력인 측량 기술을 활용하여 공기업인 대한지적공사에 지원해 볼 생각도 있었습니다. 그러다 보니 지적공사에서 필요로 하는 지적 기사 자격증에도 관심을 두게 되었던 것입니다.

지적 기사를 취득한 이후에는 바로 토목 기사를 공부하기 시작했습니다. 당시 생각으로는 그래도 명색이 토목 공학 전공인데 가장 기본적인 토목 기사 자격이 없다는 건 말이 안 된다고 생각했습니다.

그래서 토목 기사 공부를 시작했는데, 제 경험으로는 여태껏 살아오면서 수많은 자격증을 취득했지만, 살면서 가장 어려웠던 시험이 바로 이 토목 기사였던 것으로 기억합니다.

왜냐하면 다른 기술사 종목들도 모두 2번 이내에 합격했는데, 오직 토목 기사만이 3번이나 떨어지고 4번째 시험에서 간신히 합격할 수 있었기 때문입니다.

뭐든 포기하지 않고 꾸준히 하면 결국에는 좋은 결과가 나오는 것 같습니다. 그렇게 꾸준히 공부한 끝에 2008년 여름에는 토목 기사까지 최종 합격하여 총 5개의 기사 자격증을 보유하게 되었습니다.

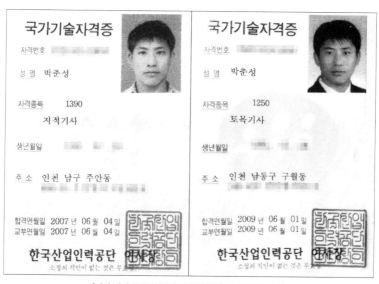

[지적 기사, 토목 기사 추가 취득으로 기사 5관왕 달성]

○ 독학, 민간에서는 안 쳐 주더라

전문대 자퇴 후 사이버 대학을 활용해 일부 부족한 교양 학점을 충족했더니 2007년 8월에 학사학위(토목 공학 전공)를 수여받을 수 있었습니다. 저는 당시 건설 현장 말단 공사기사였고 현장 일도 매우 바빠서 학위 수여식에는 참석하지 못하고 우편으로 학위증만 수령 받았습니다.

학위증을 우편으로 받았을 때의 감동은 정말 이루 말할 수 없었습니다. 당시 27살의 나이로 고교 3학년 때부터 시작한 직장 생활과 근 6년간의 군 생활로 인해 또래의 친구들에 비해 학업에서는 뒤처진 기분이 항상 마음 한구석에 있었는데, 이제 저도 그들과 같은 조건인 학사학위를 받은 것입니다.

정규 대학을 다녔다면 3년 정도 더 걸렸을 것을 단숨에 3년을 앞당겨 학사학위를 받게 된 것이 스스로에게도 너무나 자랑스러웠습니다.

스스로가 너무 대견하여 사무실 제 책상 한쪽에 학위증을 한참 동안 놔두었는데, 우연히 제 사수이신 정○○ 과장님이 그 학위증을 보셨습니다. 그래서 저에게 축하한다는 말과 함께 인사실에 학위증 사본을 제출해서 호봉을 올려달라고 신청해 보라는 조언을 해 주셨습니다.

듣고 보니 맞는 말이었습니다. 그전에는 전문대 중퇴 상태이기에 제 최종 학력은 고졸이었습니다. 그렇기에 가장 기본 등급인 현채 1호봉에 간신히 이전 측량 회사 및 군 경력을 일부 인정받아 5호봉으로 책정되어 있었는데, 여기에 학사 학력이 인정되면 2호봉을 더 추가로 인정받을 수 있다고 생각했습니다.

학위증을 스캔한 후 본사 인사실의 담당자에게 학위 취득 사연과 함께 메일을 보냈습니다. 얼마 후 인사실에서 답장이 왔고 자료 제출을 요구받았습니다. 성적 증명서와 학위 증명서까지 제출해달라는 것

새벽 4시, 꿈이 현실이 되는 시간

이었는데 그날 바로 발급받아서 스캔 파일을 제출했습니다.

이후 한동안 인사실에서는 답장이 없었습니다. 몇 번 인사실 담당자에게 물어봤었는데 검토 중이라거나 윗선에 결재 중이라는 일반적인 답변만 돌아왔습니다. 한 달 정도 기다렸지만, 다음 달 월급에 호봉 상승분이 반영되어 있지 않았습니다. 또다시 인사실 담당자에게 문의를 드렸는데 그때 들은 답변은 정말 실망스럽기 그지없었습니다.

"안타깝지만 현재 사내 규정이 이러이러하고 내부 방침이 이러이러하다."

결론적으로는 이런 사례가 한 번도 없어서 학력으로 인정해 줄 근거가 없다는 내용이었습니다. 이런저런 좋은 미사여구를 가져다가 붙여서 답변해 주었지만, 결론은 간단했습니다. 조금 과장하여 표현하자면 다음과 같은 회신이었습니다.

'우리는 독학? 그딴 것 안 쳐 준다. 정규 대학 학위 아니면 인정 안한다!'

실망스러운 결과였습니다. 제가 받은 학사학위는 교육인적자원부(당시) 장관이 수여한 것인데도 민간 사회에서는 인정해 주지 않는 불필요한 휴짓조각이었던 것입니다. 국가 기관에서는 인정받을 수 있을지는 몰라도 민간에서는 그것을 구태여 인정하지 않아도 전혀 법적 문제가 없기 때문이겠지요.

그 후 며칠 동안 꽤 실의에 빠졌었는데, 어느 날 저와 같은 유사 사례가 또 있는지 알아보고자 인터넷 검색을 하던 중에 우연히 대학원 진학에 대한 글을 읽게 되었습니다. 그 글쓴이도 독학으로 학사학위를 받았으나 사회에서 인정을 받지 못하자 그 학위를 이용해 대학원 석사 과정에 지원했고, 노력 끝에 석사학위를 수여받아 단숨에 더 좋은 조건으로 이직했다는 등의 수기였습니다.

눈이 번쩍 뜨이는 내용이었습니다. 앞으로 나아갈 방향을 찾게 되자 더 이상 고민할 게 없었습니다. 즉시 실행에 옮겼습니다.

사람은 끼리끼리 논다고 합니다. 이른바 '유유상종'이라는 사자성어가 있지요. 제가 공고 출신이다 보니 저랑 자주 어울리는 사람 중에서 대학원은커녕 제대로 된 4년제 출신도 흔치 않았습니다. 그래서 어디 주변 사람에게 조언을 구하기도 마땅치 않았습니다.

수소문 끝에 인근 인하대 석사 과정에 재학 중인 지인의 지인을 한 다리 건너 알게 되어 전화 통화로 대학원 석사 과정에 관해 제가 궁금한 사항에 대해서 상담을 받았었는데 그 사람의 답변은 매우 실망스러웠습니다.

석사 과정부터는 거의 학교에 살다시피 하며 교수님의 연구를 도와드려야만 졸업할 수 있다는 것이었습니다. 저는 어디서 등록금을 지원받을 수 있는 형편이 아니었기에 회사를 그만두고 대학원에 진학한다는 것은 상상조차 할 수 없었습니다. 안타깝지만 이대로 본다면 대학원 진학에 대한 꿈을 접어야 할 듯했습니다.

현장에 같이 근무하는 직원 중에서 제가 편하게 말을 걸 수 있는 직원(소위 아랫것들) 중에서는 대학원에 대해 제대로 아는 사람이 아무도 없었습니다. 그런데 당시 발주처 공사 감독관 중 한 분이 인근에 위치한 인천대 토목과 석사 출신이라는 것을 우연히 알게 되었습니다.

저는 시공사의 말단 현채 직원으로 발주처 감독관을 직접 대면하는 경우가 별로 없었습니다. 대부분 저보다 상관인 대리, 과장급 분들이 상대했었기에 어쩌다 현장에서 마주치면 인사드리는 정도밖에 친분이 없었습니다.

제가 어디서 그런 용기가 났는지는 모르겠지만, 언젠가 발주처에 검측 서류를 제출하러 방문한 날, 그 감독관님에게 용기를 내어 뚜벅뚜

새벽 4시, 꿈이 현실이 되는 시간

벽 걸어갔습니다. 그리고는 개인적으로 상담드리고 싶은 게 있는데 잠시 시간 좀 내 주실 수 있는지 말씀드렸고 그렇게 그분과 둘이서 차 한잔 마시며 궁금한 대학원 진학에 대한 고민을 상담받았습니다.

그분은 제게 용기를 주는 말을 해 주셨습니다. 전에 제가 통화했던 석사과정 대학원생의 경우에는 일반 대학원 출신으로서 이른바 '풀타임'으로 불리며 교수님을 지근거리에서 보좌하여 같이 연구하는 게 중요한 업무였지만, 저와 같이 부득이하게 직장 생활을 병행해야 하는 사람들을 위해서 산업 대학원 또는 공학 대학원이라는 야간 특수 대학원 과정도 있다는 것이었습니다.

차이가 있다면 일반 대학원은 석사에 이어 박사까지 등록이 가능하나, 특수 대학원은 석사까지만 취득할 수 있는 것이었습니다. 눈이 또다시 번쩍 떠졌습니다.

그렇게 그분의 설명을 듣고 난 다음부터 제 머릿속은 온통 대학원 진학에 관한 생각뿐이었습니다. 등록금 마련 방법, 야간에 수업을 들으려면 야근을 많이 못 할 텐데, 윗분들을 뭐라고 설득해야 할지 등….

저는 군대에서 병사로 복무하다가 부사관으로 지원했을 때도 이와 유사한 고민을 겪어 봤습니다. 그때의 선택은 '해도 후회할 것 같고, 안 해도 후회할 것 같으면 해 보고 후회하자!'였고, 그 결과 제 개인적으로는 매우 좋은 방향으로 돈도 좀 모으고 자격증도 많이 취득하여 전역할 수 있었습니다.

이번에도 같은 방법을 적용했습니다. 대학원 문제도 더 이상 주변 사람들의 말에 휘둘리지 말고 직접 겪어보는 게 최상이라고 생각하여 과감히 대학원 입학 원서를 제출했습니다. 그리고 서류 전형 통과 후 면접까지 보았고 긴장된 마음으로 간신히 면접 심사도 통과할 수 있었습니다.

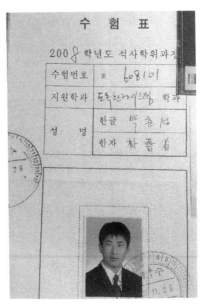

[대학원 석사 과정 입학 지원 수험표]

　나중에 알게 된 이야기인데, 아무리 야간 특수 대학원이라도 교수님들께서는 지도 학생 수준에 대한 기본 자질을 중요하게 여기셔서 저와 같은 비선(독학 또는 다른 학과 전공자) 출신자는 잘 선발하지 않는다고들 합니다.

　그런데 제가 조언을 구했던 발주처 감독관님이 추후에 알고 보니 그 학교 토목과에서 석사학위 취득 후 잠시 학과 조교를 했었기에 학과 교수님들께 인사드리러 오가며 넌지시 저에 대해 언질을 드렸다고 합니다.

　"하늘은 스스로 돕는 자를 돕는다."

　본인이 열심히 노력하고 알아보면 어떻게든 방법이 생기는 것 같습니다. 어쨌든 그 감독관님 덕분에 저는 대학원에 입학할 수 있었고, 새로운 학문의 길에 들어서게 되었습니다.

　　　　　　　　　　새벽 4시, 꿈이 현실이 되는 시간

○ 공학 석사학위 수여

다시 시작된 야간 대학원 주경야독. 그래도 이번에는 좀 나았던 게, 이미 지난해에 야간 전문대학에 다니느라 한 번 경험해 봤기도 했고 대학원 수업 일수는 전문대학에 비해 현저히 적어서 덜 힘들었습니다. 대학 야간 수업은 월요일부터 금요일까지 매일 가야 하는 데 반해 대학원 과정은 일주일에 이틀만 수업이 있었습니다.

상대적으로 수월했지만, 그래도 현장 직원들의 눈치가 보이기는 매한가지였습니다. 그때만 하더라도 현장에서의 야근은 당연시하는 문화였기에 윗분들에게 사정하여 양해를 구하고 일주일에 이틀은 곧바로 퇴근한 후 학교 수업에 참여했습니다.

대학원 과정과 별개로 토목 기사 등의 전공 자격증 공부도 병행했었기에 토목 공학적인 수업 내용은 별 무리 없이 따라갈 수 있었습니다. 하지만 문제는 영어였습니다. 게다가 어떤 교수님은 강의를 온통 영어로만 진행하기도 하셨기에 도대체 무슨 말인지 하나도 알아듣지를 못한 적도 있었습니다.

학위를 받기 위해서는 영어 번역 시험과 전공 종합시험에 합격하고 연구 논문을 작성하여 학과 교수님들께 논문 심사를 받아야만 했는데, 그 영어 번역 시험이 제게는 최고의 난관이었습니다. 앞서 기술했다시피 저는 실업계 공고를 졸업하고 제대로 학부 과정도 거치지 않았기에 전공 지식이야 어찌어찌 자격증을 공부하면서 따라갔다고 쳐도, 영어, 수학 같은 교양 과목은 완전히 문외한이었습니다.

다른 방법이 없었습니다. 시작은 했기에 끝은 봐야 했고, 제 영어 실력은 짧았습니다. 그때 선택한 방법은 어쩔 수 없이 시험 범위를 통째로 달달 외워버리는 것이었습니다.

먼저 입학하신 선배들에게 듣기로는 영어 시험을 출제하시는 교수님은 항상 그달의 영문판 『다이제스트』 책자에서 번역할 지문을 출제하신다고 들었습니다. 그래서 시험이 있는 달의 『다이제스트』 영문판과 한글판을 구해서 근 한 달간 새벽은 물론이고 밤을 새워 가면서 책의 내용을 달달 외워버렸습니다. 결과는 운 좋게 턱걸이로 합격하였고, 그렇게 힘든 과정 끝에 석사 과정의 최대 난관인 영어 시험을 극복할 수 있었습니다.

전공과목 수업에 대해서는 어느 정도 실무와 이론이 겸비된 상태였기에 상대적으로 좋은 성적을 받을 수 있었고, 석사 과정 총 4학기 중 2차 학기 때에는 대학원 내 최우수 성적으로 한 학기 분의 장학금을 지급받기도 했습니다.

2차 학기에 세부 전공과 지도 교수님을 결정해야 했는데 고민이 많았습니다. 당초 생각은 제 주 경력인 측량 및 지형공간정보 전공을 생각했었는데, 막상 현장에서 토목 시공을 하다 보니 가장 많이 부딪치는 문제가 대부분 흙(지반), 아니면 콘크리트(구조)였습니다. 그래서 고민 끝에 가장 실용성이 높은 지반 공학을 세부 전공으로 선택하게 되었습니다.

생각해 보면 당시 현장의 공사 내용이 토공 위주의 현장이었으니 흙 문제가 많이 대두되었습니다. 그래서 지반공학으로 선택을 했는데 만약, 그때 현장이 교량과 같은 구조물 공사였다면 아마도 구조 공학을 전공하지 않았을까 싶습니다.

논문 준비는 오히려 그리 어렵지 않았습니다. 제가 현장에서 주로 수행하던 업무 중 하나가 연약 지반 개량 공사였기에 그중에서 가장 자신 있는 공종에 대해 설계 자료와 실 시공 결과 간의 데이터 차이를 분석하여 연구를 수행하였습니다.

새벽 4시, 꿈이 현실이 되는 시간

그렇게 준비한 논문은 비록 심사 위원 교수님들의 많은 지적이 있긴 했지만, 여러 차례의 수정 및 보완 끝에 무난히 논문 심사를 통과하여 졸업할 수 있었습니다.

[2010년 2월, 석사학위 수여식에서 현장 동료들과]

항상 뭐든지 시작이 있으면 끝이 있습니다. 그렇게 어렵게 느껴지고 힘들었던 석사 과정도 낮에는 현장에서 열심히 일하고 새벽 시간을 활용해 주경야독한 결과, 2010년 2월에 저는 드디어 공학 석사학위를 수여받을 수 있었습니다. 이렇게 저는 공학 석사로 또 한 단계 발전할 수 있었습니다.

공학 석사 논문집에 수록된 '감사의 글'

실력 있는 토목 기술인이 되겠다고 다짐하며 건설 현장에서 몸으로 부딪치며 근 10년간 열심히 노력하였으나, 그토록 갈구하던 진정한 학문적인 욕구를 충족시킬 수는 없었습니다.

그러던 중 지인의 소개로 대학원에 진학하게 되었고 이는 마른 사막의 샘물처럼 저에게 귀중한 경험이 되었습니다. 이제는 그 귀중한 2년의 세월에 마침표를 찍으려고 합니다.

그동안 부족한 저를 도와주신 분이 많았음에도 불구하고 일일이 찾아뵙고 감사드리지 못한 점을 지면을 통해 용서를 구합니다.

특히, 관심과 배려로 학문의 길을 이끌어 주신 지도 교수 신○○ 교수님께 진심으로 고개 숙여 감사드리며. 학기 수업 간 다양한 지식과 경험을 전해 주신 최○○ 교수님, 박○○ 교수님, 조○○ 교수님, 최○○ 교수님, 김○○ 교수님, 이○○ 교수님 등 토목환경공학과의 모든 교수님께 깊은 감사를 드립니다.

직장 생활 간 말단 사원으로서 바쁘고 눈치가 보인다는 핑계로 원우회 활동에 많은 참여를 못 했음에도 같이 이끌어 주시고 격려해 주신 저희 동기생 여러분에게도 감사를 드리며, 이후에도 현재와 같이 끈끈한 학우애를 유지하며 각자 맡은 분야에서도 성공적인 삶을 살아가길 기원합니다.

마지막으로 금년 9월에 태어나 이제 100일이 된 소중한 저의 아들 서준이와 항상 믿고 묵묵히 저를 내조해 준 세상에서 가장 아름다운 저의 아내 ○○에게 졸업이라는 결과로 조금이나마 은혜에 보답하게 되어 기쁘고 감사한 마음으로 이 논문을 바칩니다.

2009년 12월
박춘성

○ 인산인해, 판문점의 좌측 깜빡이

저의 대학원 석사 과정 동기는 총 9명입니다. 당연히 제가 가장 막내이고 저 외에는 모두 1960~68년생으로 다들 저보다 한참 형님들이십니다. 이분들 중에서 총무 역할을 자처하시는 유○○ 형님(포스코건설)이 주도하여 우리 석사 과정 동기들은 정기 모임을 결성하였습니다. 박○○ 형님(사업가)이 기막힌 아이디어를 내주셔서 우리의 모임 이름은 '인산인해'로 결정되었습니다. '인천대학교 산업 대학원으로 인해 만나게 된 사람들'이라는 뜻입니다.

그 이후 현재까지 십여 년째 모임이 유지되고 있으며 9명의 동기 중에서 저를 포함하여 5명이나 박사학위를 수여받았거나 현재 박사 과정 중에 있습니다. 야간 특수 대학원 출신으로 다른 기수 중에서는 이토록 많은 인원이 박사 과정까지 진학한 기수가 없습니다. 우리 기수에서만 유독 반 이상이 박사 과정까지 진학한 것입니다. 이 또한 사람 간의 영향력 때문인 것 같습니다. 이른바 '유유상종'과 일맥상통한다고 생각합니다.

아마도 제 영향이 가장 크지 않았나 싶습니다. 제가 박사 과정 진학을 고민하면서 누군가 같이 지원하면 좋겠다 싶어서 박○○ 형님(사업가)을 설득하였고, 그 결과로 여러 동기 형님들이 따라서 지원하게 되었는데 정말 송구하게도 저만 3년 만에 박사학위를 수여받고 먼저 졸업하게 되었습니다. 그래도 이 모임을 통해서 인간관계의 중요성을 다시 한번 느낄 수 있었습니다. 서로 추천해 주고 이끌어 주며 도와주는 과정을 통해 많은 것을 느끼고 배웠습니다.

사람이 혼자서 할 수 있는 것은 아무것도 없다고 생각합니다. 주변 사람들의 도움이 있어야만 안정적이고 성공적인 삶이 가능한 것입니다. 동기 형님들 중 한 분은 저랑 특히 깊은 인연이 있으신데, 바로 박○○ 형님(사업가)입니다.

그분은 학사 장교 출신이신데 제가 근무했던 제1보병사단 수색 대대에서 소대장을 했었다고 합니다. 그렇게 군대 시절 얘기를 꺼내다 보니 제가 근무할 당시 옆 부대의 행정보급관으로 계셔서 친하게 지냈던 왕○○ 상사님이 알고 보니 박○○ 형님의 소대장 시절에 부소대장(선임하사)이었다고 합니다.

그리고 제가 잘 아는 수색대대의 다른 부사관(상사, 원사) 모두 박○○ 형님도 잘 알고 계시는 관계였습니다. 참, 사람 인연이라는 게 언제, 어디서, 어떻게 연결될지 모르는 것입니다. 우리나라는 땅덩어리가 좁아서 한 다리만 건너면 다 아는 사람이라는 게 정말 맞는 것 같습니다.

그때 박○○ 형님이 수색대대 소대장이었을 때의 일화를 말씀해 주셨는데, 본인의 별명이 '판문점의 좌측 깜빡이'였다고 합니다. 그 이유가 그 형님이 수색대대에 부임하기 전에 똘끼(?) 충만한 전설적인 소대장이 한 명 있었는데, 그 소대장 별명이 '판문점 우측 깜빡이'였다고 합니다.

그 '우측 깜빡이' 소대장은 주로 판문점 우측 지역의 수색 및 매복을 담당했었는데 비무장지대(DMZ)에 수색 매복을 나가서 자기 멋대로 상부 통제를 따르지 않고 돌발행동을 하는 경우가 많아서 그러한 별명이 붙여졌다고 합니다. 그런데 대학원 동기이신 박○○ 형님은 어쩌다 '판문점 좌측 깜빡이'로 불리게 되었을까요?

듣고 보면 정말 별거 없습니다. 그냥 초임 소대장 시절에 비무장지대를 수색할 때, 길을 헤매서 계속 운전병에게 갈림길이 나올 때마다 좌측으로만 가라고 지시했다고 합니다. 운전병이 아무리 그쪽 길이 아니

새벽 4시, 꿈이 현실이 되는 시간

라고 알려줘도 본인 딴에는 초임 소대장이라 얕본다고 생각하고 무조
건 좌측으로만 가라고 했다는 것입니다. 그래서 병사들이 또 다른 똘
끼 충만한 소대장이 왔다며 '판문점의 좌측 깜빡이'라는 별명을 선사
해 주었다고 합니다.

[대학원 석사 과정 동기 모임 행사]

○ 건설 현장 공사 직원의 일상

현장마다 약간씩 다르게 운영될 수는 있겠지만, 제가 현대건설 현
장에서 공사 직원으로 근무할 적에는 거의 다음과 같은 일상으로 생
활하였습니다.

우선 4시에 기상하여 바로 출근하였습니다. 4시 반경에 사무실에
도착하면 자격증 공부 및 야간 대학 과제물 등의 새벽 공부를 하다가
6시 반이 조금 넘으면 직원들이 한두 명씩 출근하기 시작합니다. 그러
면 공부하던 것을 얼른 숨기고 마치 서류 작업을 하고 있었던 것처럼
해 놓고 인사를 드립니다. 그 당시에는 말단 직원이 사무실에서 공부
한다는 것 자체가 그다지 좋은 모습이 아니었거든요.

그렇게 출근하시는 고참분들께 인사를 드린 후 현장 구내식당(속칭

함바식당)에서 아침 식사를 하고 6시 45분경이 되면 업무 시작 전 안전 조회(체조)에 참여합니다. 안전조회 중에는 제 담당 공종의 투입 인원, 장비 및 주요 작업 사항 등을 개략적으로 파악합니다.

7시경 안전 조회가 끝나면 차량으로 현장 순회 점검을 수행합니다. 병원에서 의사들이 아침마다 회진을 도는 것과 같습니다. 토목 현장은 구역이 꽤 넓기에 차량이 없으면 현장을 다 둘러보기가 어렵습니다.

차량으로 주요 작업 구간별로 이동한 후 잠시 차에서 내려 세부 작업 현황 및 조회 때 확인했던 인원, 장비가 맞게 들어왔는지 등을 확인하고, 그날 감리단에 검측받을 사항에 대한 작업 진행 상태를 확인합니다. 일부 보완해야 할 사항이 있거나 전달 사항이 있으면 현장에서 협력사 직원과 작업반장님을 불러서 같이 잠시 스탠딩 회의를 통해 여러 의견을 나눕니다.

[일일 현장 점검]

현장의 공사 규모마다 조금씩 다르지만, 제가 근무했던 현장들 대부분은 공사 금액 1천억 원 이상의 대규모 현장들이어서 현장을 한 바퀴 돌아보는 것만으로도 약 2시간 정도가 지나갑니다.

현장에 특별한 일이 없다면 9시 정도에는 사무실로 복귀하여 그날

새벽 4시, 꿈이 현실이 되는 시간

검측받을 사항에 대해 설계도서를 다시 한번 검토하고, 제가 지시 내린 사항과 점검 간에 발견한 특이사항 등을 제 개인 업무 일지에 꼼꼼하게 기록합니다.

그다음으로는 발주처나 감리단으로 향합니다. 그들은 시공사와는 다르게 9시부터 근무가 시작되므로 그 시간에 맞춰서 아침 인사를 나누며 오늘 예정된 검측 등 주요 협업 사항에 대해 개략적인 시간 계획을 안내해 주고 서로 사전 의견들을 주고받습니다.

30분 정도를 소요하여 감리단 및 발주처와 협의를 끝내고 다시 사무실로 돌아와 시공 계획서나 시공 상세도, 보고서 작성 등의 서류 및 행정 업무를 수행하다가 11시 50분경 즈음에는 점심 식사를 시작합니다. 식후에 다른 직원들이 사무실의 등을 모두 꺼둔 채로 한가로이 낮잠을 즐길 때, 저는 컴퓨터 모니터 불빛에 의지해서 또 자격증 공부를 하거나 책을 읽습니다.

나중에 과장급 정도 짬밥을 먹은 이후에는 제 책상 위에 스탠드를 가져다 놓고 공부를 했지만, 그 이전에는 매우 눈치가 보여서 스탠드도 사용하지 못하고 오로지 컴퓨터 모니터 불빛에 의지하여 공부하였습니다. 아마도 이 또한 제 시력이 많이 나빠지는 데 큰 몫을 하지 않았나 싶습니다.

그렇게 13시가 되면 다시 아침과 동일하게 병원에서 의사가 회진을 돌듯이 현장 점검을 한 차례 더 수행하고 오전 작업 경과에 대한 확인 및 추가 작업 지시를 내립니다.

그리고 감리원과 함께 검측 업무를 수행합니다. 콘크리트 타설 등 중요 공종의 경우에는 부득이하게 현장에 상주하기도 하지만, 그런 중요한 현장 일이 없다면 다시 사무실로 들어가서 오전에 하던 내업(서류 및 행정 업무)을 수행합니다.

[일일 현장 점검]

17시경의 해 질 녘이 되면 마지막으로 현장을 다시 한번 돌아보며 작업 마무리 상태, 정리정돈 상태, 내일 주요 작업 계획 등을 파악하고 마지막 일과로 18시경이 되면 제가 담당하는 공종의 협력사 직원 또는 작업반장님을 개별적으로 사무실로 불러 그날의 현장을 점검하며 발견된 문제점 및 중요 전달 사항을 전파하고 명일 주요 작업 계획을 협의하고 난 뒤 기타 현안 사항에 대한 의견을 나눕니다.

그렇게 18시 반 정도가 되면 그날 주요 업무 현안 사항을 1장짜리 보고서로 축약 정리하여 제 직속상관인 공사팀장님께 서면 보고 드리고, 업무 관련된 동료 직원들에게 이메일로 공유합니다.

그 후에도 일이 많으면 야근을 하거나(통상 20시가 넘어서까지 야근을 했었습니다) 일이 없으면 퇴근을 합니다(일이 없어서 정시에 퇴근하는 경우는 거의 없습니다. 일은 하면 할수록 계속 늘어나니까요).

저는 여러 면에서 다른 공사 직원들과는 업무 스타일이 아주 달랐습니다. 특히 일일 서면 보고와 관련해서는 상관에게 매우 좋은 반응을 얻었습니다. 시키지도 않았는데 부하 직원이 매일 작업 경과 및 특이 사항을 한 장으로 요약 정리해 보고해 오니 상급자분들이 참으로 편해하셨습니다.

새벽 4시, 꿈이 현실이 되는 시간

그리고 당시에는 거의 매일같이 야근했습니다. 첫 현장에서는 당초 국내 토공 전문건설분야 시공 능력 순위 1위였던 협력사에 하도급을 주었는데, 공사 중에 손해가 크다며 중도 포기하는 바람에 약 1천만㎡의 대규모 토공사를 직영으로 시공하였습니다.

그런데 직영으로 시공하려면 직원을 충원해 줘야 하는데, 비용이 늘어난다고 직원을 충원해 주지는 않고 현장 관리하는 작업반장만 몇 명 충원해 주었습니다.

그렇기에 항상 낮에는 거의 현장에 상주하다가 현장 일이 끝난 밤에는 대개 20시까지는 야근을 했었습니다. 야간 대학원 수업에 가거나 회식이 있는 경우를 제외하고는 항상 야근했던 것으로 기억합니다.

이렇게 제 일상을 종합해 보면 평균적으로 4시에 집을 나와서 21시 정도에 귀가했습니다. 그러다 보니 저에게 있어서 집은 들어와서 씻고 잠만 자는 거의 여관 같은 기능밖에 없었습니다. 아마도 저뿐만 아니라 어지간한 우리나라 모든 건설사 직원들의 일상이 저보다 더 심하면 심했지, 편하지는 않았을 것입니다.

그런데도 회사를 때려치우지 못하는 것은 다른 회사로 옮기기도 어렵겠지만, 나름대로 그 삶에 익숙해져 버렸기 때문일 것입니다. 저 역시도 지방 객지 생활 및 야근, 휴일 출근 등을 마치 우리 건설 기술자들의 숙명인 양 받아들이고 살았던 것입니다.

○ 찬 바람 불어오는 가을이 되면 매번 돌관공사를

돌관이라는 용어는 '어떠한 관문을 돌파한다.'라는 의미로써 돌관공사라 함은 휴일 없이 철야 작업을 수행하는 공사를 뜻합니다. 제 경험상 대부분의 건설 현장은 희한하게도 찬 바람이 슬슬 불어오는 10월 정도가 되면 매년 돌관공사 분위기로 돌변하여 직원들이 엄청나게 스트레스를 받게 합니다. 그 이유를 보면 대개 비슷한 이유입니다.

관 발주 건설 공사는 대부분이 장기 계속 공사로서 발주처가 매해 연말에 다음 해의 예산을 책정하여 정부 기획재정부 등의 승인을 받아야 하기에 1월부터 바로 착공하기가 어렵습니다. 날도 매우 추운 시기이다 보니 대부분 2월 말이나 3월 초에 날이 조금 풀리면 그때부터 본격적으로 그해의 공사를 시작합니다.

[2008년, 연차 공사 착공 초기 안전 기원제 행사]

이때 대부분 감리단에서는 연초에 시공사의 군기(?)를 확실히 잡는다는 명목으로 설계도와 시방서를 오히려 과다 해석하여 필요 이상으로 매우 깐깐한 기준으로 관리하고는 합니다. 그러다 보니 대부분 시공사는 절대 공정을 계획대로 추진할 수가 없습니다. 왜냐하면, 시방서의 내용을 완벽하게 토씨 하나 안 틀리고 100% 준수하기는 현실적으로 불가능하기 때문입니다.

이해를 돕기 위해 비유하자면, 왕복 2차선 도로 양 갓길에 모두 평행 주차가 되어 있어서 차량 통행이 불가한 상황에서는 부득이 중앙

새벽 4시, 꿈이 현실이 되는 시간

선을 밟고 운전할 수밖에 없는데, 숨어서 지켜보고 있던 교통 경찰관이 "짜잔!" 하고 나타나 중앙선 침범에 대해 딱지를 끊는 것과 같은 것입니다.

이렇게 되니 일하기 좋은 3~5월의 따스한 봄날은 엄격한 관리 기준을 넘지 못하고 공정이 지지부진해집니다. 이후 6월에 들어서면 슬슬 비가 내리기 시작해서 7월이 되면 본격적인 장마철에 들어섭니다. 그리고 8월부터 9월까지는 폭염 문제도 있고 태풍도 내습하는 시기입니다.

그러다 보니 10월 즈음에 들어서서 슬슬 찬 바람이 불어오기 시작하면 감리단에서도 조금씩 애가 타기 시작합니다. 만약 공정이 지연되어 그해 책정된 예산을 다 소진하지 못하면 감리단은 물론이고 발주처도 상위 기관으로부터 관리 미흡에 대한 질책을 받을 수밖에 없습니다.

이제 추석이 지나 다시 일하기 좋은 본격적인 가을철이 되면 감리단도 발등에 불이 떨어진 것 마냥, 이때부터는 공정에 쫓겨 발주처, 감리단, 시공사 모두가 한마음 한뜻(?)이 되어 그해의 예산 소진을 위한 돌관공사에 돌입합니다.

가을에 열심히 일했음에도 워낙 봄, 여름에 일을 못 했다 보니 대부분이 공정 만회를 못 합니다. 그렇게 초겨울이 되어서 더는 공정 만회를 할 수 없다고 판단되면 시공사 입장에서는 면목이 없다 보니 어차피 달성하지 못할 것을 뻔히 알면서도 욕이라도 덜 듣기 위해 매일 밤 늦게까지 주말도 쉬지 않고 최대한 열심히 일하는 모습이라도 보여 주려고 합니다.

그렇게 또 돌관공사가 지속됩니다. 이제부터는 그해 연말까지 죽었다고 생각하고 강제적으로 직원들의 휴일도 반납시키고 퇴근도 시키지 않은 채 주야간 구분 없이 철야 작업을 강행합니다. 결국, 그러한 노력에도 불구하고 대부분의 현장은 그해의 목표를 달성하지 못합니다. 3~5월에 조금만 더 합리적으로 일을 했다면 이런 일이 없었을 텐데…. 희한하게도 매년 반복되는 현상입니다.

비록 그해의 목표를 100% 달성하지는 못했지만, 어쨌든 서류상으로라도 해당연도 공사 준공은 해야만 합니다. 만약 그렇게라도 안 하면 발주처와 감리단도 기관 평가 감점이나 공사 관리 미흡 등의 문제가 발생할 수 있기에, 비록 계획만큼은 미완료되었더라도 다음 해 1월까지는 시공사가 책임지고 완료하겠다는 시공사의 확약서 등을 제출받고 준공을 승인해 줍니다. 통상 가준공(임시준공)이라고 부르지만, 어찌 되었든 행정 서류상으로는 준공 승인이 완료된 것입니다.

그러다 보니 대부분의 시공사에서는 준공 승인을 받은 이후부터는 이제 더 이상 아쉬울 게 없습니다. 그러므로 급할 것도 없습니다. 비싼 투입비를 지불하면서 철야 및 휴일 작업 등의 돌관공사를 수행할 필요가 없기에 다시 투입을 줄이고 혹한의 날씨를 핑계 삼아서 여유 있게 천천히 잔공사를 진행합니다.

이에 감리단은 약속을 안 지키는 시공사를 다그치며 조속한 마무리를 독촉합니다. 하지만 시공사는 눈 하나 깜짝 안 합니다. 이미 행정적으로 준공 승인을 받았고 기성금도 다 받았습니다. 시공사는 아쉬울 게 없습니다. 천천히 사부작사부작 일합니다.

결국 감리단은 시공사의 행태가 매우 괘씸하지만, 이미 행정 처리가 끝나 준공을 되돌릴 방법이 없기에 속으로는 부글부글 끓으면서도 겉으로는 부드럽게 잘 마무리하게끔 지속해서 설득합니다. 하지만 속으로는 열불이 올라서 마음속으로 칼을 갈며 다짐합니다.

'시공사 개XX들…. 내년 차수 공사 때 두고 보자!'

그렇게 다시 새해의 3월이 되면 새로운 공사에 착수합니다. 그러면 감리단은 시공사에 복수(?)하기 위해서 매우 엄정한 설계 및 시방 규정 잣대를 들이대면서 까칠하게 관리를 합니다. 이런 과정이 매년 무한 반복됩니다. 악순환이 매년 계속되는 것입니다.

○ 법조계 변호사, 의료계 의사, 이공계 기술사

저는 2008년 3월경에 야간 대학원에 입학하였고, 주경야독으로 학업과 자격증 공부를 병행하여 2009년 가을에 토목 기사를 추가 취득하였습니다. 바야흐로 기사 자격증 5관왕이라는 기록을 달성한 것이었습니다.

제가 군대에서 첫 기사 등급인 측량 및 지형 공간 정보 기사를 취득하며 마음속으로 홀로 내걸었던 목표였습니다. 비록 장교 소대장들보다 가방끈은 짧지만, 경력과 자격증으로는 그들이 감히 쫓아올 수 없게끔 '초격차'를 벌려놓고 싶었습니다. 그런 목표를 세운 지 몇 년의 세월이 흘러 28살의 나이에 기사 5관왕을 달성하게 되었습니다.

그즈음이었습니다. 제가 토목 기사에 최종 합격한 그 며칠 동안에 있었던 일입니다. 제가 현대건설 현채 직원으로 입사 후 처음 모셨던 사수께서 토목 시공 기술사 자격증에 합격하셨습니다.

그분은 제가 처음 만났을 당시, 과장 말호봉으로서 공사(토목 시공) 업무를 보시다가 차장으로 승진하셨고, 이후 현장 공무팀장으로 보직이 변경되셨습니다. 그분은 공무팀장으로서 바쁜 업무를 수행하면서도 짬짬이 틈을 내어 수년째 기술사 공부를 계속해 오셨고 그 기나긴 인고의 시간을 겪은 뒤에 그 어렵다는 기술사 자격을 취득하신 것입니다.

앞서 언급했지만, 그때만 해도 저는 기술사나 박사는 저 같은 사람들과는 전혀 관계없는, 감히 쳐다보기도 힘든, 마치 다른 차원에 사는 사람들이나 취득할 수 있는 것이라고 생각하고 있었습니다. 그런데 그 어렵다는 기술사 자격증을 제가 지근거리에서 모시며 같이 일해 온 사수(공무팀장님)께서 합격한 것이었습니다.

그 일을 계기로 저의 인생 계획이 크게 변하게 되었습니다. 기사 자격증을 5개나 보유한 마당에 이제 더 이상의 기사 등급 자격증 취득은 의미가 없었습니다. 그래서 다음 목표를 그동안 전혀 꿈도 꾸지 못했던 토목 시공 기술사에 도전하는 것으로 결정했습니다.

토목 시공 기술사 공부 과정은 순탄치 않았습니다. 일단 공부해야 할 분량도 매우 많은 데다, 결정적으로 공부할 시간이 절대적으로 부족했습니다. 당시 현장 일은 핵심 토공 협력사가 손해가 크다며 공사를 포기하는 통에 그 핵심 공종(토공)을 현대건설이 직영으로 수행하느라 철야는 물론이고 주말도 없이 하루하루 매일 바쁘게 일했었습니다.

게다가 서류 작업은 또 왜 그리 많은지, 늦은 밤에는 현장 업무를 보느라 미처 정리하지 못한 서류(덤프트럭 운행일지, 검측서류 등)를 책상에 한가득 쌓아놓고 야근해야만 했습니다.

가끔 야근 업무가 많지 않을 때는 늦은 밤에 홀로 안전 교육장에 앉아서 1~2시간씩 기술사 공부를 하기도 했지만, 그런 호사스러운 시간은 그리 많이 주어지지 않았습니다. 그러다 보니 원만하게 집중하여 공부할 수 있는 유일한 시간은 오직 새벽 시간밖에 없었습니다. 이전에도 새벽 4시에 일어나 대학원 과제물을 준비하거나 학위 논문을 쓰는 등 이런저런 공부를 했었지만, 이번에는 모든 새벽 시간을 오직 기술사 공부에 투자했습니다.

외로운 시간들이었습니다. 회사 내의 동료들에게 조언을 구하자니 그들은 기술사는커녕 기사 자격증조차 없으면서 전혀 공부도 하지 않았고, 상급자분들에게 조언을 구하자니 "말단 기사가 건방지게 기술사를 공부한다."라는 뒷담화가 두려워서 차마 말하지 못했습니다.

현장 직원 중에서 유일한 기술사 보유자이신 제 사수 정○○ 공무팀 장님은 제가 조언을 여쭤보기에는 갭(짬밥) 차이가 좀 있었기에 감히 대놓고 조언을 구하기에는 어려움이 있었습니다.

혹여 직원들 사이에 제가 기술사를 공부한다는 소문이 나버리면 몇몇 고참은 "말단 현채 직원이 건방지게 벌써 기술사를 공부하냐?"라고 손가락질할 것이 뻔했기에 아무에게도 말하지 않고 혼자서 새벽마다 외로운 싸움을 했습니다.

기술사 학원도 다닐 수 없었습니다. 휴무가 일정치 않다 보니 휴일에 학원에 가는 것도 불가능했습니다. 하지만 다행히도 한 가지 방편이 있었는데, 회사에서 기술사 취득 장려를 위해 기술사 학원의 동영상 강의를 무료로 제공해 주었던 것입니다.

기술사 공부 중인 것을 직원들에게 안 들키려고 부단히도 노력했던 것 같습니다. 가끔 야근을 일찍 끝내고 안전 교육장에서 몰래 공부할 때도 다른 직원들에게 들킬까 봐 납작 엎드려 숨죽여가며 공부했었습니다. 그러다 두어 번 다른 직원들에게 들킨 적이 있었는데, 그냥 대학원 리포트를 쓰는 것이라고 요리조리 잘 둘러대었습니다.

2009년 11월부터 어렵게 기술사 공부를 시작하여 몇 개월이 지났을 때, 아직 실력이 한참 부족하지만 경험 삼아 2010년 2월에 기술사 시험에 응시했었습니다. 그 첫 시험에서 느낀 중압감은 실로 어마어마했습니다.

2월 혹한의 날씨에 시험장 교실에서 꽁꽁 언 손에 입김을 호호 불어가며, 손가락 감각이 무뎌지지 않게 하려고 수시로 비벼가며, 그렇게 400분 동안 답안지(A4용지) 46페이지를 논술 방식으로 써 내려 가는 것은 절대 쉬운 일이 아닙니다.

아침 9시부터 시작한 시험은 해가 질 무렵인 17시 20분이 되어서야 종료되었습니다. 손목이 얼얼하고 손가락에 힘이 모두 빠지는 등 정신이 하나도 없었습니다. 100분 동안 시험을 치르고, 20분 쉬고, 이 과정을 4번 반복하니 하루가 그냥 후딱 지나갔습니다.

기술사 시험은 논술식 답안지를 채점자가 일일이 모두 읽어 봐야 하는 채점 방식의 특성상 채점에 오랜 시간이 걸립니다. 그렇기에 시험을 치르고도 1개월이 훨씬 지나서야 시험 결과를 알 수 있습니다.

시험을 치르고 나서 한 달여의 기간 동안 결과를 기다리는 시간이 아주 지루하고 곤혹스러웠습니다. 지금껏 하던 대로 공부를 계속하자니 독학으로 공부해 온 제 공부 방향이 틀렸을 경우 허송세월만 보낸 것이 될까 봐 두려웠고, 그렇다고 공부를 안 하고 채점 때까지 마냥 기다리고 있기에는 학습 컨디션이 망가질 것만 같았습니다.

저는 기술사 학원에 다니지도 않았고 누군가에게 지도를 받지도 않았습니다. 그냥 동영상 강의 한 번 들은 것 외에는 홀로 독학했고 그러다 보니 과연 지금 제가 공부하는 방향이 올바른 방향인지, 틀린 방향인지를 전혀 가늠할 수가 없었습니다. '만약 제가 공부했던 방향이 틀린 방향이라면?' 이것을 한 달여 동안 멍청하게 계속 고민만 하고 있을 수는 없었습니다.

고심한 끝에 저보다 먼저 합격하신 정○○ 공무팀장님께 상의드려 보기로 했습니다. 팀장님께 상의드릴 좋은 기회가 오기를 기다렸고, 그러던 중 주말 휴일에 운 좋게 그 팀장님과 단둘이서 당직 근무를 하게 된 날이 있었습니다.

주말 아침에 출근하자마자 용기를 내어 제가 작성해 본 연습 답안지들을 들고 팀장님 자리로 갔습니다. 그리고 사실대로 그간의 기술사 공부 계기와 과정을 말씀드리며 혼자 공부하다 보니 도저히 감을 못

잡겠는데 제가 공부하고 있는 방향이 맞는지, 틀린지에 대한 의견을 좀 주십사 간곡히 부탁드렸습니다.

팀장님은 제 말을 듣고 약간 놀라시는 듯했습니다. 아마도 제가 이십 대의 어린 나이에 기술사 공부를 시작했다는 것에 놀라신 것 같습니다. 왜냐하면, 현대건설에 공채 정규직으로 입사한 제 또래의 직원들은 기술사에 대해 잘 알지 못해서 관심도 없었지만, 관심이 있다 하더라도 아직 최소 실무 경력 4년 조건이 안 되기에 기술사 응시가 불가했기 때문입니다.

이러한 경력 조건 등의 이유로 통상 삼십 대 중반에 과장~차장급 이상이 되어야 기술사에 관심을 가지기 시작합니다. 하지만 저는 군경력이 있었기에 2003년에 측량 기사를 취득한 후 4년 이상의 실무경력이 충분히 확보되어 있으므로 응시가 가능했던 것입니다.

공무팀장님은 우선 알겠다고 말씀하시며 제 연습 답안지를 건네받으셨습니다. 그리고 저는 현장 일이 바쁜 만큼 바로 현장에 나가 업무를 봤고, 저녁이 다 되어서 해 질 무렵에 사무실에 복귀했습니다.

사무실에 복귀하니 공무팀장님이 저를 부르셨습니다. 이에 공무팀장님 자리로 찾아뵈니 옆에 앉으라고 해 주시고 몇몇 말씀을 주셨습니다.

"박 기사. 잠깐 와 봐라. 이거 네가 직접 쓴 거 맞아?"

"네, 팀장님. 제가 연습했던 것들입니다."

"시험 시간에 맞게 책 안 보고 쓴 거야?"

"네, 실제 시험 보는 조건과 동일하게 작성했습니다."

"너 이번 시험에 응시했니?"

"네. 지난주에 시험은 봤는데… 도대체 감을 못 잡겠습니다."

"박 기사. 너… 이 정도 답안이면 합격하겠는데?"

"네?"

○ 박 기사에서 박 기술사로 업그레이드

정○○ 공무팀장님의 말에 저도 깜짝 놀랐지만, 기분은 매우 좋았습니다. 팀장님은 많은 칭찬을 해 주셨고 저는 가장 최근에 합격하신 분의 말이기에 어느 정도 신뢰성이 있다는 믿음을 가지고 지금까지 제가 홀로 독학으로 공부해 오던 방향이 틀리지 않았다는 생각에 매우 기뻤습니다. 그렇게 연이어 기술사 공부를 다시 했고 몇 주 후에 시험 결과가 발표되었습니다.

결과는 55.83점으로 합격선인 60점에 못 미치는 불합격이었습니다. 하지만 전 너무 기뻤습니다. 어차피 한번에 합격할 것이라는 생각도 안 했었고 학원 한 번 다니지 않는데 6개월 동안 독학한 결과로 이 정도 점수를 받은 것은 매우 고무적인 성과였기 때문입니다.

기쁜 마음에 더 열심히 공부했습니다. 제가 했던 공부 방향이 틀리지 않으니 이대로 지속한다면 다음번 시험은 합격할 자신이 있었습니다. 그렇게 2010년 5월에 두 번째 시험에 응시하였습니다.

두 번째 시험은 시험장의 분위기에 익숙해져서인지 매우 편하고 즐겁게 시험을 치렀습니다. 시험이 끝나고 스스로도 꽤 잘 썼다는 생각이 들었을 정도로 자신이 있었습니다.

온라인상에서 기 합격자들의 고견을 들어보고자 답안지를 복기하여 인터넷 카페 등에 올려서 다른 이들의 반응을 살펴봤는데, 많은 분이 긍정적인 평가를 해 주셔서 또 한 번 합격 예감을 느낄 수 있었습니다.

그리고 실제로 그 시험 결과는 62점으로 당당히 합격하게 되었습니다. 그 합격 발표 날이 지금도 선명하게 기억납니다.

장마철이 한창인 7월의 첫 번째 주였습니다. 저는 그날 아침에도 현장에서 직영공사 작업 상태 확인 업무를 하다가 급작스레 폭우가 쏟아져서 비에 쫄딱 젖은 상태로 공사 부지 내 가설 창고 처마(캐노피) 밑에 서서 비를 피하고 있었습니다. 그러다 9시 정각이 되자 '딩동' 하며 산업인력공단의 결과 발표 안내 문자 메시지를 받았습니다.

"축하합니다. 귀하께서는 제91회 기술사 시험에 합격하셨습니다."

그 순간의 기쁨이란…. 군대를 전역했을 때보다 더 기뻤던 것 같습니다. 하늘을 날아갈 듯이 기뻤습니다. 폭우가 내리는 와중에도 저는 너무 기뻐서 빗속을 미친놈처럼 두 팔을 벌리고 뛰어다니며 폴짝거렸습니다. 마치 오래전의 영화에서 빗속에서 노래를 부르며 춤추는 장면과 같이 절로 노래와 춤이 흘러나왔습니다.

저는 너무 기뻤지만, 사무실에는 절대 말할 수 없었습니다. 사무실에서 자랑했다가는 기술사가 없으신 소장님 및 공사부장님 등 다른 직원들의 시기와 질투가 뻔했기 때문입니다.

특히 그 당시 제 직속 맞고참이었던 공사팀의 ○○○ 대리님은 평소에 저를 굉장히 못마땅하게 생각하고 계셨던 분이셨기에 그분의 갈굼이 가장 크게 걱정되었습니다.

그 ○○○ 대리님은 마흔이 넘은 나이로 전문대졸에 자격증 하나 없으셔서 진급이 계속 안 되셨습니다. 제 기억으로는 제가 존경하는 첫 사수였던 정○○ 공무팀장님보다도 나이가 한 살 더 많으신 것으로 기억합니다.

그런 와중에 정규직인 본인보다 까마득한 아래에 있는 한낱 현채 직원인 제가 현장에 와서 지적 기사, 토목 기사를 추가로 취득하여 5개의 기사 자격을 보유하게 되었고, 또 독학으로 학사학위는 물론이고 대학원 석사학위까지 취득했으니, 정규직인 본인의 입장에서 자존심이 상하셨는지 저를 눈엣가시처럼 얄미워했던 것 같습니다.

사무실에서는 절대 좋아하는 티를 낼 수 없음을 잘 알기에 그냥 밖에서 비를 맞으며 혼자 미친 듯이 웃었고, 한참을 웃어서 지칠 즈음에야 비에 쫄딱 젖은 상태로 사무실에 들어갔습니다. 그리고 사무실에서는 아무 일 없는 척 입을 꾹 다물고 일상 업무를 봤습니다.

그러다 잠시 업무 협의차 품질 시험실에 들렀는데, 마침 저랑 친하게 지내던 품질 실장님이 제가 기술사 시험에 몰래 응시했던 것을 기억하고 계시다가 저에게 시험 결과를 물어보셨습니다. 품질 실장님이 물어보시기에 저는 가급적 티를 안 내고자 잘 모르겠다고 두루뭉술하게 넘기려 했는데, 본인이 직접 확인해 주겠다며 합격자 발표 콜센터로 전화를 걸었습니다. 그리고 제게 재차 수험 번호를 물어보셨습니다.

몇 번의 거절 끝에 어쩔 수 없이 지니고 있던 수험표를 보여드렸습니다. 그리고 수험번호를 버튼으로 입력하고 내용을 들으시더니 스피커폰으로 제게도 들려주시며 본인 일처럼 기뻐하며 축하해 주셨습니다. 그리고는 저의 만류에도 불구하고 그대로 메인 사무실로 달려가 사무실 사람들에게 저의 합격 소식을 대신 알려주었습니다. 그것도 엄청나게 큰 목소리로….

[2010년 8월, 기술사 최종 합격 후 현장에서]

저는 너무 민망하고 눈치가 보여서 차마 사무실에 들어가지 못하고 품질 시험실에서 죽치고 앉아 있었습니다. 잠시 후 품질 실장님이 다시 품질실로 건너와 공무팀장님이 찾는다며 제 팔을 붙들고 메인 사무실로 데리고 갔습니다. 메인 사무실에 들어서는 순간, 공무팀장님을 비롯한 다른 직원들이 여기저기서 축하의 말을 건네주었습니다. 숨기려고 했지만, 이왕 알려진 거 어쩔 수 없이 감사하다는 인사를 드리며 공무팀장님을 뵈러 들어갔습니다.

그러나 제 예상대로 제 맞고참인 공사 대리님은 축하한다는 말씀이 전혀 없으셨고 오히려 인상을 찌푸리고 계시다가 저를 보더니 현장에 나간다며 그냥 나가버리셨습니다. 역시나 우려했던 대로였습니다. 그 공사대리님은 현장이 준공되어 헤어지는 그 날까지 절대 축하한다는 말 한 번 없으셨습니다. 그때에는 그분을 이해할 수 없었습니다. 대체 제가 뭘 잘못했기에 저리도 못마땅해하시는지?

하지만 불혹의 나이가 된 지금에서야 돌이켜보면 무조건 제가 처신을 잘못한 것으로 생각합니다. 직장이라는 조직 사회에서는 하급자가 상급자보다 잘난 것만으로도 괘씸죄가 성립되는데…. 제가 더 겸손했어야 했고 어찌 되었든 제 직속상관이니만큼 비굴하더라도 제가 그분의 기분을 맞춰드리며 그분의 감정이 상하지 않게 해야 했는데, 당시에는 제가 융통성 있게 잘하지 못했던 것 같아서 후회됩니다.

○ 대기업 정규직이라고 다 일 잘하는 것은 아니더라

군 전역 후 사회로 복귀하여 힘겹게 대기업 현채직이 되었을 때, 대기업의 정규직들은 모두 어마어마한 실력을 갖추고 있으리라 생각했었습니다. 그런데 막상 한두 해를 겪어 보니 정규직이지만 전혀 실력 없는 분들도 있다는 것을 알게 되었습니다.

예전에도 몇 번 그런 느낌을 받은 적이 있었는데, 군 복무 시에 '저런 것도 장교랍시고…'라고 느꼈던 감정들을 현대건설이라는 민간 대기업에서도 여러 번 느낄 수 있었습니다. 업무 처리 능력도 안 되면서 어깨에 힘만 잔뜩 주고 다니시는… 뭐, 그런 분들이 꽤 있었습니다.

기억에 남는 어떤 한 분은 당시 사십 대 초반의 젊은 나이임에도 컴퓨터를 전혀 사용할 줄 모르셨습니다. 항상 컴퓨터가 켜져는 있는데 화면을 보면 엑셀 프로그램의 빈 시트 양식이 띄워져 있거나 아니면 일기예보가 띄워져 있었습니다. 언제 봐도 항상 에누리 없이 똑같이 이 두 개의 화면 중 하나였습니다. 그분이 컴퓨터로 할 줄 아는 것이라고는 일기예보를 보는 것 외에는 아무것도 없으셨던 것입니다. 캐드, 파워포인트 등은 물론이고 심지어 아주 기본적인 문서 작성 프로그램(HWP)조차 다루지 못하셨습니다. 그러나 그분은 일 욕심은 꽤 많

새벽 4시, 꿈이 현실이 되는 시간

으셨습니다.

현장에서 협력사 및 근로자에게 생각 없이 잘못된 지시를 내려 여기저기 일을 벌이시곤 하셨고, 본인이 해결할 능력도 없는데 위에 보고하자니 욕을 먹을까 봐 두려워 혼자 끙끙 앓고 있다가 결국 일이 곪을 대로 곪아서 폭탄처럼 터지고….

제가 현채 직원으로 입사한 지 얼마 안 되었을 때 그런 분들이 정직원이라고 어깨에 힘주고 다니며 현채 직원들을 무시하고 다니는 모습을 봤습니다. 저 역시도 그분들에게 많이 무시당했으며 그러한 연유로 민간 대기업의 인사 시스템도 그리 완벽하고 공정하지 않다는 것을 어린 나이에 새삼 깨우치게 되었습니다.

참 희한하고 신기한 일입니다. 어디를 가더라도 이런 사람이 한두 명씩은 꼭 있습니다. 업무 능력은 부족한데 의욕과 열정은 넘쳐나서 불필요한 일을 많이 만들어내는 사람들. 이런 직원이 하급자이면 상급자가 적절히 업무 분배를 다시 하는 등의 조치를 취하면 그런대로 커버가 되는데, 반대로 이런 직원이 상급자라면 밑의 부하 직원들은 엄청난 스트레스를 받을 수밖에 없습니다.

본인 및 그 예하 조직이 감당할 수 있는 범위 내에서 일을 받아 와야 하는데, 욕심은 많고, 자존심은 세고, 업무 능력 및 공감 능력은 떨어지니… 같은 부서원 모두가 힘들 수밖에 없습니다.

○ 토목 시공 기술사 취득으로 승진

2007년 5월에 현장채용 계약직으로 현대건설에 입사하여 그해 여름에 지적 기사 자격을 추가 취득하고, 2008년에는 야간 대학원 석사과정에 입학하였으며, 2009년에는 토목 기사 자격을 추가 취득하고, 2010년 2월에는 2년간의 대학원 과정을 마치고 석사학위를 수여받았으며, 같은 해 8월에는 모든 기술자의 최종 목표이자 저 역시도 꿈에 그리던 토목 시공 기술사를 취득하였습니다. 참으로 숨 가쁘게 달려온 나날들이었습니다.

기술사 시험은 운이 좋았는지 1차 논술 시험은 두 번째에 합격했고, 2차 구술 면접시험은 단 한 번 만에 합격하였습니다. 최종 합격 발표 후 산업인력공단에서 자격 수첩을 발급받아 오던 날은 정말 꿈을 꾸는 것만 같았습니다. 동료 현장 직원 중에서도 몇몇 시기와 질투가 있기는 했지만, 대부분 매우 축하해 주며 격려해 주셨습니다.

기술사 합격 직후 몇 가지 웃긴 일들이 있었는데, 현대건설의 본사 및 타 현장의 높으신 분들이 저를 의심의 눈으로 보시기도 했었습니다.

말단 현채 계약직인 제가 알 만한 분들이 아니어서 제가 직접 들은 적은 없지만, 현장소장님과 공무팀장님께서는 저에 대한 여러 가지 의심을 제기 받으셨다고 합니다.

그 의심 내용은 대부분이 다음과 같았습니다. 굴지의 명문대를 졸업하고 현대건설에 정규직으로 입사하여 실무 경력이 10년 이상 된 직원들도 합격하기 어려운 기술사를 어떻게 공고 출신의 이십 대의 현채 계약직이 취득할 수 있냐는 것이었습니다.

그래서 이를 두고 몇몇 음모론자(?)분들은 다음과 같은 가설을 세웠다고 합니다. 제가 우리 현장과 관련된 구청장이나 경찰서장, 소방서장

새벽 4시, 꿈이 현실이 되는 시간

등 지역 유력 인사의 친인척이고, 그들의 청탁으로 저를 현채직으로 이름만 걸어 놓고, 실제로는 출근하지 않은 채 몇 년간 기술사 공부만 해 왔다는 이른바 '박춘성 금수저 음모론'이었습니다.

이런 오해 때문에 제가 최종 합격한 직후에 공무팀장님은 여기저기에서 걸려오는 진실을 묻는 전화에 그런 게 아니라고 답변하느라 시간을 좀 뺏기셨다고 들었습니다. 이러한 웃기지도 않은 검증 과정을 통해서 제가 소위 '빽' 하나 없는 완전한 흙수저 출신이라는 것이 밝혀졌음에도 그즈음 본사에서는 또 다른 마찰이 발생했습니다.

당시 회사 취업 규칙(내규)상 기술사에 최종 합격한 직원에게는 사장님이 주관하는 월례 조회에서 표창장과 300만 원의 포상금을 수여하는 제도가 있었습니다. 제가 속한 토목 사업 본부에서는 당연히 저에게도 똑같이 표창장과 포상금을 주어야 한다는 입장이었으나, 인사실의 입장은 달랐습니다. 취업 규칙(내규)은 정규직 및 프로젝트 계약직에게만 해당되는 규정이기에 현채 계약직은 이 규정이 적용되지 않는다는 것이 인사실의 입장이었던 것입니다.

결과적으로는 감사하게도 본사 토목 사업 본부에서 어찌어찌 잘 협의해 주시어 비록 현채 직원이었지만, 저도 표창장 및 포상금을 수여받기로 결정이 되었습니다. 그래서 저는 2010년 9월 1일에 현대건설 본사 대강당에서 모든 본사 임직원을 모아놓고 거창하게 진행되는 월례 조회에 참석하여, 본사 임직원들의 박수를 받으며 사장님 앞에 서서 표창장과 포상금을 수여받을 수 있었습니다. 현대건설 현채 계약직 입사 3년 만에 처음으로 가 보는 본사였으며, 사장님은 물론 토목 사업 본부장님 등 주요 경영층분들도 처음 뵙고 인사를 드리게 되었습니다.

월례 조회 행사 중 기억에 남는 일이 하나 있는데, 표창장에는 제 직급이 정규직을 뜻하는 '사원'이라고 쓰여 있었습니다. 아마도 인사실 내부적으로도 사장님 앞에서 행사하는데 '현채 직원'이라고 소개하기에는 좀 불편했는지(?) '사원'이라는 표현을 사용한 것 같습니다.

[2010년 9월 1일, 토목 시공 기술사 합격 후 본사에서 표창장 수여]

　생전 처음 가 본 현대건설 본사에서 아침에는 월례 조회에 참석하여 포상 행사를 했고, 이후에는 토목 사업 본부에서 본부장(부사장)님께 인사를 드려야 한다고 하여 한참을 대기하고 있었습니다.

　오랫동안 기다린 끝에 토목 사업 본부의 최선임 팀장이신 기획팀장님의 안내를 받아 본부장실에 들어갔고 거기서 마치 군대에 전입 온 간부가 고급 지휘관에게 전입 신고를 하듯이 아주 형식적으로 간단하게 축하한다는 말을 듣고 나왔습니다. 그 자리에서 본부장님은 저와 악수하며 옆의 기획팀장님에게 이런 질문을 하셨습니다.

　"사원이 어떻게 기술사를 취득하나? 경력 조건이 안 되잖아?"

　아마도 본부장님 역시도 제가 기술사를 취득하였다기에 저를 현채 직원이 아닌 정규직으로 잘못 알고 계셨던 것 같습니다. 제가 뭐라고 대답해야 할지 몰라서 버벅거리고 있으니 기획팀장님께서 대신 답변해 주었습니다.

"사실은 정규직이 아니라 현채라서 경력 조건은 해당됩니다."

답변을 들으신 본부장님은 이어서 말씀하셨습니다.

"이봐, 유 부장(당시 기획팀장). 명색이 기술사인데 현채 직원은 좀 그렇지 않아? 거, 있잖아? 프로젝트(PJT) 계약직. 뭐, 이런 거? 한번 알아봐봐."

본부장님의 이 한마디 말씀에 그 후 토목 사업 본부에서는 공식적으로 인사실과 협의를 진행하였고, 약간의 실랑이 끝에 운 좋게도 저는 그다음 달인 10월 1일부로 현장채용 계약직으로 입사한 지 3년 5개월 만에 프로젝트(PJT) 계약직으로 승진할 수 있었습니다.

이렇게 프로젝트 계약직으로 전환됨과 동시에 월급이 근 2배 인상되는 기쁨도 맛볼 수 있었습니다. 현채직이었을 때에는 월평균 270만 원 정도의 급여를 받았었는데, PJT가 되고 나니 기술사 자격 수당 30만 원까지 포함하여 월평균 450만 원으로 급여가 확 뛰어올랐습니다.

역시 저희 같은 기술직에게 있어서 최고의 투자는 자기계발입니다. 꾸준한 자기계발만이 이 험난한 삶 속에서 저에게 기회를 주는 성공의 열쇠였습니다.

○ 기술사 취득 후 진로 고민

PJT 계약직으로 전환된 이후에는 연봉이 2배 가까이 확 올라서 다른 회사로의 이직 따위는 생각할 필요 없이 현대건설에서 더 열심히 근무하여 정규직이 되고자 노력했습니다. 그러나 현채 직원 때는 몇 번의 이직을 고민하기도 했었습니다. 특히 토목 시공 기술사 합격 발표 후 PJT 계약직으로 전환되기 전까지의 시간 중에 이러한 유혹이 몇 번 있었습니다. 그중에서도 대표적인 사례가 당시 현대엠코(현재 현대엔지니어링)의 정규직으로 이직할 뻔했던 사례입니다.

현대건설 입사 전 측량 하도급 업체 직원이었던 저를 좋게 봐주시고 현대건설 현채직으로 채용되도록 추천해 주신 당시 김○○ 공사팀장님께서 제가 현채직에 채용될 즈음에는 명예퇴직으로 회사를 떠나셨고 그 후 현대제철에 부장 직급으로 이직하셨습니다. 당시 현대제철에서는 당진에 대규모의 제철소 시설을 확충 중이었고, 김○○ 부장님은 경력을 잘 활용해 당진 제철소 토목 공사 총괄 감독 직책으로 현대제철에서 근무하고 계셨던 것입니다.

김○○ 부장님과는 자주는 아니어도 매년 두어 번 정도 안부 인사를 드리고는 했었는데, 제가 토목 시공 기술사에 합격했을 때에도 너무 기뻐서 또 김○○ 부장님께 전화 걸어 좋은 가르침을 주신 것에 대해 감사 인사를 드렸었습니다.

그때 김○○ 부장님은 저의 기술사 합격 소식을 매우 축하해 주시며 제게 좋은 제안을 하나 해 주셨습니다. 본인이 감독하고 있는 당진 제철소 현장의 시공사인 현대엠코에서 대리급 토목 경력 직원을 채용하려는데, 본인이 현장소장 및 담당 중역에게 말해둘 테니 며칠 후 채용 공고가 올라오거든 서류 지원 후 접수 번호만 알려달라는 것이었습니다.

고민이 좀 되었지만, 그때 저는 현대건설 내에서 현채 직원으로서 아직 PJT 계약직으로의 직군 전환에 대한 언급이 없던 상황이었습니다. 오래 고민할 게 아니었습니다.

당시 현대엠코는 비록 현대건설만큼 아주 큰 대기업은 아니었어도 도급 순위 20위권의 상당히 규모 있는 신생 건설사였고, 무엇보다도 재계 서열 2위인 현대자동차 그룹의 계열사라는 점과 정규직 대리 직급이라는 게 가장 큰 메리트였습니다.

게다가 제 첫 사수였던 정○○ 공무팀장님께도 김○○ 부장님이 직접 전화하셔서 저를 본인이 엠코 정규직으로 데려가겠다는 말씀까지 미리 다 해두셨습니다. 저로서는 전혀 고민할 필요 없이 그냥 지원서 작성 후 접수 번호만 알려드리면 되는 것이었습니다.

그 김○○ 부장님은 제게 정말 은인 같으신 분입니다. 저는 그분 덕분에 현대건설에 현채직으로 입사하게 되었고, 이를 바탕으로 훌륭하신 선배님들의 가르침을 받게 되어 나중에는 현대건설 정규직으로까지 전환되었으니, 이 모든 게 다 김○○ 부장님 덕분이라 할 수 있겠습니다. 한가한 밤에 컴퓨터 앞에 앉아서 정성껏 경력직 입사 지원서를 작성하였습니다. 그리고 지원서 작성 완료 후 제 수험 번호를 김○○ 부장님께 알려드렸습니다.

거의 확정적이라는 말에 너무 설레었고 저는 일사천리로 와이프와 상의하여 당진으로 이사할 계획까지 세웠습니다. 마침 당진에 손위 처남 가족이 살고 있어서 주말에 처남댁에 놀러 가 당진의 거주 지역을 다 훑어보기도 했습니다. 그렇게 몇 주가 흘러갔고 엠코의 서류 전형 합격자 발표일이 되었습니다. 그런데 이게 웬일인가요? 서류 심사에서부터 불합격이었습니다. 매우 당황스러웠습니다. 저도 당황스러운데, 호언장담했던 김○○ 부장님은 얼마나 더 당황스러우셨을지… 그래서 일부러 연락을 안 드렸습니다.

그분께서 민망해하실 것 같아서 그냥 없던 일로 생각하고 다시 현대건설에서 열심히 근무하기로 마음먹었습니다. 또 그때는 현채에서 PJT 계약직으로 직군 전환 이야기가 흘러나오던 중이었기에 PJT만 된

다면 신생 기업인 엠코보다는 굴지의 건설 명가인 현대건설이 더 괜찮
다고 생각하던 중이었습니다.

그렇게 몇 주가 더 지나서야 현대제철의 김○○ 부장님이 연락을 주
셨습니다. 본인이 그렇게 확정적으로 말해 놓고도 잘 안되었기에 어른
으로서 민망하고 미안해서 차마 연락을 못 주었다는 것이었습니다.

김○○ 부장님도 서류 전형에서 제가 탈락한 것을 알고서 매우 당황
해서 시공사(엠코) 현장소장에게 물어보셨답니다. 그 소장님 말로는 담
당 중역이 저를 뽑아주려고 애를 썼으나, 경영진(사장단) 차원에서 서
류 전형은 서울 소재 상위 10개 대학 출신만 합격시키라는 일명 '필터
링 지시'가 내려와서 부득이하게 정규 대학 출신이 아닌 저는 필터링
에 의해서 자기소개서 한 번 읽히지 않은 채로 서류 탈락하였던 것이
라고 합니다.

그 부장님은 너무 미안해하며 제게 또 다른 제안을 해 주셨습니다.
본인이 어른으로서 약속을 못 지킨 것이 정말 미안하다며 다른 정규
직 자리라도 소개해 주려고 알아봤고, 그러다 보니 이렇게 연락이 좀
늦은 것이라고 하셨습니다. 그분이 새로 알아보신 자리는 대보건설의
정규직 대리였습니다.

대보건설도 역사가 깊은 1군 건설사이지만, 회사 규모나 급여 측면
에서는 현대건설 PJT 계약직보다는 못한 조건이었기에 신경 써 주신
것에 감사하다는 말씀을 드리며 정중히 거절했습니다. 얼마 후 저는
현대건설 현채 계약직에서 PJT 계약직으로 전환되었고, 그 현장 준공
때까지 끝까지 남아있게 되어, 2006년 10월부터 시작해 2011년 7월까
지 근 5년간 착공부터 준공까지의 모든 업무를 경험했습니다.

공사 담당 직원들은 착공과 준공을 모두 경험하는 사례가 드뭅니
다. 대부분 현장의 공사 직원은 착공 개시 후에 투입되어 본 공사가

얼추 완료되면 준공 이전에 미리 다른 현장으로 전출을 갑니다. 그렇기에 착공부터 준공까지 모든 과정을 겪어본 경험은 공사 직원으로서 매우 드문 경험인 것입니다. 저는 이때의 소중한 경험이 향후 다른 현장에서도 각종 착공 및 준공 서류 준비 등 여러 업무에 매우 큰 도움이 되었습니다.

현장 말미 즈음에 제 첫 사수였던 정○○ 공무팀장님과 면담을 했던 적이 있습니다. 이제 현장은 끝나가는 중이었는데 저는 아직 PJT 계약직으로 현재로서는 정규직 전환은 어려울 것 같기에 이 현장이 끝난 이후 어찌하면 좋을지 상의드리고자 했었던 것입니다. 그때 정○○ 팀장님은 다음과 같이 말씀해 주셨습니다.

"박 기사. 이제는 우리가 너의 진로를 결정해 주는 게 아니야. 네가 스스로 결정해야 해. 너는 여기 현장 처음에 왔을 때의 박 기사가 아니야. 기술사에 석사학위까지 있잖아? 네가 원하면 어디든지 더 좋은 데로 갈 수도 있을 테니 네가 비록 PJT 계약직이지만 여기 현대건설에 더 있을지, 아니면 다른 회사에 정규직으로 옮길지는 네가 결정해야 해."

명쾌한 답변이었습니다. 그래서 저 역시 잠시 짧게 고민하고 답변을 드렸습니다.

"부장님. 기회를 주신다면 비록 정규직이 아니더라도 현대건설에서 더 많은 업무 경험을 해 보고 싶습니다. 부장님 말씀처럼 다른 중견 회사로 옮기려면 옮길 수 있겠지만, 여기 현대건설처럼 큰 대규모 프로젝트 경험을 쌓을 수는 없다고 생각합니다. 그러니 다음 현장도 규모 있고 배울 것이 많은 큰 현장으로 배정해 주시면 감사하겠습니다."

[2011년, 현대건설에서의 첫 번째 현장이 끝날 즈음에]

○ 나는 항상 새벽 4시에 일어난다

저는 항상 새벽 4시에 일어납니다. 어느덧 이 습관을 들인 지도 13
년째입니다. 처음 이 습관을 시작하게 된 계기는 대기업 현채 계약직
으로 근무하면서 몇몇 정규직 직원이 일도 안 하고 저보다도 토목에
대해서도 잘 모르면서 정직원이라는 감투만으로 제 월급의 2배 이상
되는 금액을 받아 가는 것을 보면서 속 쓰리고 부러워서였습니다.

최소한 그분들이 저에게 틀린 것을 지시하면 "그건 틀린 것이다."라
고 당당하게 알려 주고 싶었기에 그때부터 새벽 4시에 일어나 토목 기
사 등 각종 자격증 공부를 하게 되었던 것입니다.

애초의 목표는 단순히 토목 기사 취득이었습니다. 당시 저는 기사
자격증 4개를 보유하고 있었지만 토목 기사는 아직 없었습니다. 토목
건설 현장에서 일하고 있고 명색이 토목공학 전공 공학사인데도 토목
기사가 없다는 게 창피하기도 했고, 위에 언급한 농땡이 피우는 정규
직 분은 토목 기사는커녕 기능사 자격증조차 없었기에 그분과의 언쟁
에서 이기려면 반드시 토목 기사는 있어야 한다고 생각했습니다.

그러나 현실적으로 건설 현장의 분위기는 계약직 말단 기사에게 공

새벽 4시, 꿈이 현실이 되는 시간

부할 수 있는 여유를 주지 않았습니다. 그래서 부득이하게 선택한 방법이 모두가 잠든 새벽 시간에 잠을 덜 자는 것뿐이었습니다.

이렇게 시작된 새벽 4시 공부가 계속 이어져서 토목 기사 취득은 물론이고 시공 기술사, 안전 기술사, 품질 기술사, 항만 기술사까지 이어졌고, 또한 학업의 병행에도 도움을 주어 석사학위를 넘어 박사학위까지 취득하도록 만들어 주었습니다. 물론 제가 이만큼 발전하는 동안 위에 언급한 그분들은 계속 무자격자인 채로 남아있었습니다. 현재까지도⋯.

결국, 그분들은 나이는 많은데 승진이 많이 누락되다 보니 3년 전에 명예퇴직을 당하셨고 지금은 뭐 하시는지는 모르지만 가끔 소문으로 듣기에는 조그마한 지역 건설 업체에 재취업하여 이전보다 더 고달픈 삶을 살고 계신다고 들었습니다.

반면에 저 역시 회사를 퇴사한 것은 동일하지만, 저는 더 안정적으로 가정과 일을 병행할 수 있는 조건을 찾아서 자의에 의해 제 발로 회사를 나왔으며, 회사를 떠난 지 3년 차인 현재는 예전에 현대건설에서 근무할 당시보다 소득은 3배 이상 늘었고 업무 시간은 3배 이상 줄어들어 매우 여유 있고 경제적으로도 안정된 삶을 살고 있습니다.

저는 저에게 이러한 많은 변화와 기회를 안겨준 새벽 4시의 마법에서 아마도 평생 헤어 나오지 못할 것 같습니다.

○ 안전 관리자 선임, 정통해야 따른다

첫 현장의 당초 계획된 공사 기간은 2010년 11월까지였습니다. 공기를 준수하기 위해 말미의 한 반년 정도는 돌관공사(관문을 돌파한다는 뜻으로 휴무 없이 철야 작업을 하는 것)를 하게 되어 주말은 당연히 없었고, 철야 작업까지 해 가며 어찌어찌 간신히 공기를 준수할 수 있었습니다.

본 공사가 얼추 완료되자 많은 현장 직원이 다른 현장으로 전출 갔습니다. 제가 속해 있던 공사 부서는 말미에 저 혼자만 남게 되고 모두 다른 현장으로 옮겨 갔으며, 측량, 품질, 안전 부서의 직원들도 공정 만료로 모두 철수하였습니다. 현장 청산을 위한 관리 부서 및 공무 부서 외에 실제로 현장 필드를 관리할 수 있는 사람은 오직 저 하나만 남게 된 것입니다.

그렇게 준공에 따른 인원 정리를 끝낼 즈음 발주처에서 긴급한 협의가 들어왔습니다. 자세한 내용은 공개하기 어렵지만, 순전히 발주처 측의 내부 사유로 급작스레 2011년 7월까지 약 8개월간 공기를 연장해 달라는 내용이었습니다. 참 난감한 상황이었습니다. 현장 인력이 모두 철수했는데 공기 연장이라니? 게다가 법정 필수 인력인 안전 관리자와 품질 관리자조차 다른 현장으로 전출 가고 비어 있는 상태였습니다. 그렇다고 추가로 다시 인원을 충원할 수도 없는 노릇이고….

소장님은 본사와의 논의 끝에 발주처와의 원만한 관계 유지를 위해 어쩔 수 없이 발주처의 요청에 따르기로 하였습니다. 품질 관리자는 현장 대리인이 겸직이 가능하니 당시 현장 대리인으로 선임되어 있던 정○○ 공무팀장님을 품질관리자로 선임하였고, 안전 관리자는 제가 건설 안전 기사 자격을 보유하고 있으므로 저를 안전 관리자로 선임하여 관할 노동청에 선임계를 제출하였습니다. 이런 연유로 근 1년 동안은 현장 청산을 위한 공무 업무는 물론, 추가 발주된 토공사의 시공 업무, 그리고 안전 관리자로서 「산업안전보건법」에 명시된 안전업무까지… 저 혼자 동시다발적으로 다양한 업무를 수행하게 되었습니다.

제가 비록 건설 안전 기사 자격증이 있다지만, 실무 경험이 없기에

새벽 4시, 꿈이 현실이 되는 시간

전반적인 안전 업무가 모두 생소한 것이었습니다. 특히 가장 기본이 되는 「산업안전보건법」과 관련해서도 모르는 게 너무도 많았고, 아는 것도 2006년에 기사 자격 취득 후 한 번도 실무를 접해 보지 않아서 하나도 기억이 나질 않았습니다.

그렇기에 안전 관리자로서 업무를 보기 위해서 부득이하게 다시 공부해야만 했고, 「산업안전보건법」부터 다시 보기 시작했습니다. 그러다 보니 자연스레 건설 안전 기술사 자격증에 관해서 관심을 가지게 되었습니다. 대충 건설 안전 기술사의 과년도 기출문제들을 훑어보니, 이게 웬일인가요? 토목 시공 기술사 기출 문제와 한 70% 이상이 중첩되는 것 아닙니까!

지금 당장 시험을 봐도 일부 어려운 문제 외에는 답안지를 어찌어찌 채울 수 있을 것만 같았습니다. 그것을 계기로 이번에는 건설 안전 기술사에 도전하기로 목표를 세웠습니다. 지난번 토목 시공 기술사 공부를 했을 때와 똑같이 매일 새벽 4시에 일어나 바로 출근하여 공부했습니다.

시공 기술사를 공부할 때보다 더 조건이 좋은 것이 이때는 현장이 마무리 단계이다 보니 야근이나 야간 작업이 많지 않았습니다. 그래서 공부하기가 더욱더 수월했습니다.

이렇게 저는 2010년 11월부터 건설 안전 기술사 공부를 시작했고 3개월 정도 공부한 후 2011년 2월에 첫 시험을 치렀습니다. 몇 문제 외에는 모두 아는 내용이었습니다. 답안지를 자신 있게 써 내려 갔고 정통 안전 공학 출신의 안전 관리자분들은 이해할 수도 없는 어려운 전문 기술 용어와 공학 이론, 공식을 삽입하며 멋지게 답안지를 꾸몄습니다. 이 정도 수준이면 당연히 합격이라고 생각했습니다. 그런데 약 한 달 후에 필기시험 발표 결과를 확인해 보니 58점으로 불합격이었습니다. 틀린 것 하나 없이 잘 썼는데 왜 떨어졌을까? 참으로 의문이었습니다.

시공 기술사도 그렇고, 안전 기술사도 마찬가지로 학원 한 번 다닌 적 없이 독학으로만 공부하다 보니 도대체 조언을 구할 곳이 없었습니다. 그렇다고 학원에 다니자니 주말 휴무가 일정치 않아 꾸준한 출석이 어려웠습니다. 그때는 현장에 직원이 별로 없다 보니 야근은 덜 해도 주말에는 여전히 못 쉬고 거의 항상 출근했었습니다.

사람이 정말 간절히 원하고 골똘히 생각하면 답이 떠오른다고 합니다. 안전 기술사 불합격 사유에 대해 고심하던 중에 불현듯 아이디어가 떠올랐습니다. 아무리 건설 안전 기술사 자격이 희소하더라도 현대 건설같이 큰 대기업에 기 합격자가 없지는 않을 것 같아서 회사 그룹 웨어 게시판과 자료실을 꼼꼼히 검색해 봤습니다. 역시나 예상처럼 회사 직원 중에서 건설 안전 기술사에 기합격하신 직원분이 합격 후기 등의 공부 자료를 일부 올려두신 것을 찾았습니다. 그러나 저는 이 공부 자료가 목표가 아니었습니다. 바로 그 자료를 올리신 직원분께 장문의 메일을 드렸습니다.

제 소개를 드리고 이번 시험에 응시했는데, 나름 답안을 잘 썼다고 생각했음에도 불합격했으며 도대체 무엇이 부족한지 모르겠다고 보완할 사항에 대한 고견을 부탁드린다며 구구절절하게 메일을 쓰고 복기한 연습 답안지를 첨부했습니다. 며칠 후 그분께 답장이 왔습니다. 그분의 답변은 간결했습니다. 저의 답안지에는 건설 안전 기술사가 요구하는 답안 내용 중에서 '건설'만 들어있고 '안전'이 빠져있다는 것이었습니다.

○ 기술사 2관왕, 건설 안전 기술사 합격

건설 안전 기술사인데 안전 관련 내용이 부족하다는 말을 듣고 나서는 다시 꼼꼼히 연습 답안을 훑어보기 시작했습니다. 그제야 그 말 뜻을 이해할 수 있었습니다. 되뇌며 보다 보니 대부분의 문제 유형이 시공 기술사를 공부하면서 공부했던 너무도 잘 아는 것들이어서, 저도 모르게 그만 마치 시공 기술사 답안지를 쓰듯이 기술적인 공학 전문 지식만 엄청나게 써댔던 것이었습니다.

깨달음을 얻고 나서부터는 안전 기술사 답안지를 작성할 때 전문 기술 지식을 잘 알고 있는 문제여도 오히려 힘을 빼는 연습을 하였습니다. 100% 알고 있어도 일부러 핵심 사항 60%만 쓰고 나머지 40%는 최대한 현장 안전 사례 등의 키워드로 답안지를 구성하였습니다.

그렇게 3개월이 지나고 2011년 5월에 두 번째로 응시한 건설 안전 기술사 시험에서는 우수한 성적으로 당당히 합격할 수 있었습니다.

그저 주어진 환경을 좀 바꿔 보고 싶어서 어찌어찌 몸부림친 것뿐인데, 운 좋게 대한민국 굴지의 건설 명가인 현대건설에서 근무하게 되었고(비록 계약직이지만), 또한 배울 점이 많은 훌륭하신 고참 선배님들을 만나서 좋은 가르침을 받은 덕분에 이십 대의 나이에 기술사 취득 및 서른을 갓 넘긴 나이에 두 개의 기술사를 달성하는 쾌거를 이루게 되었습니다.

그때 건설 안전 기술사를 준비하면서 일면식 없던 저의 느닷없는 부탁에도 세심한 조언을 해 주신 이○○ 부장님(당시 차장)은 당시에 건축 시공 기술사와 건설 안전 기술사를 보유하고 있으셨고, 이후 저와의 인연이 이어져 지금은 서로 상부상조하는 프리랜서로서 평생의 동맹자가 되었습니다.

특히나 이○○ 부장님은 향후 저로 인해 많은 자극을 받으셔서 늦깎이의 나이에 다시 험난한 공부를 시작하여 2019년에 건축 품질 시험 기술사까지 추가 취득하여 3관왕을 달성하시고, 또한 현재는 대학원 석·박사 과정까지도 밟고 계시는 중입니다. 이렇듯 선수는 선수를 알아본다고, 좋은 에너지가 뿜어져 나오는 사람은 서로 긍정적 영향을 주고 상호 발전을 돕는 파급 효과를 보이는 것 같습니다.

그때도 느꼈고 지금도 확신하지만, 사람은 대인관계가 최우선이라고 생각합니다. 자기가 아무리 잘났어도 다른 사람이 도와주지 않고 대인관계가 좋지 않다면 그 사람은 절대 성공할 수 없다는 것을, 그 이십 대의 어린 나이에도 일찌감치 깨우칠 수 있었습니다.

[2012년 5월, 건설 안전 기술사 최종 합격 후 본사 표창장 수여식]

새벽 4시, 꿈이 현실이 되는 시간

○ 친구 따라 강남 간다?

드라마나 뉴스에서 많이 들었던 말이 있습니다. "친구 따라 강남 간다.", "친구를 잘 만나야 한다.", "끼리끼리 논다." 등. 어떤 집에서는 부모님들이 자녀들에게 무조건 본인보다 더 공부 잘하고 집안 배경이 좋은 친구들하고만 친하게 지내라고 하기도 합니다. 어린 시절의 생각으로는 이해도 안 되었고 그저 어른들의 쓸데없는 욕심이라 생각했었습니다. 하지만 제가 나이를 먹어가면서 직접 경험해 보니 정말 이 말이 맞는 말이었습니다.

저는 실업계 공고를 졸업했습니다. 누구나 그렇듯이 고교 시절에 친하게 지내던 친구들이 평생 친구가 되었고 지금도 주기적으로 만나며 소주 한잔에 허심탄회하게 인생의 희로애락을 나누고는 합니다. 그 친구들은 제 평생의 동반자들이고 정말 좋아합니다.

하지만 안타깝게도 저와는 세상을 보는 관점이 매우 다릅니다. 그 친구들은 모두 현재의 팍팍한 삶에 만족하고 안주하려고만 합니다. 한 친구는 인천 남동 공단의 어느 중소기업에서 과장으로 근무 중인데, 삼십 대까지는 그럭저럭 회사를 잘 다녔었으나 사십 대에 들어서면서부터 '사오정(사십오 세가 정년)' 걱정을 부쩍 합니다. 주변의 많은 선배가 '사오정'을 쉽게 넘기지 못하고 잘리셨기 때문이지요.

다른 한 친구는 그래도 대기업 제조 공장에서 기능직으로 근무 중입니다. 그 친구의 말에 의하면 그 많던 윗사람들이 어느덧 모두 사라지고 현재 그 공장에 본인보다 짬밥이 많은 기능직 선배는 불과 2명밖에 안 남았다고 합니다. 그래서 기능직의 최고 직급인 '직장'으로 진급되는 게 정말 두렵다며 매년 연말마다 진급이 누락되기를 간절히 기원한다고 합니다.

이에 비해 저는 비록 조그만 하도급사 소속이었지만 스무 살의 어린 나이에 한진건설이라는 대기업의 문화를 겪어 봤고, 그 대기업의 스마트한 근무 방식과 직원들의 여유를 몸소 느꼈습니다. 그리고 입대 후에는 비록 부사관(하사~중사)이었지만 육군사관학교 및 학군단 출신 등 우리나라 최고의 검증된 엘리트 집단인 장교들과 한 방에서 먹고 자며 그들의 문화와 생활방식을 공유할 수 있었습니다.

이러한 경험이 바탕이 되어 운이 좋게도 현대건설이라는 대한민국 최고의 건설사에 비록 현채 계약직이지만 입사할 수 있었으며, 그곳에서 최고의 학벌과 실력을 갖추신 많은 엘리트 직원들과 부대끼며 업무를 보면서 저 또한 많이 배우고 성장하게 되었습니다. 그렇게 훌륭하신 분들의 가르침과 조언 덕분에 영광스럽게도 이십 대의 나이에 기술사 자격을 취득할 수 있었고, 기술사 취득은 또 하나의 혁신적인 계기가 되어 제 인생을 송두리째 변화 시켜 주었습니다.

이후에는 저명하신 기술사 선배님들과 소통하다 보니 실무가 중요한 기술사도 필요하지만, 이론적 배경의 근간이 되는 학위 취득도 필요하다는 것을 몸소 느껴서 대학원에 진학하여 박사학위까지 취득하게 되었으며 현재는 국내 최고의 지식인 집단인 대학교수님들 및 여러 저명한 박사님, 기술사님들과 교우를 맺게 되어 더욱더 자기계발과 발전에 큰 노력을 해야 한다고 생각하고 있습니다.

이렇게 지나온 과정을 돌이켜 보면, 자신과 동등하거나 낮은 수준의 사람들하고만 어울리는 것은 결코 자기 발전에 도움이 되지 않았습니다. 더욱 성장하고 더욱 큰 사람이 되기 위해서는 일부러라도 나보다 더 잘난(?) 사람들을 찾아다니며 그들과 어울리려는 노력이 필요합니다. 제가 좋아하는 말 중에는 이런 말도 있습니다.

"부자가 되려면 부자의 줄에 서라!"

컨테이너 부두 현장

○ 드넓은 바다를 내 품으로, 항만과의 만남

제가 군대를 전역한 시기인 2006년 10월에 착공하여 2011년 7월의 준공까지, 근 5년간 몸담았던 현대건설에서의 첫 현장은 제게 너무나도 많은 선물을 주었습니다. 저는 그 현장에서 학사학위 및 대학원 석사학위까지 취득하였고 일반인은 한 개 취득도 어려운 기술사 자격증을 2개나 취득할 수 있었습니다. 또한, 그 현장에서 평생의 반려자인 아내를 만나 결혼에 성공할 수 있었으며 세상에서 가장 사랑스러운 큰아이와 작은아이 역시 제가 그 현장에서 근무할 때 태어났습니다.

이렇게 저에게 엄청나게 많은 선물을 남겨 준 그 현장은 준공하여 역사의 뒤안길로 들어섰고, 저는 다른 현장으로 전출을 가게 되었습니다. 아니, 정확히 말하면 프로젝트 계약직 신분이었기에 전출이 아니라 퇴사 후 재입사였습니다. 당시 제 직급인 프로젝트 계약직 사원은 연봉이나 복지는 정직원과 유사하나, 회사의 효율적 인력 운영(해고)을 위해 공사 현장 단위로 입사 및 퇴사를 반복하는 구조였습니다.

다음 현장을 결정하는 과정에는 별 어려움이 없었습니다. 우선은 당시 현장소장님께서도 겸직하고 계시는 파주 지역의 도로 공사 현장에 저를 데려가려고도 하셨고, 또한 김포에 있는 쓰레기 처리 시설 현장에서도 저를 보내 달라는 요청이 있었습니다. 하지만 최종적인 결정은 본사 토목 사업 본부의 기획팀에서 여러 현장 상황을 총괄 고려하여 기술사 현장 대리인이 시급하게 필요한 현장으로 저를 보내기로 결정했습니다.

현재에도 그렇지만 당시 「건설산업 기본법」에 의해 공사 금액이 700억 원 이상인 관 발주 건설 공사 현장은 반드시 관련 기술사 보유자만이 현장 대리인으로 선임이 가능했었습니다. 그런데 회사 직원 중에 기술사 보유자가 많지 않다 보니, 기술사를 보유한 직원은 여기저기 현장 대리인 선임이 필요한 현장으로 팔려(?) 다니고는 했습니다.

그 당시 현대건설의 모든 직원이 약 7,000명 정도였는데, 그중에서 토목 시공 기술사 보유자는 불과 120여 명이었던 것으로 기억합니다. 기술사 현장 대리인이 필요한 현장은 많지만, 본사에서는 나름대로 저에게 많은 배려를 해 주셔서 그래도 출퇴근이 가능하도록 거주지 인근 현장에 저를 배치해 주셨습니다.

항만 컨테이너 부두 건설 공사. 이렇게 저는 현대건설에서의 두 번째 현장부터는 현장 대리인 직책으로 투입되었고 그 이후 모든 현장에서 실제 업무는 토목 시공(공사)을 담당했지만, 발주처에는 항상 현장 대리인으로 선임되었습니다. 즉, 서류상으로는 현장 최고 책임자의 역할을 수행하였던 것입니다.

항만 현장은 매우 낯설었습니다. 항만 공사는 발주량이 그리 많지도 않고 현장 위치가 바다에 붙어있는 해안가라서 항만 현장들은 우리나라 지도를 봤을 때 각 끝부분에 배치되어 있습니다. 즉, 항만 건설을 주업으로 하게 되면 끝에서 끝으로 현장을 옮겨 다녀야 한다는 것입니다. 예를 들면, 인천항에서 근무하다가 다음에는 부산항, 그다음은 동해항, 그다음은 여수항 등 한반도의 끝과 끝을 오가게 되는 것입니다. 그러다 보니 직원들 사이에서도 경험 삼아 한번 해 보려는 직원은 있어도 항만을 전문으로 평생 하려는 사람은 별로 없었습니다.

항만에 대해서는 기술사를 공부하면서 책에서 봤던 기본적인 이론 지식이 전부였습니다. 매우 낯설고 두려웠지만, 다시 군대에 입대한다는 생각으로 마음을 다잡았습니다. 컨테이너 부두 현장에 처음 출근하는 날, 여느 때와 마찬가지로 새벽 4시에 출근하여 사무실 주변을 서성이다가 6:50 즈음 아침 안전 조회에 참석하였는데, 그때까지도 현장 직원분들 중에서 그 누구도 저를 소개해 주거나, 인사해 주거나, 반갑게 맞이해 주는 사람이 없었습니다.

항만 공사는 그 특성상 좋게 말하면 직원들 간의 유대감이 강하지만, 나쁘게 말하면 폐쇄성이 강한 조직이라 모두 처음 보는 저를 경계의 눈초리로 바라보기만 했습니다.

그러나 저는 나이도 먹을 만큼 먹은 32살로 의기소침해 있을 수만은 없었습니다. 남들이 안 다가오면 제가 먼저 다가서야겠다고 생각하고 용기를 내어 안전 조회를 시작하기 전에 뚜벅뚜벅 단상 위로 올라섰습니다.

[컨테이너 부두 항만 현장에서]

안전 조회를 주관하던 안전 관리자가 흠칫 놀라더군요. 그리고 저에게 누구인지, 왜 왔는지를 물어봤습니다. 물론 같은 회사 근무복을 입고 있었으니 직원이라는 것은 알았을 것이고, 아마도 본사 안전팀에서 불시에 점검을 나왔나 싶어서 두려웠나 봅니다. 안전 관리자에게 오늘부로 발령받은 직원인데 잠깐 인사드리겠다고 짧게 말한 후 단상에 올라가서 육성으로 크게 외쳤습니다.

"안녕하십니까? 처음 인사드리겠습니다. 오늘부터 당 현장에 배치된 박춘성 사원입니다. 지난주까지는 여기서 멀지 않은 매립 공사 현장에서 근무했으며, 나이는 서른둘입니다. 항만 현장은 처음이니 직원분들의 많은 가르침 부탁드리겠습니다."

새벽부터 생뚱맞은 인사를 들은 직원들은 얼떨결에 일단 박수를 쳐 주었고, 그렇게 저는 새로운 항만 현장에서 직원들에게 제 첫인상을 강렬하게 남길 수 있었습니다.

○ 현장 대리인 선임

건설 관련 법령에 의거하면, 공사비가 700억 원 이상이거나 발주자의 요구가 있을 경우에는 반드시 관련 분야 기술사 자격 소지자를 현장 대리인, 즉 건설사 대표이사를 대신하여 그 공사 현장에서의 모든 권한을 대리 행사하는 책임자로 선임해야 합니다. 그러다 보니 저는 기술사 취득 이후에는 시공사에 다니는 동안 쭉 현장 대리인으로 선임되어 있었습니다.

법의 취지는 경험과 공학적 지식이 충분한 기술사 자격 소지자가 공사 현장 총괄 책임자로서 건설 공사의 품질, 안전을 잘 관리하라는

새벽 4시, 꿈이 현실이 되는 시간

취지였으나, 우리나라는 전통적으로 연소자는 배척(?)하고 연장자를 배려하는 문화가 있다 보니 아무리 현장 대리인으로 선임되었어도 나이가 어리고 직급이 낮으면 대우를 잘 안 해 줍니다. 따라서 저는 현장 대리인으로서 대외적으로는 법적인 책임을 지는 직책이었기에 외부로 발송되는 모든 공식 문서에 제 이름을 쓰고 저의 도장을 찍어서 발송하였으나, 실제로 대내적으로는 일개 공사 담당 직원에 불과한 업무를 수행하였습니다.

새로 투입된 컨테이너 부두 현장에서는 해상 토목 시공 업무를 담당하였습니다. 그중에서도 케이슨 안벽 진수거치, 준설 매립, 상치 콘크리트 공사, 도로포장 등의 다양한 공종을 전담하였습니다. 이전 현장에서는 연약지반 개량 등 토공에 대한 많은 경험과 지식을 쌓을 수 있었던 반면에 이번 현장에서는 준설 등 항만 특수 공종은 물론이고 상치 콘크리트를 담당하다 보니 구조물 시공 관리에 대한 매우 크고 귀중한 경험을 쌓을 수 있었습니다.

특히, 이전 현장의 첫 사수이신 정○○ 팀장님은 직장인의 자세와 관리적인 측면에서 제 인생의 멘토였던 반면에, 컨테이너 부두 현장에서 직속상관으로 모셨던 김○○ 공사부장님과 나○○ 차장님은 기술적인 측면에서 저의 멘토라 할 수 있을 만큼 엄청나게 많은 경험과 지식을 전수해 주셨습니다.

[컨테이너 부두 항만 현장에서]

김○○ 공사부장님에 대한 주변의 평가는 그리 좋지는 않았습니다. 대부분 "엄청 까칠해. 그런데 일은 잘해."라는 평이었습니다. 즉, 기술적인 측면에서는 자타가 공인하는 항만 시공 최고의 전문가이지만, 성격이 매우 직설적이고 공격적이어서 부하 직원이 모시기에는 매우 두려운 상관이라고 정평이 나 있었습니다.

이러한 분을 직속상관으로 모시게 되었기에 비록 현장 대리인으로 선임되었어도 현장 대리인의 대우를 받지 못했습니다. 지금 생각하면 당시에는 꽤 억울했던 부분이 많습니다. 현장 대리인은 각종 건설법령에 의해서 법적으로 책임을 지는 자리이기에 정규직 직원들이 현장 대리인으로 선임되었을 경우 매월 10만 원의 현장 대리인 수당이 추가 지급되는데, 저는 계약직 신분이기에 수당도 받지 못했었습니다.

즉, 어찌 해석하면 책임만 지고 권한과 보상은 없는 자리였던 것입니다. 하지만 당시에는 대기업에서 이러한 대규모 프로젝트의 토목 일을 제대로 배울 수 있다는 것에 감사한 마음으로 그런 부분에 대해서는 전혀 불만을 품지 않았습니다.

○ 본부장님이 인정한 계약직

컨테이너 부두 현장에서 근무하던 중에 두 번의 정규직 전환 추천이 주어졌었습니다. 당시에는 공식적이고 정례적인 정직원 전환 기회는 별도로 없었고, 어쩌다 직원이 좀 부족할 경우에 필요에 따라 인사실 주관으로 1~2년에 한 번 정도씩 PJT 직원 중 평가 우수자를 정규직으로 선발 전환했었습니다. 마치 전쟁 중에 소대장 등 초급 장교들이 많이 부족할 때 사관학교 출신 장교(정규직 공채)가 부족하면 야전

새벽 4시, 꿈이 현실이 되는 시간

에서 우수한 전공을 인정받은 중사, 상사(프로젝트 계약직) 등을 장교로 현지 임관(직군 전환)시키는 것과 유사한 제도일 것입니다.

그런데 현대건설이 현대차 그룹으로 인수된 이후부터 인사실에서는 기존에 없었던 정직원 전환에 대한 자격 조건 기준을 제정해서 내걸었습니다. PJT 계약직으로 최소 3년 이상은 근무해야 하며 영어 성적이 일정 기준 이상이어야만 정규직 전환 대상 후보에 올릴 수 있다는 것이었습니다. 저는 2010년 가을에 현채 계약직에서 PJT 계약직으로 전환되었기에 그때는 불과 PJT 경력이 1년 차밖에 안 되었을 때였습니다. 인사실에서 요구하는 최소 경력 기준에 부적합한 것이었지요.

하지만 제 이력에 대해 보고를 받으신 토목 사업 본부장님(부사장님)은 강경한 태도로 저에 대한 정규직 전환 추천을 강행하라고 지시하였다고 합니다.

"삼십 대 초반의 나이에 기술사를 2개나 보유하고 있는 사람이 우리나라에 몇 명이나 되는가? 듣기로는 일도 매우 열심히 한다던데, 현장일을 뛰면서 기술사 2개를 취득한 것만으로도 충분히 자격이 있다. 인사실에 무조건 추천서 집어넣어!"

인사실에서는 추천을 받아줄 수 없다고 했지만, 토목 사업 본부장님은 이러한 논리를 내세워서 제 정규직 전환을 강력하게 추천해 주셨습니다. 하지만 안타깝게도 그 당시는 기술직보다는 재무 경영 등 관리직 임원분들의 입김이 훨씬 강했던 시기였기에 결과적으로 제 정규직 전환은 실패했습니다. 그런데도 토목 사업 본부장님은 그다음 해에 또다시 저를 정규직 전환에 추천해 주셨습니다. 그때도 저는 PJT 직원으로 전환된 지 2년 차로서 인사실이 요구하는 경력 조건에는 부적합한 상황이었습니다. 역시나 인사실의 반발은 거세었고, 또 그렇게 저는 정규직 전환에 실패하였습니다.

당시 토목 사업 본부장님이신 박○○ 부사장님은 본사 주요 회의 때 임원분들께 몇 번 제 이야기를 언급하셨다고 합니다. 내용인즉슨, 제가 근무하던 컨테이너 부두 현장과 관련된 보고가 올라오면 수백 개의 현장 중 하나라서 그 현장이 어떤 현장인지 잘 기억을 못 하셨으나, '박춘성 기사가 근무하는 현장'이라고 보고드리면 "아, 그 기술사 많은 친구가 있는 현장!"이라고 하시면서 단번에 어느 현장인지 알아들으셨다고 합니다. 본부장님이 이렇게 신경 써 주신 것에 너무나도 감사할 따름입니다. 하지만 본부장님의 이런 선심이 추후에는 오히려 제게 마이너스로 작용했던 사례도 있었습니다.

당시에는 어려서 잘 몰랐으나, 직장 생활에서 오래 버티신 고참분들이 왜 항상 중도를 지켜야 한다고 하셨는지를 이해하게 되는 사례였습니다. 제가 존경하는 첫 사수이신 정○○ 부장님이 항상 저에게 하신 말씀이 있었습니다.

"박 기사. 부장 직급 달기 전까지는 항상 직장 생활에서 라인(연줄)을 타면 안 된다. 항상 중간에 있어야 하고 부장 진급한 이후에나 어쩔 수 없이 라인을 타야 하는 거야."

즉, 어느 한 편으로 치우쳤을 때 그 라인의 윗분들이 잘못된다면 그 라인의 아래 직원들까지도 같이 순장(?) 당한다는 그러한 의미였습니다.

본부장님이 인사실과 싸우면서까지 저를 강하게 추천해 주시다 보니, 인사실에서는 제가 혹여 본부장님과 청탁 관계나 유착 관계가 있는지 등에 대해 뒷조사까지 했었다는 소문도 들었습니다. 그런데 막상 조사해 보니 별 볼 일 없는 출신에 마땅한 특이사항도 없는 단순한 PJT 계약직이라는 것을 파악하였고 그 이후로 저에 대한 인사실 직원분들의 이미지는 그저 귀찮은 존재, 시끄럽게 만드는 존재 등으로 인식되었을 것입니다. 즉, 쉽게 말해서 인사실 분들에게 찍혀버린 것입니다.

새벽 4시, 꿈이 현실이 되는 시간

또한, 토목 사업 본부 내부에서도 본부장님이 저를 추천하지 않았다면 정규직으로 전환할 조건이 되는 다른 PJT 직원을 대신 정규직으로 전환시킬 수 있었는데, 저를 추천함으로써 그 자리(TO) 하나를 놓치게 된 것이라서 이에 대한 반발도 꽤 있었다고 합니다. 결과적으로 저는 본의 아니게 본사를 시끄럽게 만드는 민폐 유발자가 되어 있었습니다.

[컨테이너 부두 항만 현장에서]

ㅇ 원 포인트 레슨

컨테이너 부두 현장에서도 저는 공사팀으로 배정되었습니다. 그 현장 공사팀은 당시 총 6명으로 구성되어 있었는데, 육상의 연약 지반 개량 공사를 담당하는 2명과 그 외의 준설, 매립, 콘크리트 등 모든 공사를 담당하는 3명 그리고 총괄 팀장(부장)님 1명으로 업무가 구분되어 있었습니다.

총괄 공사부장님은 주로 대내외의 회의 참석이나 공정 관리, 현장 안전 순찰 등의 업무를 하시다가 중요한 결정을 해야 할 때 나서서 판단을 내려주는 역할을 하셨는데, 꼼꼼하시고 치밀하신 성격상 항상 근거와 데이터를 가지고 일을 추진하시는 것을 좋아하셨습니다.

그래서 저는 어쩌다 보니 거의 공사부장님의 직속 비서(?) 역할로서 각종 보고서나 계획서, 공정표 등의 문서 작성을 거의 전담하였고, 공사부장님의 현장 점검 시에는 거의 수행 비서 비슷하게 그분을 따라다니며 지시를 받고, 후속 조치를 하고는 했습니다. 공사부장님은 가뜩이나 무섭고 까칠하기로 소문나신 분이신데 지근거리에서 같이 붙어 다니며 직접 지시를 받고 수행하다 보니 매사가 살 떨리는 긴장의 연속이었습니다.

그 김○○ 공사부장님과 관련되어 기억나는 일화는 아주 많습니다. 비록 까칠하고 무섭기는 했지만, 그분에게 기술적인 업무는 정말 제대로 배운 것 같습니다. 특히 거푸집, 동바리 등 콘크리트 구조물 시공과 관련해서는 타의 추종을 불허할 만큼 많은 현장 실무 가르침을 받을 수 있었습니다.

그분은 본인께서 무언가를 누군가에게 가르치고 싶으시면 절대로 좋게 말씀하지 않으시고 우선 엄청나게 혼내셨습니다. 뭐가 문제인지에 대한 말씀 없이 "개판이다.", "똑바로 해라." "다시 생각해서 가져와라." 등의 무안과 함께 강도 높은 업무 지시를 내려주셨습니다.

나름대로 한참 고민하여 더 개선된 결과물을 가지고 들어가면 그때서야 흡족해하시면서 "이 모든 게 가르쳐주기 위한 것이다."라며 "너에게 원 포인트 레슨을 해 주었으니 레슨비를 내야 한다." 등의 농담을 던지시기도 했습니다.

언젠가는 김○○ 공사부장님이 이상한 지시를 내렸습니다. 공사팀 전체 회의 시간에 모든 직원에게 거푸집 구조 검토 방법을 정확히 이해하기 위해서는 직접 거푸집과 보강부재(장선, 멍에, 사보강재 등)를 설계할 수 있어야 한다며, 모든 부서원에게 1㎡ 규격의 콘크리트 블록을 제작한다는 가정하에 거푸집 상세도와 구조 계산서를 만들어 오라고 지시하셨습니다.

이 말을 들은 다른 부서원들은 모두 농담으로 생각하고 아무도 이행하지 않았습니다. 하지만 저는 군대에서부터 몸에 익은 상명하복 정신이 투철하여 상관의 명령은 무조건 수행해야 하고 만약 수행할 수 없는 상황이라면 수행 불가 사유를 보고드려야만 한다는 철칙이 있었기에 며칠 동안 야근하며 거푸집 설계와 관련된 자료들을 공부하여 보고서를 작성했습니다.

거푸집은 시중에서 수급이 용이한 유로폼 재질로 가정하였고, 장선, 멍에 등 보강부재는 4각 파이프 자재를 사용하는 것으로 가정하여, 상식적인 선에서 캐드 프로그램을 이용해 거푸집 설계도를 그리고, 엑셀 프로그램을 이용해 구조 계산서를 작성하였습니다. 그리고 부장님께 찾아가 며칠 전에 지시하신 사항에 대해 보고드리겠다고 말씀드리고 그 자료를 보여드렸습니다. 그때, 그 부장님도 매우 당황스러워하셨던 기억이 생생합니다.

일단 본인도 농담으로 했던 말이었고, 여태껏 수많은 현장을 다니며 이렇게 농담을 던졌을 때 실제로 성과물을 들고 와서 보고한 것은 제가 처음이었다고 하셨습니다. 어쨌든 그 일을 계기로 콘크리트 구조물 시공 시 거푸집 안전성 검토와 관련해서는 정말 다양한 지식을 습득할 수 있게 되었습니다.

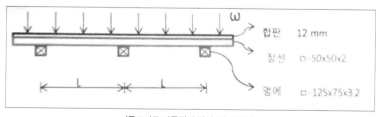

[콘크리트 거푸집의 장선, 멍에 예시]

김○○ 공사부장님께서는 술을 매우 좋아하셔서 매일같이 술을 드셨는데, 저는 비서관(?)으로서 거의 모든 술자리에 본의 아니게 항상 동석하였습니다. 어느 날 부장님과 단둘이 술 한잔할 때 부장님께서 저에 대해 느끼시는 것을 솔직하게 말씀해 주셨습니다.

"당신 말이야. 내가 당신에게 싫은 소리 많이 하는 것 같지만, 더 발전하라고 그러는 것이야. 이런 예를 한 번 들어 보지. 사람의 업무 능력이 아주 못하는 1단계에서부터 최고로 잘하는 10단계까지 있다고 가정할 때, 당신과 같은 사원~대리 직급은 잘해야 2~3단계 수준이겠지. 그런데 2~3단계 수준을 기대하고 일을 시켰는데, 당신은 말이야, 항상 5단계 이상으로 일을 해 오더라고. 그럼 내가 당신에게 2단계 수준을 기대했는데 5단계를 해 왔으니 잘했다고 칭찬해 주어야 할까? 아니야. 당신은 조금만 더 훈련받으면 8단계까지는 가능하거든. 그래서 내가 당신을 8단계까지 끌어올리려고 절대 칭찬하지 않고 항상 갈구는 거야. 알아듣겠어?"

[2012년, 컨테이너 부두 현장 사무실에서]

새벽 4시, 꿈이 현실이 되는 시간

너무 기분이 좋았습니다. 그 이후로는 그 부장님이 혼을 내도 그게 혼내는 것으로 안 들렸습니다. 하여튼 그분 덕분에 기술적으로 엄청나게 많은 가르침을 받았기에 그 은혜에 진심으로 감사드릴 따름입니다.

○ 건설업계는 끝과 끝이 모여 있는 희한한 곳이다

이 말은 제 기술적 멘토이신 김○○ 공사부장님이 언젠가 해 주셨던 말입니다. 우리가 종사하는 건설업계는 참으로 신비롭고 특이한 조직이라고 합니다. 왜냐하면, 종사하는 사람들 간의 격차가 매우 크기 때문입니다. 대부분의 다른 업종은 종사하시는 분들 간에 교육 수준이 큰 차이가 없습니다. 금융 및 경영 분야를 예로 들자면 대부분이 최소 학사학위 이상을 소지한 사람들일 것입니다. 또한 버스 운수업 분야를 예로 들자면 대부분의 운전기사 및 사무직들이 고졸 수준일 것입니다. 이처럼 비슷한 수준의 사람끼리 모여서 일하는 경우가 일반적이라는 것입니다.

하지만 건설은 참으로 특이합니다. 근로자 중에서는 정말 초등학교도 안 나오신 분들도 계시지만, 반대로 대기업 건설사에 근무하는 직원들은 기본적으로 명문대 출신에 석박사도 수두룩합니다. 즉, 간단히 정리하자면 제대로 배우지 못한 사람과 엄청 많이 배운 사람들이 건설 현장이라는 공간 속에 뒤섞여 있다는 것입니다. 한마디로 요지경 같은 세상의 축소판입니다. 하지만 분명한 것은 자본주의 사회에서는 대체로 지식을 보유한 사람들이 지배 계층으로 군림한다는 것입니다.

[컨테이너 부두 현장에서 근로자분들께 작업 전 안전 교육 중]

○ 유익한 습관, 결산 일지

살다 보면 참 여러 유형의 사람들을 만나게 됩니다. 특히 직장 생활에서 만나는 유형 중 몇몇 상관은 본인이 지시한 사항이나 보고받은 사항에 대해서도 입장이 난처해지면 그런 적 없다며 발뺌을 하는 경우도 많습니다. 건설 현장 말단 직원으로서 분명히 상관에게 보고드리고 지시받은 그대로 업무를 수행했음에도, 그게 문제가 되어 그 상관보다도 더 윗선의 지적을 받는 등의 경우가 종종 있습니다. 제 경험에 의하면 이런 경우에는 많은 상관분이 발뺌을 하시더라고요.

이해는 합니다. 그분들도 "내가 그리 시켰다.", "내 잘못이다."라고 말하기가 창피하시겠지요. 하지만 다른 사람들이 있을 때는 그렇게 발뺌하더라도, 우리 부서원끼리만 있는 자리에서는 그러시면 안 되는 것 아닙니까? 최소한의 양심이 있으면 우리 부서원들끼리만 있는 자리에서는 사과라도 하시며 양해를 구하셔야 하는데 그런 분들이 별로 없으십니다. 오히려 적반하장으로 본인이 지시한 것에 대해 완전히 제가 혼자 독단적으로 판단해서 했다는 식으로 몰아세우시기도 하십니다. 상명하복 체계가 매우 강한 건설 현장 조직에서 여기에 말대꾸한다는

새벽 4시, 꿈이 현실이 되는 시간

것은 쉽지가 않습니다.

비단 건설 현장에서만 있는 문제는 아닙니다. 예전에 제가 군 복무 할 때도 그런 적이 많았습니다. 직속상관인 중대장님, 대대장님부터 시작해서 시설 사용 부대장님들도 본인들이 이것저것 내뱉어 놓고 나중에 문제가 되면 발뺌하는 경우가 많았습니다. 그래서 군 복무 당시에 제가 들인 업무 습관이 하나 있는데, 매일매일 현장에서 일어난 일들을 꼼꼼하게 수첩에 메모해 두었다가 매일 저녁에 그날의 메모들을 정리한 1장짜리 요약 결산 일지를 작성해 직속상관에게 서면으로 보고드리고 결재를 받아 두는 것입니다.

군대에서는 이게 아주 잘 통했습니다. 워낙 보고로 시작해서 보고로 끝나는 관료 조직이기 때문입니다. 군대에서는 무슨 일을 하나 하더라도 무조건 보고를 해야 하는 체계이기에 제가 이렇게 문서를 들이밀면 제 상관들은 약간 떨떠름해하기는 했으나 모두 확인 서명을 하시거나 책임지지 못할 사항에는 확인 서명을 거부하고 발언을 철회하셨습니다. 또한, 제가 매일 결산 일지를 서면으로 보고드리면 그때마다 피드백 의견을 주어 더욱 꼼꼼한 일 처리가 가능했습니다.

군대에서 사용했던 이러한 결산 일지 작성 및 서면 보고를 시공사 건설 현장에서도 적용했습니다. 그런데 민간인 조직에서는 이러한 일지가 잘 통하지 않더라고요. 일단 지시를 내리신 분에게 확인 서명을 요청하면 "건방지다."라느니, "면피하려고 용쓴다."라는 등의 모욕적인 말과 갈굼(?)이 돌아왔고 정작 확인 서명은 안 하셨습니다. "읽어볼 테니 두고 가라."라는 말을 가장 많이 들었던 것 같습니다. 그러다보니 저도 더는 확인 서명을 하시라고 할 수가 없었습니다. 어차피 책임 안 지려고 확인 서명 안 하실 것이 뻔했기에….

그래서 방법을 좀 바꿨습니다. 매일매일 1페이지로 결산 일지를 작성하였고 이를 퇴근 전에 직속상관에게 결재 없이 그냥 서면 보고드렸습니다. 별도의 확인 서명을 요청하지는 않았지만, 나중에 말을 바꾸실 것을 대비해 보고된 결산 일지는 보고드린 일시를 기록하여 매일 편철 관리하였고, 각 협력사 및 유관 부서 직원들에게 그날 보고드린 결산 일지를 메일 발송해 공유하였습니다. 물론 대외비 사항은 제외하고 공유했습니다. 그렇게 몇 달을 해 보니 확실히 효과가 있었습니다.

제 직속상관이 지시한 내용과 보고드린 내용을 웬만한 현장 직원들은 모두 알고 있다 보니 쉬이 말을 바꾸기가 어려우셨던 것입니다. 그렇게 매일매일 결산 일지를 작성하여 모아둔 것이 나중에 준공 서류를 준비하거나 다른 현장에서 업무를 할 때 엄청난 도움이 되었습니다.

[결산 일지 작성 사례]

새벽 4시, 꿈이 현실이 되는 시간

현장이 종료될 즈음에 준공 서류 작성할 때 그 결산 일지를 참조하면 매우 유용하였고, 이후 타 현장으로 옮긴 후에도 비슷한 공종을 수행할 때 결산 일지에 기록된 당시의 지적 사항이나 문제가 되었던 부분들을 다시 상기하여 사전에 대비할 수도 있었습니다. 저는 그때도 그렇고 지금도 그렇지만 기록을 매우 중요시합니다. 기록은 기억을 이깁니다. 불변의 진리입니다.

○ 시공사와 감리단의 관계

건설 공사 현장에서 감리단의 역할은 매우 중요합니다. 정말 실력 있는 감리원은 시공사에서 생각하지 못하고 놓친 중요한 부분을 정확하게 체크해 주어 무사히 시공될 수 있게 매우 큰 영향을 주기도 합니다.

그렇게 실력 있고 존경스러운 감리원도 있지만, 정말 불필요하게 훼방만 놓는 감리원도 매우 많습니다. 공학적 지식을 제대로 갖추지도 못했으면서 감리라는 감투를 썼기에 시공사로부터 깍듯한 대접을 받고 싶어 하고, 어깨에 힘주고 다니고 싶어서 이것저것 아무것도 아닌 것들을 지적하며 본인이 아니면 일이 안 된다는 식으로 몰아가시는 분들도 상당히 많으십니다.

정말이지, 그러한 감리원들과 공사를 수행하려면 엄청난 인내력과 참을성이 필요합니다. 아무리 부당하다고 생각해도 시방서 및 계약서 등을 따지면 시공사는 절대 감리단의 지시를 무시할 수 없게끔 되어 있기 때문입니다. 그나마 기술사 자격을 보유하신 감리원분들은 그래도 공학적인 근거를 바탕으로 지적하시는 데 반해, 대부분의 잘 모르시는 감리원은 오직 본인의 경험과 주워들은 이야기를 근거로만 내세우는 경향이 큽니다.

시공 기술사는 그래도 수요가 가장 많기에 보유자 또한 가장 많습니다. 공사비가 약 1,000억 원 정도 규모의 현장이면 통상 감리단이든, 시공사든 시공 기술사 소지자가 2~3명 정도씩은 있기 마련입니다.

그런데 제가 근무했던 항만 건설 현장은 시공사와 감리단을 통틀어서 감리단장님 외에는 기술사 보유자가 없었습니다. 그 배경을 살펴보자면 항만 분야는 특화된 전문 분야이다 보니 항상 전문 인력이 부족하여 구태여 기술사 자격증이 없더라도 일자리를 구하는 데 별 어려움이 없기 때문이었습니다. 그래서 구태여 기술사 자격의 필요성을 인지하지 못하는 경향이 많은 것입니다. 그렇기에 제가 근무했던 모든 항만 건설 현장에서는 기술사 소지자를 거의 보지 못했습니다. 그 컨테이너 부두 현장에서도 시공사 직원만도 근 삼십 명에 감리단 십여명, 주요 협력사 직원들까지 합치면 총 오십여 명의 토목 기술자가 배치되어 있었는데, 그중에서도 기술사 소지자는 저와 감리단장님 단두 명뿐이었습니다.

그러한 상황이다 보니 항만 시공 업무를 보면서 몇몇 애로사항을 느낀 경우도 많았습니다. 제가 토목 시공 기술사와 건설 안전 기술사로서 공학 이론에 근거한 합리적인 의견을 제안해도 감리원분들은 말도 안 되는 헛소문을 근거로 저의 기술 의견을 묵살하는 경우가 종종 있었습니다. 제가 보기에는 그분들은 경력을 쌓은 게 아니라 그냥 먹고살기 위해서 억지로 출근해서 흘러가는 대로 적당히 대충 시간만 보낸 것으로 생각하는데, 그분들은 그렇게 허송세월하셨던 것들을 경력이라 우기시며 그것을 근거로 억지 주장을 하셨습니다.

많이 억울했습니다. 제가 아무리 상식적인 범위 내에서 공학적인 근거를 바탕으로 의견을 펼쳐도 "네가 항만 공사에 대해서 뭘 아냐?", "항만 공사 얼마나 해 봤다고? 내가 경력이 몇 년인데?" 등의 말을 하면서 받아들이시지 않기에 저도 전략을 바꾸기로 했습니다. 그분들이 수긍할 수밖에 없는 항만 분야의 최고 전문가가 되기로 마음먹었고, 당장 가장 빠른 시간 내에 항만 분야 최고 전문가로 인정받을 방법은 역시나 항만 분야의 전문 기술사인 '항만 및 해안 기술사' 취득이었습니다. 그렇게 저의 항만 및 해안 기술사 취득을 위한 새벽 4시의 노력이 또 시작되었습니다.

[2013년, 항만 및 해안 기술사 새벽 공부 및 필기시험장에서]

○ 기술사 3관왕, 항만 및 해안 기술사 합격

공학적인 근거 없이 본인의 어설픈 경력만을 내세우시는 일부 항만 감리원분들과의 업무 마찰로 큰 호승심이 발생했고, 그로 인해 저는 항만 및 해안 기술사 취득을 위한 공부를 시작하게 되었습니다. 그 과정은 매우 어려운 고난의 연속이었습니다.

통상 기술사 자격 중에서 '시공', '안전', '품질'의 3가지 종목은 일반 기술사라고 호칭합니다. 물론 그 3가지 종목도 매우 어렵고 많은 공부와 노력을 해야만 취득이 가능한 최고의 자격증임은 틀림없으나 그 3개 종목은 서로 시험 범위가 반 이상 중첩되기에 처음 한 가지 취득이 힘들고 어렵지, 하나를 취득한 후에 공부의 끈을 놓지 않고 계속 공부하면 나머지 2개는 상대적으로 훨씬 쉽게 취득할 수 있습니다.

통계적으로 일반 기술사 취득은 약 600시간 정도 공부하면 합격할 수 있다고 합니다. 하루에 2시간씩 공부한다면 300일 정도의 시간입니다. 명절 및 일부 휴식을 감안하면 일반 기술사는 매일 2시간씩 약 1년 정도 공부하면 취득 가능하다는 게 통설입니다. 대부분의 기술자가 그 1년의 공부 과정을 생업과 같이 병행하기에 너무 혹독하고, 힘이 들고, 진이 빠져서 1개 취득 후에는 공부에 손을 놓아버리시지만, 거기서 중단하지 않고 끈기 있게 다른 일반 기술사 종목을 공부한다면 약 6개월 만에 추가 1개 종목 취득이 가능하고, 또 그렇게 2관왕 상태에서 공부를 지속하면 약 3개월 만에 나머지도 취득 가능하여 일반 기술사 트리플 달성은 어렵지 않게 가능할 것입니다.

즉, 일반 기술사 3개 종목은 본인이 꾸준히 공부한다면 연달아 쉽게 취득할 수 있습니다. 하지만 전문 기술사는 좀 다릅니다. 항만, 토질, 구조, 철도 등의 특화 종목을 전문 기술사라고 칭하는데, 이 종목들은 모두 시험 범위가 일반 기술사와는 다른 전문 분야이기에 종목마다 아주 깊은 전문 지식까지 공부해야만 합니다. 그렇기에 공부가 어려워 일반 기술사를 취득한 사람이라 하더라도 전문 기술사는 곧이어 바로 취득하지 못하는 것이고, 반대로 전문 기술사를 취득한 그 분야의 전문가라 할지라도 전문적인 지식은 뛰어날지 모르지만, 일반적인 다양한 공종에 대한 경험과 지식은 부족하기에 일반 기술사를 취득하기 어려워하는 것입니다.

지금은 기술사 시험에 대한 이론 및 관계가 머릿속에 정리되어 있지만, 한창 공부할 그 당시에는 이런 체계적인 정리 없이 무턱대고 들이댔습니다. 무식하면 용감하다고 합니다. 정말 무식하게 공부했습니다. 항만 기술사는 수요가 많지 않다 보니, 즉 돈벌이가 안 되다 보니 가르쳐 주는 학원도 없고 관련된 교재도 전혀 없습니다. 그렇기에 맨땅에 헤딩하듯 과년도 문제를 하나하나 관련 전공 서적을 뒤져가며 요약 정리하였고, 그 요약 노트를 바탕으로 암기 및 이해를 하고자 노력하였습니다.

공부 시간은 이전과 동일하게 매일 새벽 4시에 일어나 출근하여 사무실에서 공부를 하였습니다. 낮에는 업무로 인해 공부는 엄두를 낼 수 없었으며, 밤에도 야근 아니면 회식이 일과였기에 공부에 어려움이 많았습니다. 그렇게 공부를 시작한 지 반년 정도 지나서 기술사 시험 일정이 다가오자 6개월 만에 합격은 어렵더라도 실제 시험장에서의 실전 감각을 유지하고자 별생각 없이 시험을 보러 갔습니다. 합격 기대를 안 하고 있었기에 전혀 부담 없이 빠른 시간 내에 생각나는 대로 편하게 답안지를 채워 넣었으며, 제 전문 영역이 현장 시공인 만큼 책에서나 나오는 뻔한 이론보다는 현장 실무 사례와 경험, 개선 사례 등을 최대한 많이 써넣었습니다.

그렇게 부담 없이 시험을 치르고 다음번 시험 준비를 위해 계속 공부하던 중에 느닷없는 필기시험 합격 통보를 받게 되었습니다. 다른 사람들보다 오히려 제가 더 당혹스러웠습니다. 전혀 예상하지 않았었는데 합격이라니⋯. 게다가 저의 합격 점수는 66점으로 매우 높은 점수였습니다. 기술사 시험에서는 60점 이상이면 합격인데, 통상 채점자분들이 점수를 그리 높게 주지 않습니다. 아마도 평균 70점 정도면 거의 만점으로 수석 합격이라 볼 수 있습니다. 그런 시험에 66점으로 합격하다니, 엄청난 점수를 받게 되었던 것입니다.

나중에 제가 다른 수험자와 비교해 보니 고득점의 이유를 나름대로 추정해 볼 수 있었습니다. 대다수 항만 및 해안 기술사 응시자는 설계 기술자분들이신데, 그분들은 이론적 지식은 많으나 현장 실무 경험이 거의 없습니다. 반면에 저는 이론 지식은 설계 직원들에 비해 다소 부족할 수 있지만, 그들에 비해서 현장 실무 경험을 많이 보유하고 있습니다. 그래서 기술사 답안지에 최대한 현장 사례나 경험 등을 표현한 것이 채점자가 보는 입장에서는 매우 독특하게 뛰어난 답안으로 여겨졌던 것 같습니다.

뻔한 이론적인 설계 보고서 같은 답안지보다 그림과 표, 현장 사례

새벽 4시, 꿈이 현실이 되는 시간

가 녹아있는 제 답안지가 훨씬 높은 수준이었던 것입니다. 운 좋게 저는 항만 및 해안 기술사 1차 논술 시험을 한번에 합격했고 2차 면접시험은 많은 낙방을 겪기는 하였지만, 꾸준히 공부한 끝에 최종 합격을 할 수 있었습니다. 전문 기술사를 취득했다는 사실이 어찌나 기쁘던지, 그 기쁨은 토목 시공 기술사에 처음 합격했을 때에 버금가는 뿌듯함이었습니다.

[항만 및 해안 기술사 최종 합격]

○ 기술과 기능의 차이

건설 공사에서 가장 위험한 작업 중 하나가 바로 거푸집 동바리 작업입니다. 대부분 콘크리트 타설 중에 일어나는 붕괴, 도괴 등의 안전사고는 동바리의 좌굴, 거푸집의 변형, 파손 등이 주원인입니다. 그래서 법적으로 거푸집 동바리 가시설에 대해서는 전문가(기술사)에게 구조 검토 확인을 받고 그 확인받은 도면과 구조 계산서를 준수하여 시공해야 합니다.

그러나 어디에 가든지 예외라는 것이 있습니다. 만약 예산 100만 원짜리 소규모 공사에 약 200만 원 정도인 기술사 구조 계산 및 확인 도장을 받아오라고 하면 공사를 할 수 있을까요? 그렇기에 높이가 낮고 규모가 작은 소규모 구조물은 별도의 구조 기술사 검토는 없어도 되고 자체 계산 또는 현장 책임자의 단순 경험에 의존하여 작업하는 게 일반적입니다.

제가 시공했던 구조물들도 마찬가지였습니다. 제가 구조 기술사는 아니었기에, 제가 계산한 구조 검토는 공증이 불가능했습니다. 그렇다고 비싼 돈을 주면서까지 반드시 구조 기술사 검토를 받아야 하는 대상물도 아니었고요. 그래서 이런 소규모 구조물들은 관련 법령을 검토하여 구조 기술사가 아니어도 된다는 조항을 찾아내어 제가 직접 구조 검토를 수행하였습니다.

기본적인 공학 지식과 절대 불변의 진리인 '작용력보다 저항력이 크면 안전하다.'는 논리에 의거하여 개략적인 검토는 꼭 구조 기술사가 아니어도 건설 분야 기술자라면 가능해야 합니다. 건설 공사 현장에서 기술자로 수십 년 동안 경력을 쌓으셨는데 이런 기본적인 구조 검토조차 못 한다면 그분은 경력을 쌓은 게 아니라 수십 년을 시간만 때운 것입니다.

일전에 시공한 배수암거 구조물의 구조 검토 사례가 떠오릅니다. 제 계산에 의하면 안전율 1.7 정도로 사하중, 활하중을 모두 감안해도 안전한 거푸집 동바리 구조였습니다. 하지만 제가 구조 기술사는 아니기에 더욱더 안전율을 확보하고자 다음 사진과 같이 60㎝ 간격으로 촘촘히 시공된 동바리를 모두 수평재로 연결해 보강할 것을 작업반에 지시했습니다.

새벽 4시, 꿈이 현실이 되는 시간

[2013년, 수로암거 거푸집 동바리 설치 현장에서]

작업반들은 아마도 저를 욕했을 것입니다. 그분들이 맞습니다. 제 경험상으로도 이런 소규모 구조물에서는 수평 보강재를 안 해도 별문제 없습니다. 하지만 그들은 그것을 알까요? 그래도 제 덕분에 구조기술사 검토 비용 약 200만 원을 절감했다는 것을 말입니다. 수평재 몇 개 보강해 봤자 인건비와 자재비를 포함해서 5만 원도 채 안 들었을 텐데, 제가 미리 검토해 줌으로써 약 195만 원의 엄청난 이득을 봤다는 것을….

제 생각으로는 이런 생각의 차이가 기능(작업반)과 기술(이론 지식+경험)의 차이라고 생각합니다.

○ 최연소 항만 건설 현장소장을 목표로

저는 여기 컨테이너부두 건설 현장에서 비록 서류상일 뿐이지만 책임자(현장 대리인)로서 첫발을 내디뎠습니다. 처음엔 아무 생각없이 본사의 지시로 흘러들어온 항만 현장이었지만, 경험하면 할수록 엄청난 매력이 있었습니다.

일단 탁 트인 바다에서 공사하다 보니 시야도 쾌청하고 바람도 선선했으며(겨울에는 칼바람이었지만) 무엇보다 설계도면이 단순하여 일하기 편하다는 장점이 있었습니다. 교량이나 터널 등 육상 공종에 비해 항만 공종의 구조물은 형상이 상대적으로 단순하기에 안전 관리에 대한 부담이 상대적으로 덜합니다.

또한, 도로나 터널, 교량 공사 등은 내륙 깊숙한 산골짜기에 현장이 있는 경우가 많아서 정말 인기척 하나 없는 산속에 현장 사무실 및 숙소가 있는 경우가 다반사인데, 그에 비해 항만 건설 공사는 기존에 발달해 있는 항구도시 및 어촌 마을에서 수행되는 경우가 대다수이기에 상대적으로 지방 객지에서 숙소 생활을 하더라도 문명의 혜택을 좀 더 받을 수 있다는 편리함이 있습니다.

물론 장점만 있는 것은 아니고 지방 객지 끝자락에 있다는 단점도 있기는 합니다. 육상 공사는 내륙 여기저기에 있기에 그래도 자가용으로 2~3시간이면 집에 갈 수 있지만, 항만 공사는 인천, 부산, 울산, 여수, 동해 등 끄트머리 해안가에 현장이 있기에 자택과 거리가 먼 현장에 발령받으면 거의 한 달에 한 번 귀가하기도 힘들 정도로 좋지 않은 근무 여건이 되기도 합니다. 당시 저는 이러한 지방 객지에서의 숙소 생활은 피할 수 없는 건설 기술자의 숙명이라고 생각했습니다. 당연히 받아들이고 겪어야만 하는 절차이자 관문이라고 생각했었지요.

새벽 4시, 꿈이 현실이 되는 시간

그리고 이러한 항만 건설 공사의 장단점을 비교해 보니, 단점보다는 오히려 장점이 더 많다고 느꼈습니다. 게다가 항만 분야 최고의 전문 자격증인 항만 및 해안 기술사도 보유하고 있었으니 더욱 거칠 게 없었습니다.

저는 항만 건설의 최고 전문가가 되고 싶었습니다. 우선 저의 목표는 사십 대 초반에 대한민국 굴지의 건설 명가인 현대건설에서 최연소 항만 건설 현장소장이 되는 것이었고, 오십 대에 들어섰을 때는 전국에서 항만 시공 분야에서는 그 누구도 도전할 수 없는 자타가 공인하는 최고의 전문가가 되고자 했습니다. 항만 쪽에서 일하는 사람들에게 '박춘성'이라는 이름을 대면 모두가 항만 분야의 최고 전문가라고 인정하는 사람이 되고 싶었습니다. 그러한 목표가 있었기에 컨테이너 부두 현장 이후에도 지속해서 항만 현장으로만 가고 싶어서 어선 부두 현장과 크루즈선 부두 현장 등 끊임없이 항만 현장으로만 자원하여 근무하였습니다.

그렇게 항만 분야의 최고 전문가가 되겠다고 다짐했었건만, 정말 사람의 인생은 언제, 어떻게 변할지 모르는 것 같습니다. 저 역시 추후에 설명해 드리겠지만, 어느 한 사건을 계기로 저의 장래 목표와 인생 계획이 확 바뀌게 되었습니다.

[항만 현장에서 지겹게 먹었던 회식 메뉴(생선회)]

○ 첫 항만 현장에서의 에피소드

언제 어디서나 예상치 못한 해프닝은 항상 있기 마련입니다. 컨테이너 부두 현장에서도 많은 해프닝이 있었는데 그중에서도 대표적인 일화 2가지만 떠올려 봅니다. 둘 다 정치와 관련된 이야기입니다.

첫 번째 일화는 당시 지역구 국회 의원이 현장에 방문하기로 예정되었던 적이 있었습니다. 그 국회 의원은 향후 여당 원내대표는 물론이고 정부에서 장관 및 부총리까지 역임하신 유명인사입니다. 그러한 거물 정치인이 현장에 방문하러 온다고 하니 발주처부터 시작하여 아주 현장 전체가 야단법석이었습니다. 한 일주일 전부터 현장 정리 등 방문 준비를 한 것 같습니다.

예전에 영종대교 건설 현장에서 근무할 당시에도 대통령이었는지, 국무총리였는지 높은 분이 오신다고 해서 한 1주일 내내 생고생하며 현장을 정리했던 기억이 있는데, 그 정도에 버금가는 거물급 정치인인 만큼 엄청나게 신경 써서 현장을 준비했습니다. 그렇게 고생하여 준비한 후 드디어 국회 의원이 방문하기로 한 날… 참 어이없게도 일정이 끝나버렸습니다. 현장 출입문 주변에 멋있는 고급 세단이 들어서더니 그 국회 의원이 내렸습니다. 이제 현장으로 들어오시나 했는데, 안전모 착용 후 도열해 있던 고위 관계자들과 돌아가며 여러 컷의 사진만 촬영하시고 정말 아주 짧게 현장 출입문 주변만 둘러보시고 다시 고급 세단에 올라타서 돌아가셨습니다.

준비 시간만 한 1주일 걸린 것 같은데 방문했다가 돌아가시기까지는 불과 십 분도 안 걸렸습니다. 허무하고 어이가 없었습니다. 그때가 한여름이었는데 사무직 직원들도 모두 현장으로 뛰쳐나와 목장갑을 끼고 삽질, 빗자루질하고 있을 때 발주처 감독관이 지나가면서 저희에게 했던 말이 머리에서 떠나질 않았습니다.

"전직도 아니고 최고 실세인 현직 국회 의원이 오시는데 이 정도밖에 준비를 못 하냐?"

정치인이 방문한 게 뭔 대수라고. 이렇게 사진만 찍고 가실 거면 그냥 소문내지 말고 불시에 오시지… 여하튼 향후 그분의 의정 활동 홍보 자료에는 마치 그 현장을 온종일 꼼꼼히 점검하고 가신 것처럼 서술되어 있더라고요.

두 번째 일화는 한겨울 때의 일입니다. 현장의 공종이 거의 마지막 단계에 이르렀고, 이제 부두 배후 부지의 아스팔트 포장만 남은 상태였습니다. 그때가 2012년 12월이었는데 그해 늦가을에 희한하게 엄청나게 비가 많이 내렸습니다. 또 12월 초에 들어서는 폭설도 많이 내렸지요. 도저히 아스팔트 포장을 시공하기가 어려운 상황이었습니다. 그 상태로 아스팔트를 시공하면 절대 제대로 된 품질을 확보하기가 어렵습니다. 이에 저희 시공 담당 직원들은 기상 이변으로 인해 불가항력적으로 아스팔트 포장은 내년으로 미뤄야 한다는 의견을 제시했습니다. 하지만 상급 기관의 의견은 확고부동했습니다.

나중에 알고 보니 이미 중앙 정부에 금년 내로 포장 시공을 끝내고 다음 해 1월 2일에 발주처의 시무식 행사를 그 포장된 부두 위에서 진행하기로 보고가 되었다고 합니다. 이에 기상 이변으로 인해 불가항력적인 상황이었음에도 억지로 아스팔트 포장 시공을 강행할 수밖에 없었습니다.

[2012년 12월, 한겨울 혹한에 작업 중]

통상 아스팔트 포장 전문업체는 12월이 가장 바쁩니다. 그 이유는 여기저기 지자체에서 남아 있는 예산들을 소진하기 위해 보도블록 교체 및 아스팔트 도로 보수 등을 많이 벌이기 때문입니다. 그래서 그 시기에는 포장 업체와 일정을 잡기도 매우 어렵고, 또한 한 번 잡힌 일정은 변동이 불가합니다. 이러한 여건이다 보니 2012년 12월 말 영하의 기온에 폭설이 쏟아지는 가운데서 굵은 눈보라를 맞으며 아스팔트 포장 시공을 했었던 기억이 납니다.

폭설로 도로가 얼어서 아스콘 운반차들이 제때 도착하지 못했고 그 영향으로 새벽에 일찍 착수한 작업은 그날 밤 자정이 되어서야 간신히 마무리되었습니다. 그동안 현장소장님을 비롯한 모든 직원이 혹한의 바닷바람을 온몸으로 맞으며 현장에 지키고 서서 온종일 고된 시간을 보냈었습니다. 그렇게 고생하고 자정이 넘은 시각에 현장을 정리하고 인근 김치찌개 집에서 늦은 저녁을 먹으며 곁들인 반주 몇 잔에 완전히 녹다운되었던 기억이 납니다.

새벽 4시, 꿈이 현실이 되는 시간

어선 부두 현장

○ 물류에서 수산으로

컨테이너 부두 현장에 2011년 7월에 처음 투입되어 콘크리트 케이슨(부두의 기초 부분에 시공되는 약 아파트 10층 규모의 콘크리트 박스 구조물) 제작, 준설 매립, 상치 콘크리트(상부치장 콘크리트, 케이슨 거치 후 그 위에 시공되어 일반적인 부두 상부 모양을 시공하는 것), 도로포장 등을 담당하였고 2012년 연말에 주요 공종이 완료되어 대부분의 직원은 그즈음에 전출을 가고 공사부에는 저를 포함해 두 명이 끝까지 잔류하며 잔공사 및 준공 검사 업무를 수행하였습니다.

그렇게 준공 검사까지 끝낸 후인 2013년 4월, 지방에 있는 국가 어항의 어선 부두 개보수 공사 현장으로 옮기게 되었습니다. 이른바 물류(컨테이너항)에서 수산(어항)으로 옮기게 된 것입니다.

[2013년 1월, 현장 준공을 앞두고 전출 가는 직원들과 송별회]

아직은 운이 좋아서 가족과 떨어져 지낸 적이 없었지만, 이제 그러한 운도 다한 듯했습니다. 현장 위치가 멀리 지방의 한적한 어촌 마을이기에 가족을 데리고 이사 올 여건도 아니고 또 그럴 형편도 안 되었습니다. 그러다 보니 부득이 홀로 내려와 2층짜리 판넬(패널) 가건물에서 생활하게 되었습니다. 2층은 사무실로 쓰고 1층은 간이 숙소였는데, 이곳에서 영종대교 및 장항선 철도현장 이후에 오랜만에 현장 숙소 생활을 다시 하게 되었습니다.

그래도 굴지의 대기업인지라 다행히 1인 1실은 제공해 주어서 그나마 덜 불편하였습니다. 방마다 화장실과 세면 시설, 침대, 책상, 옷장 등 기본 집기는 갖춰져 있었습니다. 시설은 그럭저럭 지낼 만했는데, 치명적인 단점이 있었습니다. 이 시설은 방음이 너무나도 취약한 구조였습니다. 샌드위치 판넬로 만든 가설 건물인지라 전혀 방음이 안 되어 옆방에서 다른 직원이 전화 통화를 하면 그 전화기 너머의 통화 상대자의 목소리까지 들릴 정도로 방음이 안 되었습니다. 또한, 저는 그 현장에 착수 초기부터 투입된 것이 아니라 1년 정도 진행된 중간에 투입되었기에 이미 그나마 좋은 방들은 모두 만실이어서 부득이하게 코골이들이 옹기종기 모여 있는 구석 방을 배정받을 수밖에 없었습니다.

새벽 4시, 꿈이 현실이 되는 시간

밤마다 양쪽 옆방에서 들려 오는 코 고는 소리에 한 번도 제대로 잠들지 못했습니다.

그 현장에 투입되기 전까지는 장거리 운전을 할 일이 거의 없었습니다. 그곳은 주말에 인천에 있는 집으로 귀가하려면 교통체증을 감안해서 3시간가량 걸리는 거리였습니다. 그 길이 얼마나 졸리고 고되던지…. 가뜩이나 장거리 운전이 자신 없는데, 고속도로 위에서 졸려서 해롱해롱하다가 사고를 낼 뻔한 아찔했던 순간들도 몇 번 있었습니다. 저는 이때까지만 해도 이러한 지방 또는 해외에서의 기러기 생활은 우리처럼 건설업에 종사하는 사람에게는 피할 수 없는 숙명이라 여기고 담담히 받아들였었습니다. 그런데 현장 숙소 생활을 하면서 시간이 지날수록 점점 술에 찌들어 피폐해지고 망가져 가는 제 모습을 보니 너무 힘들었습니다.

사무실 바로 아래층에 숙소가 있다 보니 자연스레 잠자는 시간 외에는 새벽부터 사무실에 올라가서 일해야 하는 분위기가 형성되었고, 저녁 식사 때에는 거의 매일같이 이 사람, 저 사람 돌아가며 반주 삼아 한잔한다는 게 2~3차 술자리로 이어졌습니다. 이렇게 매일 고된 업무와 술에 찌들어 살다 보니 몸이 망가지기 시작했습니다. 저는 원래 날렵한 몸매까지는 아니었지만, 그래도 군 복무 6년을 하면서 매우 건장한 체구였습니다. 그런데 거기서 그렇게 술을 매일 마시다 보니 살이 급속도로 붙으면서 몸이 무거워지기 시작했습니다.

또한, 몸에 이어서 마음도 망가지기 시작했습니다. 당시 저의 큰아이는 5살, 둘째 아이는 4살이었습니다. 정말 눈에 넣어도 안 아플 정도로 제게는 너무나도 소중하고 사랑스러운 아이들입니다. 그래서 그 아이들이 미치도록 보고 싶을 때가 많았습니다. 꼭 끌어안아 주고 싶은데 약 2주에 한 번만 쉴 수 있었으니, 매일 전화 통화로 아빠가 보

고 싶다며 속삭이는 아이들의 목소리를 들으면 당장 집으로 뛰쳐 올
라가고 싶어서 정말 환장할 것 같았습니다. 그래서 아이들이 너무 보
고 싶어서 도저히 참을 수 없을 때는 야밤에 고속도로를 내달려 잠깐
잠들어 있는 아이들의 얼굴을 쓰다듬어 주다가 새벽에 다시 지방 현
장으로 내려갔던 적도 몇 번 있었습니다.

[2013년, 지방 현장 근무 시 아이가 너무 보고 싶었던 시절]

막상 그렇게 가족과 떨어져 지방 근무를 하다 보니 많은 생각을 하
게 되었습니다. 마치 군대에서 야간 보초 근무를 하다 보면 별의별 생
각이 다 드는 것과 같습니다. '과연 우리가 돈을 버는 목적이 무엇일
까?'라는 근원적인 의문이 들었습니다. 그때 지방 근무 경험을 통해서
이 질문에 대해 제 마음 깊은 곳에서 저 스스로 답변을 주었습니다.

다른 사람들은 어찌 생각할지 모르겠지만, 최소한 제가 돈을 버는
목적은 우리 가족과 행복하게 살기 위해서입니다. 그런데 그 돈을 벌

겠다고 가족과 떨어져서 이렇게 마음고생, 몸 고생을 하면서 사는 것은 애초의 돈을 버는 목적에서 벗어나 버린, 주객이 전도된 상황이라고 생각하게 되었습니다. 그즈음부터는 아마 제 남은 인생을 어떻게 사는 게 좋을지 고민을 많이 했던 것 같습니다.

○ 또다시 퇴사 후 재입사 그리고 무료 봉사

지난번에 현장 이동할 때도 그랬듯이, 이번에도 컨테이너 부두 현장에서 2013년 4월 2일 자로 퇴사 처리가 되었습니다. 「비정규직 보호법」에 의거하여 바로 재입사할 경우 영구 계약직 조치를 해 주어야 하는 등의 사항이 있습니다. 이는 회사 입장에서 불리하기에 연속 근무는 불가능했습니다. 그래서 본사 인사실에서는 최소한 3주는 지나야 입사 처리가 가능하니 그동안은 절대 출근하지 말라고 저에게 지시를 내렸습니다.

하지만 그건 펜대를 굴리며 탁상공론만 하는 인사실의 입장일 뿐입니다. 현장에서는 당장 일손이 부족하니 새로 배치될 현장의 소장님께서는 당장 출근하여 업무 보기를 원하셨지요. 모든 직장 생활이 그렇겠지만, 아무리 부당한 지시라도 직속상관의 지시를 거부하기는 꽤 어렵습니다. 그래서 이전 현장에서 퇴사 처리된 바로 다음 날부터 지방의 어선 부두 현장으로 내려가 일을 했는데 입사 승인 처리는 3주가 지난 4월 21일에서야 되었습니다. 돈도 못 받고 3주간 무료 봉사한 꼴이었습니다.

항상 그런 식이었습니다. 떠나보내는 현장에서는 여기서 퇴사 일자까지 근무를 마치면 좀 쉬고 다음 현장으로 넘어갈 수 있게 챙겨 주겠다고 하지만, 막상 다음 현장에서는 왜 이전 현장에서 있을 때 안 쉬고 여기서 쉬려고 하느냐며 다그칩니다. "나중에 챙겨줄게~" 그딴 건 전혀 없습니다. 상급자들이 당장 일 부려 먹으려고 보증 없는 공수표를 날리는 것뿐입니다.

그래도 컨테이너 부두 현장을 끝마치고 넘어올 때 컨테이너 부두의 마무리 현장소장이셨던 임○○ 소장님은 저에게 정말 많은 배려와 신경을 써 주셨습니다. 원래 컨테이너 부두 현장을 처음부터 쭉 이끌어 오신 서○○ 소장님이 계셨는데, 당시 아시안게임을 앞두고 새로 수주한 요트 경기장 건설 공사를 수행하기 위해 그 현장소장님으로 발령되어 떠나셨고, 현장 내에서 서○○ 소장님 다음으로 직급이 높았던 제 기술 분야의 멘토이신 김○○ 공사부장님도 지방 어선 부두 현장의 소장님으로 영전하여 옮기셨습니다. 그러다 보니 공무팀장을 맡고 계셨던 임○○ 팀장님이 컨테이너 부두 현장에서 마무리 현장소장을 수행하게 되었던 것입니다.

임○○ 소장님은 저에게 가고 싶은 현장을 선택할 기회를 주셨습니다. 당시 한창 공사팀 직원이 부족한 새만금 방파제 현장과 제가 컨테이너 부두 현장에서 직속상관으로 모셨던 김○○ 공사부장님이 소장으로 나가 계신 지방 어선 부두 현장 중에서 어느 곳을 선택하고 싶은지 저의 의향을 물어보셨습니다.

새만금 방파제 현장은 현장 규모도 상당히 큰 편이라 직원들도 많이 투입되어 있었으며, 시행률(이윤)도 좋아서 그 현장에서 근무할 경우 상당히 좋은 조건이 예상되었습니다. 반대로 어선 부두 개보수 현장은 규모도 상대적으로 작았고 시행률도 그리 좋은 편은 아니어서 본사에서는 아주 천덕꾸러기 같이 취급하는 별로 좋지 않은 현장이었습니다.

만약 저에게 다시 한번 그때로 돌아가 이 두 현장 중에서 한 곳을 선택하라고 한다면 무조건 규모가 크고 직원이 많은 새만금 방파제 현장으로 가겠다고 했을 텐데, 그 당시에는 그러한 실리보다는 의리가 먼저라고 생각했습니다. 전에 모시던 직속상관께서 저의 도움을 필요로 하신다는데 모르는 척하고 있을 수가 없었습니다. 게다가 새만금 방파제 현장은 소장님이 토목 시공 기술사를 보유하고 계셔서 현장 대리인 선임에 아무 문제가 없었지만, 어선 부두 개보수 현장의 소장님은 기술사가 없으셔서 하루속히 기술사를 보유한 직원을 투입하여 현장 대리인으로 선임 신고를 해야만 하는 급한 상황이었습니다.

어찌 되었든 당시 저의 선택을 후회하지는 않습니다. 비록 어선 부두 현장은 규모가 작고 힘들었으며 어려움이 많은 현장이었지만, 그만큼 많이 배우고 성장하게 되었으니까요. 하지만 만약 그때 새만금 방파제 현장으로 진로를 택했다면 또 제 인생이 어찌 달라졌을지 짐작하기 어렵습니다. 그 새만금 방파제 현장의 소장님은 후에 승승장구하셔서 중역(상무)으로 승진하시어 현대건설 내 모든 항만 현장의 최고 수장의 자리에도 오르셨습니다.

만약 그때 제가 새만금 방파제 현장으로 가서 그 소장님과 인연을 만들어 두었다면, 어쩌면 회사 내에서 더 많은 인정을 받으며 아직도 열심히 현대건설에 남아있을지도 모르겠습니다. 어쨌든 현장 선택은 제가 했지만, 재입사 일정 선택은 본사 인사실에서 하다 보니 약 3주간을 입사 처리도 안 된 상태에서 무료 봉사를 하게 되었던 것이었습니다. 인사실에서도 현장 여건상 어쩔 수 없이 입사 처리 이전부터 일을 시킨다는 것을 잘 알고 있었습니다. 그런데도 미리 일정을 서둘러 처리해 주지는 않으면서 오히려 저에게 경고성 전화를 주었습니다.

"절대 입사 처리 전에는 일하면 안 된다. 불시에 현장 점검을 나가서 입사 이전에 근무한 증거가 발견되면 입사 처리를 취소하고 현장소장은 징계 조치하겠다."라는 식으로 반협박(?)을 하였습니다.

저인들 돈도 못 받는데 이렇게 객지까지 나와서 일하고 싶어서 하겠습니까? 안 하면 현장소장님에게 찍히니까 어쩔 수 없이 울며 겨자 먹기로 일하는 것이지요…. 계약직의 설움이여.

[2013년, 지방 어선 부두 현장에서]

○ 기사에서 과장으로 특진, 팀장이 되다

건설 회사마다 조금씩 다르겠지만, 대부분의 회사는 사원 직급을 '기사'라고 호칭합니다. '기술을 보유한 선비'라는 뜻이지요. 기사 이후의 직급은 제가 근무했던 회사를 기준으로 말씀드리자면 다음과 같습니다.

'기사(4급)→ 대리(3급)→ 과장(2급)→ 차장(2급)→ 부장대우(1급)→ 부장(1급)→ 상무보대우(여기부터 임원)→ 상무보→ 상무→ 전무→ 부사장→ 사장→ 부회장→ 회장'

새벽 4시, 꿈이 현실이 되는 시간

통상 한 직급당 약 4년 정도가 최소 승진 기간이니 중견 관리자로 인정받는 과장이 되려면 아무리 빨라도 최소 8년의 경력이 요구되는 셈입니다. 위의 직급에 따라서 회사 내 서열도 정해지고 급여에서도 한 직급당 약 1천만 원의 연봉 차이가 발생합니다.

대부분의 현장에서는 감리단, 발주처 등 상위 기관과 부대끼며 업무를 볼 때 직급이 낮으면 상대방으로부터 무시당하는 경우가 있기에, 일반적으로 대외적으로는 직급을 공식적으로 높여서 부릅니다. 일명 '호칭 직급'이라고 표현하는데 그 현장 내에서만 통용되는 직급입니다. 원래 현장채용(현채) 계약직은 정식 직급 없이 회사 내부적으로 '현채직 사원'이라고 표현하는데, 현장에서는 이들에게도 자긍심을 심어주고 대외적 업무처리 효용성을 증대시키기 위해 통상 과장 직급 이내에서 나이와 경력에 따라 호칭 직급을 부여해 줍니다.

반면 현채직과는 다르게 프로젝트(PJT) 계약직은 근로 계약을 할 때부터 정식 직급이 주어지기에 그 직급으로 불리는 게 일반적입니다. 그렇기에 저는 컨테이너 부두 현장까지는 PJT 4급사원이었으므로 '박 기사'라고 불렸습니다. 그런데 어선 부두 현장에서는 소장님의 지시로 PJT 사원임에도 '박 과장'으로 호칭이 격상되었습니다. 바야흐로 대리 직급을 거치지 않고 2계급을 특진(?)한 셈입니다.

그 이유를 보자면, 나이도 당시 34살로 과장급 나이었고 기술사 자격을 3개나 보유(시공, 안전, 항만)했으며, 실무 경력이 총 14년 차였는데 그중 현대건설만 해도 7년 차 경력이었기에 어선 부두 현장에서 맡게 된 공사팀장 역할을 무난히 수행하기 위해서는 최소한 '장'의 호칭이 들어가는 직급으로 불러 주어야 한다는 소장님의 생각이었습니다. 그렇게 하여 저는 2013년부터 '박 과장'이라고 불리며 공사팀장의 업무를 수행하게 되었습니다.

공사팀장, 공무팀장 등 팀장급은 통상 공구(공사 구역)를 책임지는 자라고 하여 '공구장'이라고도 표현합니다. 공구장에게는 해당 공구원들에 대한 지시 권한과 인사고과권, 공구 잡비 등이 주어집니다. 이 공구 잡비는 부서 회식비인데, 현대건설이 현대자동차 그룹에 인수되면서부터 공구 잡비 제도가 슬금슬금 없어져 버리고 회식하려면 건이 관리팀장에게 회식 사유와 참석 인원 등을 사전에 보고해서 승인받고 법인 카드로만 결제가 가능하도록 바뀌어 버렸지요.

회식비뿐만 아니라 조직 구성 명칭도 점차 바뀌었습니다. 점점 선진화된 느낌을 주려다 보니 영어를 혼합해서 사용하게 되었습니다. 그러다 보니 파트(Part)라는 개념이 도입되어 공구장의 정식 명칭이 '파트장'으로 변경되었습니다. 저의 경우에는 월급은 4급 사원(기사) 그대로인데 단순히 허울뿐인 호칭 직급만 과장으로 바뀐 것입니다. 그래도 "자리가 그 사람을 만든다."라고 했습니다. 공사팀장이라는 중책을 맡게 되니 괜스레 어깨가 더 무거워지고 책임감을 가지고 행동하게 되었습니다. 이런저런 사유로 인해 저는 2계급을 특진하여 기사에서 대리를 거치지 않고 바로 과장이 되어버렸습니다.

[2013년, 지방 어선 부두 현장. 공사팀장으로서 팀원 동료들과 함께]

○ 역대 인사고과 성적

건설 회사도 연말에 직원 승진 및 해고를 위해 1년 주기로 인사고과를 실시합니다. 제가 근무할 때는 상관이 부하 직원을 평가하는 일방적인 체계였기에 직속상관의 눈 밖에 나 버리면 그해의 인사고과는 완전히 망치는 것이었습니다.

제가 근무할 당시 현대건설의 인사고과 체계는 '잠재 역량'과 '업무 실적'의 2가지 항목으로 구분하여 따로 점수를 매겼습니다. 사원부터 과장까지의 직급은 경력이 많지 않으니 업무 실적의 비중은 좀 적고 대신 잠재 역량의 비중을 더 높게 평가합니다. 반대로 차장부터 부장까지의 직급은 닳고 닳은 사람들이기에 잠재 역량 비중은 적고 그해에 실질적으로 달성한 업무 실적을 큰 비중으로 평가합니다.

매해 2월에 그해의 성과목표를 설정하고, 7월에 중간평가, 10월에 최종평가를 실시하며, 직속상관이 평가 등급을 선정하면 담당 중역(임원)이 진급 대상자 분류 등 정략적 판단을 고려하여 일부 조정 후 등급(인사고과)이 확정되게 됩니다.

항목별 등급은 제일 높은 S(스페셜)부터 A, B(중간), C, D(폐급) 순으로 5개 등급으로 구분하는데, 대부분의 상관들은 인사고과를 줄 때 큰 변수가 없으면 잠재 역량과 업무 실적을 모두 B 등급으로 주고자 하는 경향이 많습니다. 왜냐하면 누군가에게 B보다 높게 점수를 줘버리면 다른 누군가는 B 이하로 점수를 깎아야 하기 때문입니다. 부하 직원을 사랑해서 그런다기보다는 그냥 점수 분배에 머리 쓰기가 귀찮은 것이 가장 큰 이유일 것입니다.

그리고 만약 인사고과 성적으로 D를 받거나 연거푸 2년 연속으로 C를 받아버리면 그해 연말에 실적 저조자로 권고사직(해고)을 당할 수도 있습니다. 이러한 체계의 인사고과 제도가 도입된 것은 현대건설이 현대차 그룹으로 편입된 2012년도부터였는데, 그때부터 퇴직한 2017년까지 제가 받은 인사고과 성적은 다음과 같습니다.

① 2012년: 역량 S, 업적 S

　　(전설이었죠. 사원 직급에 SS등급은 제가 유일했습니다)

② 2013년: 역량 S, 업적 A

　　(공무팀장이 진급 대상이라 몰아준다고 좀 깎였습니다)

③ 2014년: 역량 A, 업적 B

　　(저는 그해 정규직 전환되어 다른 직원들을 챙기셨습니다)

④ 2015년: 역량 B, 업적 B

　　(연초 예상 못 한 승진을 해서 다른 직원들을 챙기셨습니다)

⑤ 2016년: 역량 S, 업적 A

　　(정말 목숨 걸고 충성을 다하여 열심히 일한 결과였습니다)

[2013년, 공사팀장으로서 근무 당시, 콘크리트 타설 중]

　제가 모시던 상관으로부터 많이 듣던 얘기가 있습니다. 본인의 인사고과 권한을 가지고 있는 사람에게는 비굴할 정도로 잘 모시라는 이야기였습니다. 다행히도 군 복무와 직장 생활 중에 저는 제 상관으로부터 많은 인정과 좋은 평가를 받아 왔습니다. 저 또한 그 상관을 최대한 정성껏 모셨으며, 100% 수준을 기대하고 일을 시키시면 저는 항상 120% 이상의 수준으로 처리하고자 노력했습니다.

　직장 생활을 잘했고, 못했고는 다른 평가가 필요 없습니다. 인사고과 성적이야말로 가장 중요하고 확실한 지표입니다. 저는 정말 건설 현장에서 최선을 다해 열심히 근무했습니다. 일도 잘해야 하지만, 간과 쓸개가 녹아버릴 정도로 아부도 많이 했고 무엇보다도 공사팀장으로서 본연의 업무인 공사 검측 통과에 최선을 다해서 현장 매출 극대화에 누구보다도 많은 기여를 했다고 자부합니다.

○ 객지 장거리 운전 중 사건·사고

객지 현장 근무로 인해서 장거리 운전을 많이 하다 보니 몇몇 기억에 남는 사건·사고들이 있습니다. 5월 1일 근로자의 날이었는데 집에서 가족과 즐거운 시간을 보낸 후 저녁에 현장 사무실로 다시 내려가던 중에 고속도로 IC를 막 나와서 신호 대기로 멈춰있던 제 차를 뒤에서 음주운전 차량이 강하게 들이받았습니다. 그 충격으로 제 차는 앞으로 세게 밀려 제 앞차도 또 들이받는 삼중 추돌 사고가 발생했습니다.

[2013년 5월 1일, 삼중 추돌 교통사고]

그때의 충격이 얼마나 강했는지, 제 차의 트렁크는 작살났고 저 또한 안전띠가 풀려버릴 정도로 큰 충격을 받아서 운전석 시트가 크게 파손되어 충돌과 동시에 그냥 뒤로 젖혀져 누워버린 형상이 되어버렸습니다. 사고를 낸 사람은 상태를 보아하니 술을 거나하게 걸친 상태였는데, 나중에 알고 보니 인근 도로 공사 현장의 원청사(LI○건설) 현장소장이었습니다. 노동절이라 직원들과 함께 산행하고 거나하게 낮술을 마신 상태에서 운전대를 잡았던 것입니다.

제 차는 완전히 반파되었고, 저는 어깨와 목이 결리는 등 아주 고생이었습니다. 며칠 동안 병원에 입원하여 푹 쉬고 싶었지만, 꼴에 공사 팀장이라고 현장 걱정이 먼저 되었습니다. 고민이 많았습니다. 제가 입원하여 현장에 없으면 공사는 누가 챙길지 갑갑했습니다. 참 오지랖도 넓었습니다. 고민 중에 우선 소장님에게 전화를 드려 사고사실을 말씀드리고 우선 내일 하루는 병원 검사 등 사고 처리를 하겠다고 말씀드렸습니다. 소장님은 걱정해 주시며 현장은 아무 신경 쓰지 말고 우선 몸부터 잘 챙기라고 말씀해 주셨습니다.

하지만 제 머릿속에는 소장님의 속마음이 들려왔습니다. 소장님의 목소리 속에서 일말의 떨림과 곤혹스러움이 고스란히 느껴졌던 것입니다. 저 역시도 고민이었습니다. 그 사고 친 사람이 같은 건설업 종사자만 아니었다면 아마도 쭉 드러누워 그냥 3일 정도 입원하여 온갖 검사를 다 받으며 보험 보상금을 다 받았을 텐데, 사고를 낸 운전자에게서 막노동 삶의 흔적들을 보아하니 마치 20년 후의 제 모습이 보이는 듯하여 슬프고 불쌍했습니다.

지방 객지 현장을 떠돌며 휴일에도 집에 못 가고 직원들 단합행사를 한다는 명목으로 직원들도 못 쉬게 붙들고 낮술 먹이고, 밤낮 구분 없이 술에 찌들어 사는 모습들…. 업계 선배에 대한 측은함이랄까? 그래서 더 이상 누워있지 않았습니다. 교통사고를 처음 당해 본 것도 아니었고, 십여 년 전 측량 일을 하던 때도 해군 하사에게 받혀 봤으니 후유증이 어떨지도 잘 알고 있었습니다.

그냥 '혼자 감당해야겠다.'라고 생각하고 퇴원 처리했습니다. 그 사고자에게는 차량 수리를 완료해 주고, 파손된 안경과 제 트렁크의 짐에 대해 실비 보상을 받고 30만 원의 추가 위로금으로 깔끔히 합의서를 작성해 주고 현장으로 복귀했습니다.

소장님께 복귀 인사드리니 얼굴에 화색이 도시는 것 같았습니다. 그렇게 하루 만에 목과 어깨에 파스를 덕지덕지 붙이고 다시 현장으로 나갔습니다. 당장 검측을 통과시켜 다음 공종을 진행해야 할 게 산더미같이 쌓여 있었습니다. 준비가 좀 미흡한 작업도 공정이 급하다 보니 감리원에게 "제가 사고를 당해서 기분이 우울하니 저녁에 위로주 한잔 사겠다."는 말 같지도 않은 건수를 만들어서 제 자비를 들여가며 저녁에 술자리를 접대하며 "작업이 일부 미비하지만, 책임지고 잘 마무리 지어 놓을 테니 제발 저를 봐서 한 번만 검측 통과시켜 달라!"며 싹싹 빌었습니다.

그 어선 부두 현장의 소장님, 즉 제가 이전 컨테이너 부두 현장에서부터 모셨던 공사부장님이 자주 하시던 말씀이 생각납니다. "똥 푸는 사람은 똥을 잘 푸는 게 최고이고, 우리 같은 시공쟁이는 검측 잘 통과시켜 기성금 수금을 잘 받는 게 최고다." 저는 일 잘하는 공사팀장으로 인정받고 싶었습니다.

[2013년, 어선 부두 현장에서 공사팀장 근무 시]

새벽 4시, 꿈이 현실이 되는 시간

○ 사이비 기자, 사이비 환경단체

건설 현장에서 근무하다 보면 별의별 희한한 사람들이 다 찾아옵니다. 그중 대표적인 사례가 신문기자들인데, 만나보면 정말 가관입니다. 아예 대놓고 "후원금을 주지 않으면 현장의 문제점들을 촬영해서 유포하겠다."라고 협박하는 기자들부터, 처음에는 현장을 취재하고자 한다며 협조적으로 접근했다가 무언가 꼬투리가 될 만한 것을 잡으면 그때부터 물고 늘어지며 광고를 하나 게재해 달라는 기자까지…. 그런 사이비 기자들의 가장 큰 특징은 소속되어 있는 단체가 듣도 보도 못한 이상한 단체라는 것입니다. '세계환경연합 대한민국 총국', '청청 환경 탑 뉴스', '경찰관 일보' 등….

언젠가 한 번은 악의적인 지역 민원인이 허위 제보하여 이러한 사이비 기자가 취재를 나온 적이 있었습니다. 그 민원인은 공사 구역과 상관없는 곳에 위치한 본인의 식당이 공사로 발생하는 분진과 소음으로 피해를 보고 있다며 보상을 요구했는데, 현장에서는 제반 법령에 근거하여 문제가 되지 않는 범위 내에서 관리해 가며 조심스레 작업하고 있었기에 그분들이 원하는 금전 보상 요구를 받아들여 주지 않았습니다.

그 민원인의 제보를 받은 이상한 신문사의 기자는 우리 직원과 단한 마디도 이야기를 나눈 적이 없었는데도 다음 날에 악의적인 신문 기사를 내보냈습니다. 당시 그 지역은 몇 년 전 인근 해상에서 기름 유출 사고가 있었기에 주민들이 기름에 대해서는 아주 민감한 상태였습니다. 우리 공사 현장에서도 혹여 해상 장비 때문에 바다에 기름이 유출될까 걱정을 많이 하였습니다. 우리는 주민들의 걱정을 좀 덜어드리고 좋은 관계를 유지하고자 설계 및 내역에는 없지만, 추가 비용을 들여서 해수 표면에 기름이 유입될 경우 이를 차단할 수 있는 '오일펜스'를 작업 수역 주변에 설치해 두었습니다.

그런데 그 사이비 신문기자는 그 설계에 포함된 것도 아닌 오일펜스를 사진 찍어 가서, "오탁 방지막을 부실 시공했다. 국가 예산이 새어 나가고 있다."라는 식으로 악의적인 기사를 지역 신문에 보도하였습니다. 오일펜스와 오탁 방지막은 그 구조부터가 다릅니다. 오일펜스는 표면에 뜨는 기름 성분을 차단하는 것이 주목적이기에 물에 뜨는 표면체(부체)만 있습니다. 상대적으로 오탁 방지막은 수중에 유입되는 각종 흙먼지 등의 오탁수를 걸러내기 위해서 수중에도 오탁망(거름망, 실트 프로텍터, 스크린망)이 설치되어 있어야 합니다.

오일펜스와 오탁 방지막도 구분할 줄 모르는 사이비 기자가 잘못된 기사를 내보낸 것도 문제지만, 우리 직원 중 그 누구도 그 기자와 인터뷰한 적이 없는데 마치 "공사 관계자가 설계대로 시공하지 않은 잘못을 시인하고 있으면서도 배 째라는 식으로 조치하지 않고 있다."라는 내용의 기사를 작성했던 것입니다. 결국, 민원 담당 직원이 별도로 그 기자를 만나 정기 구독 및 광고 게재를 약속하면서 그 기사는 철회되었습니다. 참 한심한 노릇입니다. 억지 부리고 떼쓰며 우기면 달래주는 형국이니….

또 언젠가 한 번은 NGO를 가장한 사이비 환경단체가 찾아왔습니다. 이런 부류의 사기꾼을 만나면 절대 돈을 줘서도 안 되지만, 그렇다고 문전 박대해서도 안 됩니다. 돈은 안 주되 예의는 갖추며 "나도 돈을 주고 싶지만, 본사에서 승인해 주지 않는다. 그러니 그냥 가라. 미안하다."라는 식으로 달래서 내보내야 합니다. 이런 사이비들이 독하게 마음먹고 지자체 및 발주처에 계속 악의성 민원을 집어넣고 시끄럽게 굴면 결국 현장만 피곤해집니다. 이 글을 정리하면서 새삼 다시 느끼고 있는데, 세상에는 참 특이한 사람들이 많습니다.

새벽 4시, 꿈이 현실이 되는 시간

○ 모자와 완장

지방 어선 부두 현장에서 근무할 때 저의 호승심을 불러일으킨 사례가 하나 있었습니다. 당시 저는 기술사를 3개 보유하고 있었기에 더 이상은 기술사 공부에 대해 필요성을 못 느끼던 상황이었습니다. 그때 어느 한 인연으로 인해 저의 호승심이 다시 불타오르는 계기가 생겼습니다.

건설 현장에는 안전 관리를 위해서 일정 규모 이상의 공사는 '안전 관리자'라는 안전 업무 전담 직원이 투입됩니다. 그런데 제 경험상 그 안전 관리자 중에서 실력 있고 건설에 대한 전문 지식이 있는 안전 관리자는 몇 명 보지 못했습니다. 비록 현장에 안전 관리자로 선임되어 있지만, 본인이 실력이 부족하거나 공사팀장이나 현장소장의 안전 의식이 제로에 가까운 탓에 안전 관리가 개판인 경우가 허다합니다.

그래서 이런 현장에는 고용노동부의 근로 감독관들이 현장에 안전 점검을 나와서 공권력을 사용해 지도 및 보완시켜주기도 하는데, 건설 현장 수 대비 고용노동부 근로 감독관의 수가 매우 부족한 것이 현실인지라 잘 이행되지 않습니다. 그러다 보니 고용노동부에서는 '자율 안전 컨설팅'이라는 제도를 만들어 고용노동부에 등록된 재해 예방 기술 지도 업체의 건설 안전 기술사에게 월 1회씩 컨설팅을 받는 현장은 고용노동부 근로 감독관의 점검을 유예시켜 주는 제도를 시행하고 있습니다.

어선 부두 현장에서도 고용노동부의 점검을 회피하기 위해 어느 안전 전문가 한 분을 소개받아 컨설팅을 받았습니다. 그분은 현장이 지방이다 보니 전날 밤에 미리 내려와 인근에서 숙박하고 날이 뜨면 컨설팅을 하시고는 했는데, 어느 날은 운 좋게 서로 시간이 맞아 그 컨설턴트와 안전 관리자 그리고 저 이렇게 셋이서 점검 전날에 술을 한 잔하게 된 일이 있었습니다. 그때 그 컨설턴트는 건설 안전 기술사와 토목 구조 기술사를 보유하고 있었고, 저는 건설 안전, 토목 시공, 항만 및 해안 기술사를 보유하고 있었습니다.

그렇게 몇 순배 정도 술잔이 돌다 보니 그 컨설턴트는 요즘 토목 품질 시험 기술사를 공부하고 있다고 말했습니다. 그리고 또 향후에는 박사학위까지 취득하고자 생각 중이라고 하였습니다. 그때까지의 제 생각은 기술사 3개, 공학 석사 정도의 스펙이면 이제는 더 이상 공부는 안 해도 되겠다는 생각이었습니다. 그런데 그분은 저와 유사한 수준인데도 또 공부를 하신다니 의아했습니다. 그래서 물어보게 되었습니다.

"어차피 기술사가 많아도 다 써먹지 못할 텐데 왜 추가로 취득하려 하는지요? 그리고 기술사가 있으면 박사급 인정을 받는데 왜 구태여 비싼 돈 들여서 박사학위도 받으시려는지요?"

그 컨설턴트의 답변은 이랬습니다.

"앞으로는 안전·품질이 건설 분야에서 주요 키워드가 될 것입니다. 그렇기에 저는 품질 기술사를 취득하여 사전 대응하려 하며, 기술사를 '완장'으로 비유하자면 박사학위는 '모자'입니다. 우리나라에서 완장만 차고 있어도 전문가이고 모자만 쓰고 있어도 전문가이지만, 완장과 모자를 둘 다 착용하고 있으면 그 분야에 대해서는 그 누구도 반박할 수 없는 최고의 전문가로 인정받을 수 있습니다. 저는 그래서 꼭 완장에 이어서 모자까지도 취득하려는 것입니다."

무언가 머리에 강한 충격이 떨어지는 것 같았습니다. 짧은 시간이었지만 제가 지금 너무 안이한 생각으로 안주하고 있었다는 것을 느꼈고, 저도 그날 이후부터 바로 토목 품질 시험 기술사를 공부하기 시작했습니다. 한동안 멈췄던 새벽 4시에 기상하여 공부하는 것을 다시

새벽 4시, 꿈이 현실이 되는 시간

시작하게 되었고 그렇게 잠시 가라앉았던 공부에 대한 제 열정이 다시 활활 불타오르게 되었습니다. 그 결과 3개월 정도 공부한 끝에 토목 품질 시험 기술사에 합격할 수 있었고, 또한 그다음 해에는 머릿속으로만 생각했던 대학원 박사 과정에도 도전하게 되었습니다.

역시 사람은 자기보다 더 나은 사람을 만나야 발전하는 것 같습니다. 저도 그때의 만남을 계기로 '모자와 완장'의 필요성을 절실하게 인식하여 도전하게 되었고, 그 결과 머지않은 미래에 모자와 완장을 달성하여 이전과 전혀 다른 새로운 삶을 살 수 있게 되었습니다.

[2013년, 어선 부두 현장 사무실에서]

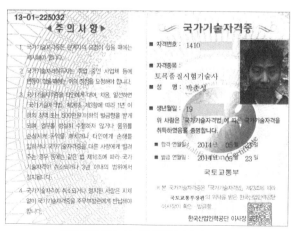

[토목 품질 시험 기술사를 공부하여 추가로 취득]

○ 슬리퍼 밑창으로 따귀 맞다

지방 어선 부두 현장은 규모도 적고 직원도 부족하여 일하기에 그리 좋은 조건은 아니었지만, 하지만 공사팀장이라는 무거운 직책을 받은 만큼 책임감을 느끼고 열심히 근무하였습니다. 특히나 신경 쓰였던 부분 중 하나가 민원 문제였는데, 지역 주민들의 민원이 보통이 아니었습니다. 차라리 이름이 알려지지 않은 자그마한 지역 업체가 시공했다면 민원이 덜했을 텐데, 1군 대기업이 시공한다고 하니 너도나도 뭐 하나 콩고물이라도 떨어질까 싶었는지 수시로 민원을 제기하였고 그 민원으로 인해서 공정이 제대로 진행되지 않을 때도 많았습니다.

언젠가 한 번은 사석을 반입하여 호안을 축조하는 공정을 하는데 인근 주민분들이 분진과 소음으로 민원을 제기하였습니다. 아무리 법적 기준에는 문제가 없다 해도 이토록 민원이 심하니 그냥 강행할 수는 없는 노릇이었습니다. 그래서 발주처와 협의하여 추가 비용을 들여서라도 분진 제어를 위한 살수 장치(스프링클러)와 소음 제어를 위한 방음벽을 설치하고자 계획을 세웠고, 그동안 잠시 사석 반입 공사를 멈출 것을 협력 업체에 서면으로 정식 지시했습니다.

협력 업체 사장은 작업을 대기하면 투입된 장비의 대기료가 발생하는 등의 손실이 있으므로 이를 강하게 반대하였고, 저는 원청사에서 정식 작업 대기 지시를 내린 만큼 이로 인해 발생하는 합당한 손해에 대해서는 우리 원청사가 보상해 준다고 설명해 드렸습니다. 그런데도 협력 업체 사장은 야밤에 술에 취한 상태에서 독단적으로 사석 반입 작업을 강행하였습니다.

수도권에는 사람들이 많고 치안이 잘되어 있으니 이렇게 독단적으로 진행할 수가 없지만, 지방으로 갈수록, 또 오히려 회사 규모가 작은 하청 업체일수록 더욱더 목소리를 높이고 무리한 억지 행위를 하는 경향이 다분합니다. 지역에 전문 업체가 별로 없다 보니 본인들이 아니면 그 일을 할 수 있는 곳이 없다는 것을 이용하고, 또한 대기업이 매스컴을 두려워하여 제재를 강하게 못 한다는 것을 잘 알기에 이를 악용하는 경우가 많습니다.

밤늦은 심야에 돌이 떨어지는 시끄러운 소음을 내며 작업을 강행하니 역시나 인근 민원인의 심기를 불편하게 만들었습니다. 그러나 저를 포함한 원청사에서는 공식으로 작업 중지 지시를 내렸으니 당연히 지시에 따를 것이라 안이하게 생각하고 있었습니다. 밤에 숙소에서 자고 있는데, 자정 즈음에 난데없이 민원인으로부터 휴대전화로 항의 전화가 마구 걸려왔습니다. 제가 전화를 받자마자 다짜고짜 쌍욕을 하시며 강한 항의를 하였습니다.

말을 들어보니 불시에 야간작업을 강행해서 항의하러 나갔더니 술 취한 깡패(협력 업체 사장)가 항의하는 민원인 3명을 주먹으로 폭행하여 이빨이 부러지거나 고막이 터지는 등의 부상을 당하고 지금 응급실에 실려 갔다는 것이었습니다. 무슨 봉창 두드리는 소리인지? 황당했습니다. 그럴 리가 없다고, 우리는 분명히 방음 시설 조치를 할 때까지 작업 중지 지시를 내렸다고 아무리 설명해도 말이 통하지 않았습니다. 어쩔 수 없이 그 깜깜한 새벽에 저 혼자는 무서웠기에 공사팀원 2명을 깨워서 셋이서 공사 현장으로 차를 타고 달려갔습니다.

웬걸, 덤프트럭 5~6대와 백호우(포크레인) 장비가 뒤엉켜서 정말 야간 사석 운반 작업을 하고 있는 것이었습니다. 당장 장비 앞으로 달려가 타고 온 차량으로 진출입로를 막아 세우고 작업을 멈추라고 지시했습니다. 그렇게 일단 상황을 정리하나 싶었는데, 장비 운전원에게 연락을 받은 협력 업체 사장이 나타났습니다. 아마도 인근의 가까운

데에 차를 세워두고 자고 있었던 모양입니다.

술에 많이 취했는지, 헐렁한 러닝셔츠에 사각팬티 같은 반바지, 맨발에 슬리퍼 차림이었으며 만나자마자 다짜고짜 욕을 하며 왜 공사를 중단시키냐고 제게 성질을 내었습니다. 일단 다가서서 진정을 시켰습니다.

"최 사장님. 정식으로 공사 중지 지시를 내렸고 그에 따른 피해는 보상해 드린다고까지 설명해 드렸는데 이렇게 무리하게 강행하시면 어떻게 합니까?"

최○○ 사장은 제 앞에 서더니 순간 고개를 숙였습니다. 황당한 전개이지만, 이제라도 잘못을 뉘우치고 사과하려는 것으로 생각했습니다. 그런데 그 순간 최○○ 사장은 고개를 푹 숙이고서 본인이 신고 있던 슬리퍼를 집어 들고 일어나, 그 슬리퍼 밑창으로 제 뺨을 세게 후려쳤습니다. 세상에나…. 군대에서 식판으로는 맞아 봤어도 여태껏 살아오면서 슬리퍼 밑창으로 뺨을 맞아본 적은 없었는데, 이런 경험은 난생처음이었습니다. 당혹스럽고, 어이없고, 치욕스러웠습니다.

일단 뺨을 한 대 맞은 후 더는 맞고 있을 수 없었기에 최○○ 사장의 팔을 붙들고 몸 뒤로 가서 뒤에서 껴안듯이 팔을 못 움직이게 붙들어 매고는 같이 간 직원들에게는 폭행 현행범으로 112에 신고하라고 소리쳤습니다. 경찰에 신고한다는 말을 들은 최○○ 사장은 더욱더 몸부림치며 온갖 심한 욕설을 내뱉었습니다. 가만히 서 있는 상태로는 체격이 건장한 건달 같은 최○○ 사장을 붙들고 있기가 힘겨웠습니다.

그렇게 십여 분을 씨름한 끝에 최○○ 사장은 이제 진정되었으니 말로 하자며 손을 풀어달라고 요구하였고, 저 역시 더 이상 일을 확산시키고 싶지 않아 붙들었던 손을 풀어 주었습니다. 처음에 몇 분은 본인의 투입비 손실 등을 한참 하소연하는가 싶더니만 또 주먹으로 저희 직원의 목덜미 부분을 후려치는 것이 아니겠습니까? 도저히 상종 못할 사람이라고 생각했습니다. 다시 달려들어 또 그의 팔을 붙들었고, 십여 분 동안 심한 욕설과 모욕을 들어가며 경찰이 도착할 때까지 그를 붙들어 맨 상태로 버티고 있었습니다.

지방 촌구석이라 한참 후에 경찰차가 도착하여 경관 2명이 내렸고, 그제야 팔을 풀어주고 자초지종을 설명했습니다. 경찰관은 일단 최○○ 사장이 술에 많이 취했으니 내일 조사하겠다며 귀가시켰고, 저는 불법 작업 중이던 장비 운전원들이 모두 철수하는 것을 확인하고 다시 새벽 2시경에 숙소로 돌아갔습니다. 그런데 숙소에 다다를 즈음 그 최○○ 사장에게 전화가 걸려왔습니다. "지금 숙소 앞에 와있는데, 빨리 나와라."라며 저를 죽여 버리겠다고 아우성쳤습니다.

마침 숙소 인근에 도착하였기에 멀리서 숙소 주변을 살펴보니, 정말 최○○ 사장이 한쪽 손에 신문지로 둘러싼 무언가(흉기로 짐작)를 들고 서성거리고 있었습니다. 어쩔 수 없이 공포심에 다시 경찰에 신고하였고 경찰차가 보이자 최○○ 사장은 그냥 달아났습니다. 그날은 너무도 두려워서 경찰이 저희 숙소 입구를 밤새워 지켜 주는 조건으로 해가 뜰 때까지 저희 직원들이 잠시 눈을 좀 붙일 수 있었습니다.

슬리퍼로 뺨을 맞은 이 경험은 제 인생에서 최고로 치욕스러웠던 경험이었으며, 또한 가해자가 흉기를 들고 설쳤기에 아주 두려웠던 최악의 경험이었습니다.

○ 자기 목에 칼이 들어오면 다른 사람 신경 못 쓴다

그 협력 업체 사장의 '슬리퍼 따귀 사건' 이후 많은 실망이 연이어 있었습니다. 현장소장님은 제가 정말 존경하던 저의 기술 지식의 스승님 같은 분이셨는데, 그 일이 시끄러워지고 여기저기 지역 신문에도 마치 현대건설이 폭력배를 고용해 민원인을 폭행한 것처럼 기사가 터지자 그 일을 수습하기에도 벅차하시며 저에게는 어떤 위로의 말도 없으셨습니다. 돌이켜 생각하면 본인도 정말 미안했을 것으로 생각합니다. 그렇게 명예와 권위를 중시하고 자존심이 매우 강하신 분이셨는데, 어떻게 도와줄 방법도 없으셨을 테니 말입니다.

오히려 현장을 위해서는 더 이상 시끄럽지 않게 제가 가만히 있기를 바라셨을 텐데, 반대로 저는 젊은 나이에 분에 겨워서 경찰서에 폭행으로 정식 고소를 하는 등 설치고 다녔으니 소장님의 입장이 매우 난처했을 것으로 생각합니다. 저는 제 나름대로 현장 직원이 폭행을 당했는데도 별 대응도 없으시고 아무 말씀 없으신 소장님과 공무팀장(부소장)님에게 매우 큰 실망을 하였고 이에 격분하여 사건이 발생한 바로 다음 날 지역 경찰서에 찾아가 정식으로 조서를 꾸며 폭행 신고를 하였습니다.

물론 그 폭행 신고는 저 혼자 독단으로 판단하여 하지는 않았습니다. 그래도 한 현장의 공사 책임자의 역할을 맡고 있었기에 일말의 책임감이 있어서 소장님과 공무팀장님에게 사전에 상의를 드리고 행동했습니다. 당시 소장님은 하계휴가 중이어서 우선 전화 통화로 정식으로 폭행 신고를 하겠다는 것에 대해서 구두 보고를 드렸음에도 별말씀 없으셨고, 공무팀장님께도 경찰서에 가기 전에 어제 있었던 내용을 문서로 정리하여 세세하게 상황을 보고 드리며 경찰서 신고 등 향후 대응 계획에 대해서 상의를 드렸습니다.

그런데 그때는 두 분 다 아무 말씀도 없으셨으면서 막상 폭행 신고 후 사무실에 복귀하니 공무팀장님이 저를 따로 불러내어 한 말씀 하셨습니다.

"박 과장. 대체 뭘 어떻게 하려고 경찰서에 폭행 신고까지 해? 지금도 충분히 시끄럽고 문제가 많은데, 경찰에 신고해서 또 매스컴에 사건이 터지면 현장 상황이 더 시끄러워질 것 아니야?"

어이가 없었습니다. 때리는 시어머니보다 말리는 시누이가 더 얄밉다고, 어젯밤 새벽에 전화로 실시간 긴급 보고를 여러 차례 드렸음에도 현장 한 번 나와 보지 않으시고 날이 밝고 나서도 아무 조치도 없었으면서, 또 좀 전에 경찰서에 가기 전에 상의드렸을 때도 아무 말도 없었으면서, 이제 와서 현장이 더 시끄러워지니 소란피우지 말라니? 저는 그렇게 할 수 없었습니다. 도저히 그냥 넘어갈 수 없다고 확고하게 답변을 드리고 자리에서 일어섰습니다.

결국 가족이 아닌 이상, 직장에서 만난 관계는 아무리 호탕하고 멋있는 상관이어도 본인 목에 칼날이 들어오면 남을 신경 쓸 겨를이 없습니다. 우선 본인이 살고 봐야겠지요. 지금은 다 이해합니다. 저도 이제는 불혹의 나이가 되었으니. 하지만 그때는 이해할 수 없었습니다. 그때의 제 심경으로는 만약 이 폭행 사건에 대해 윗분들이 도움을 주시지는 못할망정 저를 방해하거나 불합리한 조치를 하신다면 회사에 사표를 던지는 것까지 각오하고 있었습니다. 하지만 그건 그거고, 공사 팀장으로서 제 일은 지속해서 문제없게 처리하고자 노력하였습니다.

[어항 부두 현장에서 공사팀장으로 업무 수행 중]

○ 평생 직업에 대한 고민

저는 현재 4개 종목의 기술자 자격을 보유하고 있습니다. 토목 시공, 건설 안전, 토목 품질 시험, 항만 및 해안. 그리고 학업에 지속해서 정진하여 공학 박사학위까지 취득하였습니다. 저는 건설 기술인 협회에 등록된 실무 경력 20년 차로 토목, 건설 안전, 품질 관리, 건설 사업 관리 분야의 특급 기술자입니다. 그간 저는 토목 시공, 그중에서도 특히 항만 공사에 중점적으로 경력이 형성되어 있습니다.

회사를 그만두기 전인 3년 전까지만 하더라도 저는 평생 항만 건설의 기수가 될 것이며 항만 건설 분야에서 최고의 기술자가 되어서 이 업계에서는 제 이름을 모르는 사람이 없게끔 하겠다는 큰 포부를 가지고 있었습니다. 그런데 그 항만 건설 분야에는 몇 가지 치명적인 단점이 있습니다. 가장 큰 단점은 항만 건설 현장의 위치가 너무나도 극과 극이라는 것입니다. 우리나라 지도를 보면 삼면이 바다입니다. 저는 인천에 거주하고 있습니다. 제 연고지인 인천에 항만 건설 현장이 개설될 경우가 얼마나 될까요? 저처럼 항만 기술사까지 보유한 기술자는 100% 대규모 항만 현장으로 투입됩니다. 그러면 부산, 울산, 포항,

새벽 4시, 꿈이 현실이 되는 시간

동해, 여수, 군산 등 전국 해안 지역 어디든지 발령이 날 수 있습니다.

각 지방으로 현장을 떠돌 때마다 과연 제가 회사에 다니고 돈을 버는 목적이 무엇인가에 관한 의문이 들었습니다. 다른 사람은 몰라도 최소한 저는 제 가족과 행복하게 살고 싶어서 돈을 버는 것입니다. 그런데 그 돈을 벌고자 가족과 떨어져 있어야 한다면 그것이 과연 행복한 인생일까요? 주객이 뒤바뀐 것 아닌가 싶습니다. 그래서 저는 제 전문 지식과 기술을 활용하되, 지방 객지를 떠돌 필요 없이 집에서 안정적으로 출퇴근이 가능한 그런 업무 분야를 개척하고 싶었습니다.

어떤 분들은 배부른 소리라고 지적하실 수도 있습니다. 하지만 사람의 가치관은 각자 다릅니다. 저는 현재의 제 조건에서 제가 가족과 떨어지지 않고 안정적인 수입과 행복한 삶을 영위할 방법이 있다고, 또 그것을 찾아내서 이렇게 행복하게 잘 살고 있다고 자신 있게 말씀드릴 수 있습니다. 그렇기에 저는 기존에 20년간 쌓아온 건설 분야의 전문 지식과 경험을 활용해서 오늘도 더 나은 미래를 위해 새로운 여러 사업을 개척해 나가고 있습니다.

크루즈 부두 현장

○ 역대 최대 규모 항만 건설 공사 수주

시기적으로는 그 슬리퍼 폭행 사건이 있기 몇 개월 전이었습니다. 당시 역대 항만 건설 공사 중 단일 현장으로는 최대 규모인 크루즈 여객선 부두의 건설 공사가 발주되었습니다. 총공사비가 약 2,300억 원으로 통상 1,000억 원이나 1,500억 원 정도인 다른 공사와는 비교도 안 될 정도의 대규모 공사였습니다.

현대건설은 항만 건설 분야에서 상대적으로 많은 실적과 우수한 기술력을 보유하고 있습니다. 그러한 기술력을 인정받아서 현대건설이 턴키(설계~시공 일괄) 계약방식인 그 크루즈선 부두 공사를 수주하였고, 그 공사에는 예전에 제가 근무한 컨테이너 부두 현장의 소장님이셨던 서○○ 소장님께서 현장소장으로 부임하시게 되었습니다.

현장 규모가 워낙 크다 보니 직원도 많이 필요했는데 회사 내 항만 전문 인력은 그리 많지 않았으며, 또 결정적으로 그 현장에 투입된 30여 명의 직원 중에서 기술사 소지자는 아무도 없었습니다. 그러다 보니 현장 대리인 선임을 위해서라도 기술사를 보유한 직원이 필요했는데, 마침 그 현장의 서○○ 소장님은 저를 염두에 두고 계셨습니다.

다만, 제가 현재 소속되어 있는 어선 부두 현장에서도 저 아니면 현

새벽 4시, 꿈이 현실이 되는 시간

장 대리인을 할 수 있는 직원이 없다는 것을 잘 알고 계시고, 또한 어선 부두 현장의 소장님이 이전의 컨테이너 부두 현장에서 본인이 소장으로 있을 때 중용했던 공사팀장이었기에 "후배가 첫 현장소장으로 나가 있는데 도움을 못 줄망정 현장 대리인으로 있는 직원을 빼내 갔다." 라는 등의 구설수가 우려되어 강력하게 요청은 못 하고 계셨습니다.

그런데 그 현장에서도 현장 대리인 선임을 더 이상 지체할 수 없게 되었습니다. 착수 초기에는 본사에서 근무하는 기술사 보유 직원의 이름만 현장 대리인으로 올려두었는데, 발주처 및 감리단에서 현장 대리인 상주를 강하게 요구하고 나서니 매우 입장이 난처해진 것입니다. 그렇기에 본사 토목 사업 본부 내 당시 항만 분야의 최고 수장(임원)이었던 박○○ 상무님께 저를 보내 줄 것을 요청을 드린 것 같습니다.

아마도 박○○ 상무님 입장에서도 제가 항만 및 해안 기술사를 비롯하여 기술사를 당시 3개나 보유하고 있는 것을 알고 계셨기에 장차 재목으로 키워 주고자 제가 좀 더 큰물을 경험할 수 있도록 크루즈 부두로의 전출을 긍정적으로 생각하셨던 것 같습니다. 그렇게 해서 어선 부두 현장소장님에게 저를 크루즈선 부두 현장으로 전출시키라고 지시를 내려 주셨습니다.

어선 부두 현장의 소장님은 당연히 매우 난처했을 것입니다. 그러나 임원분의 지시가 떨어진 만큼 우선은 후임자 인선 때까지 시간을 좀 달라고 양해를 얻으신 것 같습니다. 그 와중에 마침 협력사 사장의 '슬리퍼 따귀 사건'이 벌어진 것이었고, 어선 부두 현장의 김○○ 소장님은 여러 복잡한 문제로 아주 골머리가 아프시게 되었습니다.

그 와중에 그 '슬리퍼 따귀 사건' 이후 윗분들의 조처에 매우 실망한 저는 여차하면 사표를 던질 각오로 사직서를 작성해 항상 사무실 책상 한쪽에 넣어두고 있었습니다. 그런데 어느 날, 안전팀장이 지나가다 우연히 제 책상의 사직서를 보게 되었고 이를 심상치 않게 생각하여 소장님에게 안전 업무 보고를 하던 중에 넌지시 "박 과장이 요즘 많이 힘들어하는 것 같다. 사직서까지 준비하고 있다."라는 식으로 말씀을 드렸고, 사직서 이야기를 들은 소장님은 급하게 연락해서 현장에서 일하고 있던 저를 호출했습니다.

○ 큰 무대로 옮기다

현장에서 검측하던 중에 소장님의 긴급 호출을 듣고 사무실에 복귀하니 소장님이 차분하게 물어보셨습니다.

"박 과장. 너 다른 사람에게 현장 전출 얘기 뭐 들은 것 있냐?"

처음 듣는 소리였습니다. 그런 적 없다고 말씀드리니 자초지종 경과를 설명해 주셨습니다. 몇 주 전부터 이미 저의 현장 전출이 결정되었는데, 현장 대리인 후임자가 마땅치 않아 아직 비밀로 하고 있었다며 후임자가 올 때까지는 다른 직원들에게 티 내지 말고 비밀로 하라고 말해 주셨습니다.

당시 지방 객지 근무로 가족과 떨어져 있어야 하고, 그리 좋은 여건의 현장도 아니었는데 그 와중에 협력사 사장에게 슬리퍼 밑창으로 뺨까지 얻어맞다 보니 정말로 제 업무에 회의를 심하게 느끼고 있었습니다. 더 한심하고 서글펐던 것은 사직서까지도 써 놓고도 막상 사직서를 던질 용기가 없었다는 것입니다. 건설 회사 외에는 돈을 벌 수 있는 다른 방법은 전혀 알지 못했고, 평생 건설 회사에만 다녀야 한다면 현재 소속된 현대건설을 떠나서 이보다 더 좋은 조건으로 옮길 자신이 없었습니다.

새벽 4시, 꿈이 현실이 되는 시간

비록 PJT 계약직 신분이었지만 급여와 복지는 정직원과 동일하게 받다 보니 이보다 더 양호한 조건을 주는 다른 시공사는 찾을 수가 없었습니다. 그렇다고 가족의 생계를 내팽개치고 저 혼자 편하자고 돈을 줄이면서 감리 등의 다른 업무로 옮길 수도 없는 노릇이었고, 하여튼 여러 가지로 고민이 많던 때였습니다.

그래도 집에서 좀 더 가깝고 규모가 커서 많은 것을 배울 수 있는 현장으로 옮기게 되었다니 겉으로는 티를 내지 못했지만, 속으로는 쾌재를 불렀습니다. 마치 교도소의 죄수가 가석방을 선고받은 것과 같은 기분이었습니다. 그렇게 힘든 시기를 보냈던 지방 어선 부두 현장에서의 시간이 마침표를 향해 다가가고 있었습니다.

소장님과 면담한 그날 저녁, 홀로 인근 어촌 어판장에서 가장 가격이 저렴한 노래미 회를 한 마리 떠 와서 현장 사무실 앞 방파제 둑마루에 걸터앉아 홀로 소주 한잔을 홀짝이며 저의 앞날에 대해서 많은 고민의 시간을 가졌습니다.

"과연 앞으로 평생 다람쥐 쳇바퀴 돌 듯이 이런 불쌍한 월급쟁이의 삶을 반복하며 살아야 하는가? 내가 아닌 남의 지시와 통제를 받으며, 사직서조차 던질 용기가 없는 한심한 삶을?"

[해 질 녘, 방파제 둑마루에 걸터앉아서 소주 한잔하며 앞날에 관한 고민 중]

물론 이날 소장님과의 면담 이후에도 현장 대리인 후임자를 못 구하여 3개월 동안 더 그 현장에 묶여 있었고, 그렇게 시간이 흘러 2013년 12월 말이 되어서야 크루즈 부두 현장으로 전출 갈 수 있었습니다. 어선 부두 현장에서는 저 한 명이 빠지는 대신 제가 하던 역할을 수행하기 위해서 총 3명이 충원되어야만 했습니다.

우선은 현장 대리인으로 선임할 만한 기술사를 보유한 여러 정직원들이 현장 여건이 좋지 않다며 죽어도 안 가겠다고 버티는 바람에 결국 비록 기술사는 있지만, 주변에 인물평이 별로 좋지 않아 계약해지되었던 현채 직원을 다시 현채직으로 채용하여 현장 대리인이라는 감투를 씌워 사무실에 들여야 했으며, 공사팀장으로서 제 역할을 대행하기 위해 과장급 정직원 한 명이 추가로 충원되었고, 그 후임 공사팀장은 혼자서 공사업무를 다 처리할 자신이 없다 하여 검측서, 시공 계획서 작성 등 공사업무를 보조해 줄 현채 직원을 1명 더 추가로 채용해야 했습니다.

돌려서 말하자면 여태껏 저 혼자서 이 3명분의 일을 처리하고 있었던 것이라고 할 수 있겠습니다. 물론 그런 장점이 있었기에 소장님들이 서로 저를 데려가려 했던 것이기도 하고요.

○ 강함과 부드러움, 결국 부드러움이 이긴다

이번에 크루즈 부두 현장으로 옮길 때도 이전과 마찬가지로 퇴사 후 재입사 처리가 되는 과정에서 3주간 무료 봉사로 일해야만 했습니다. 아, 정말 지긋지긋한 계약직의 설움이여… 2013년 12월 27일 자로 어선 부두 현장에서 퇴사 처리되었고, 2014년 1월 17일 자로 크루즈선 부두 현장으로 신규 입사 처리되었습니다. 그러나 크루즈선 부두 현장에서 일이 급하다고 하여 실제로는 지방 어선 부두 현장 퇴사 처리된 당일부터 신규 현장에서 근무를 시작했습니다.

그즈음에 회사 생활이 점점 팍팍해진다는 것을 느꼈는데, 3~4년 전만 해도 현장 직원들이 야근도 잦고 주말도 제대로 못 쉬다 보니 최소한 먹는 것이라도 잘 먹으라는 취지로 식비만큼은 무료였습니다. 그런데 언젠가부터 식비도 모두 개별로 자비 부담을 시키고 있었습니다. 야근을 해도 개인 돈으로 저녁 밥값을 내어 가며 야근해야 하는 웃긴 풍경이 된 것이었습니다.

월급도 못 받고 3주간 무료 봉사하는 것도 억울한데, 이제는 밥값까지도 직접 내라니 이건 정말 아니다 싶어서 크루즈 부두 현장소장님께 상의를 드렸습니다. 소장님은 제 의견이 구구절절 맞는 말이지만, 본사 방침을 어찌할 수 없다 보니 고육지책으로 결국 제 식비만큼은 소장님이 자비로 대신 내주시는 조치를 해 주셨습니다. 그런 의도로 말을 꺼낸 게 아니었는데 소장님 월급에서 제 식비가 공제되니 이 또한 어찌나 눈치가 보이고 죄송하던지, 괜히 말했다 싶었습니다.

이렇게 회사에 충성하고 회사에 28년을 몸 받치셨던 존경하는 소장님을… 그 회사는 불과 1년 뒤에 명퇴 통보하고 단 2주 만에 퇴직처리를 해버렸습니다(뒤에 부연설명 예정).

그렇게 3주 무료 봉사 후 입사 처리가 되고 그 현장에서 다시 근 4년간의 새로운 삶이 시작되었습니다. 그 현장은 워낙 규모가 크다 보니 웬만한 현장소장으로 나갈 정도인 부장 직급이 공사팀장과 공무팀장을 각각 맡고 계셨습니다. 공사팀장이셨던 윤○○ 부장님은 상당히 저를 예뻐해 주셨던 기억이 많습니다. 나중에 알고 보니 윤○○ 부장님은 이전의 어선 부두 현장에서 제가 모셨던 김○○ 소장님과 동년배로 두 분이 여태껏 서로 맞수(?) 같은 삶을 살아오셨다는 것을 알게 되었습니다.

윤○○ 부장님과 김○○ 소장님은 두 분 다 해외 현장에서 잔뼈가 굵은 정통 항만 시공 기술자로, 삼십 대 초반의 대리 직급 때 싱가포르 현장에서 처음 같이 근무했었고 그다음부터 여러 현장에서 마주치며 서로 비교 아닌 비교를 당하면서 지속적으로 얽혀 계셨다고 합니다.

전반적인 주변 평을 듣자면 김○○ 소장님은 날카롭고 예리하게 일을 짚어내며 추진력이 매우 강하나, 부하직원을 모질게 대하고 매정하기로 유명하시고, 아침잠이 매우 많으셔서 아침에는 항상 늘 1시간 정도 지각 출근을 하셨다고 합니다. 그런데도 일 처리를 잘하다 보니 윗분들이 그것으로 크게 나무라지는 않으셨던 것 같습니다.

반대로 윤○○ 부장님은 지각 한 번 없이 매우 성실하고 성격이 유하며 부드러운 편으로 선후배들이 모두 좋아하는 성격이나, 강하게 밀어붙이거나 모질지가 못하여 업무 추진력은 다소 떨어진다는 평이 우세했습니다.

즉, 『삼국지』의 영웅호걸에 비유하자면 김 소장님은 조조와 같이 평은 좋지 않으나 타고난 지략가이셨고, 윤 부장님은 유비와 같이 우유부단하나 타고난 덕장이셨던 것입니다. 추후 두 분의 이야기를 객관적으로 연구해 봤는데, 결과적으로는 업무 능력보다는 인성으로 평이 좋으신 분이 더 빨리 승진하셨던 것 같습니다. 대인관계가 안 좋아도 실력이 있으면 잘리지는 않으나, 많은 동료가 같이 근무하기를 꺼리기 때문에 일이 잘 안 풀리는 어렵고 급박한 현장에나 어쩔 수 없이 특공대 형식으로 투입되는 경우가 많았습니다.

그러다 보니 일만 잘하는 지략가는 결국 용병과 같은 대우를 받게 됩니다. 평소에는 찾지 않으나 어려운 문제가 생기면 외인부대 용병처럼 잠시 불러서 투입하는 식으로…. 하지만 덕장 스타일은 일 처리가 다소 매끄럽지 않아도 상관 및 부하들의 호감을 사기 때문에 빠르지는 않아도 꾸준히 발전하게 됩니다. 따라서 전반적으로 봤을 때 직장 생활에서는 모난 돌보다는 둥그스름한 돌이 더 나은 것 같습니다.

이렇게 지난 일을 돌이켜 보자니 회사 재직 당시의 저는 아니라고 주장했지만, 가만히 생각해 보면 저 역시도 다른 직원들이 두려워하는 날카로운 모난 돌이 아니었나 싶습니다. 아니, 모난 돌을 뛰어넘어서… 완전 송곳(?)이었던 것 같습니다. 그러니 결국 주머니를 뚫고 나와버린 것이겠지만….

어쨌든 새로운 크루즈선 부두 현장에서 덕장으로 소문나신 윤○○ 부장님을 직속상관으로 모시게 되며, 저 또한 덕장으로서 사람들을 대하는 방법에 대해 많은 것을 배울 수 있었습니다. 워낙 정이 많으시고 인품이 좋으셔서 그 후에도 제가 회사를 그만둘 때까지 윤○○ 부장님과 많은 시간을 같이 보내며 많은 추억을 만들기도 했으며, 회사를 나오고 나서도 주기적으로 연락을 주고받으며 인연을 이어가고 있습니다.

[윤○○ 부장님과 같이 보낸 시간]

○ 완장은 4개나 찼으니, 모자를 쓰러 가자

어쩌다 보니 시간이 흘러 기술사 자격을 4개나 취득한 후, 다음에는 어떤 공부를 해야 할지가 고민이었습니다. 기술사를 더 취득하자니 이제 더 이상은 큰 활용도가 없어 보였습니다. 현재 보유하고 있는 기술사 4개 종목도 다 활용을 못 하고 있는데 추가로 더 취득한다고 해 봤자 써먹을 곳이 없으리라 판단했습니다. 또한, 당시 회사에서 지급해 주는 자격증 수당도 기술사 3개까지만 인정되다 보니 더욱더 기술사를 취득해야 할 메리트를 느낄 수 없었습니다.

그러나 비록 기술사 공부를 그만한다고 해서 새벽 4시에 일어나서 공부하는 좋은 습관을 없앨 필요는 없었습니다. 그래서 새벽 4시에 계속 일어나되, 기술사 대신 어떤 공부를 할지 고민했습니다. 그즈음에 이전에 저에게 신선한 충격을 주었던 '모자와 완장' 이야기가 새삼 떠올랐습니다. 이제 완장(기술사)은 충분히 착용했고, 저도 기회가 되면 모자(박사) 취득에 도전해 볼까 생각하게 되었습니다.

마침 새로 부임한 크루즈 부두 현장의 공기도 3년, 인근 대학교의 박사 과정도 3년이었기에 딱 맞아 들어가는 것이 꼭 하늘의 신호 같기도 하였습니다. 논문 통과까지는 시간이 걸리더라도 크루즈 현장 공사 기간 동안 박사 과정 수업만 수료해 두면 논문 준비는 다른 지방 현장으로 발령이 나더라도 천천히 마칠 수 있으리라 생각했습니다. 그래서 현장에서 근무하며 틈틈이 인근 대학교의 박사 과정에 대해서 알아보았습니다.

3년 치 등록금도 부담이었지만, 야간 수업뿐만 아니라 낮에도 일부 수업에 참여해야 하는 애로사항이 있어서 마음에 크게 걸렸습니다. 하지만 심사숙고 끝에 진학을 결심했습니다. "어제와 똑같은 오늘을 살면서 더 나은 내일을 기대하는 것은 정신병 초기 증세다."라는 아인슈타인의 명언이 있습니다. 그 말에 전적으로 공감합니다. 그래서 어제와는 다른 오늘을 살고 싶었습니다. 경제적으로든, 시간적으로든 아주 힘들었지만, 박사 과정에 진학하기로 마음을 먹었습니다.

일단 입학을 위한 면접시험을 치르게 되었는데 그래도 기술사를 많이 보유한 것이 장점으로 부각되어 무난히 합격할 수 있었습니다. 그리고 수업에 매주 2회 참석해야 했는데 그중 하루는 오후 4시부터 수업이 시작되어 연차를 사용하지 않고서는 수업 출석이 불가한 상황이었습니다.

힘들고 눈치 보일 것을 각오하고 시작한 일이기에 더 이상의 큰 고민은 없었습니다. 상관 및 동료들에게 상황을 설명하고 양해를 구했습니다. 4주에 하루씩 연차를 사용하여 주간 수업이 있는 매주 수요일은 오후 3시 반에 퇴근하고, 그 대신 거의 매주 일요일은 휴일을 자진 반납하여, 야근을 빠지는 것에 대한 업무량을 보충하기로 했습니다. 거의 3년 내내 매주 일요일은 자청하여 당직 근무를 섰습니다. 그래야 동료들에게 눈치가 덜 보이고 덜 미안했기 때문이죠.

그렇게 어렵게 시작한 박사 과정으로 인해서 저는 또 매일 새벽 4시에 일어나 이번에는 기술사 공부 대신 과제물 리포트를 작성하거나 틈틈이 학위 논문을 작성하는 것에 시간을 투자했습니다. 힘들고 어려운 시간이었지만, 묵묵히 하루하루를 넘겼습니다. 그러다 보니 일단 5차 학기에서 필요 학점을 모두 수료했고 마지막 6차 학기에 지도 교수님의 배려와 크신 가르침 덕분에 예상보다 빠르게 딱 3년 만에 박사학위를 수여받고 졸업할 수 있었습니다. 이것 역시 기술사가 있었기에 심사 위원 교수님들께서 좋게 봐주신 것으로 생각합니다.

통상 학계에서도 전문 기술사가 있으면 박사급으로 예우해 줍니다.

그런 기술사를 4개나 보유하고 있으니 논문 심사를 맡으신 교수님들께서 모두 좋게 봐주신 것 같습니다. 특히 논문 예비 심사 때 워낙 긴장을 많이 해서 제대로 답변하지 못했는데, 그럼에도 불구하고 기술사가 많다 보니 교수단 회의 시 기초 전공 지식은 충분히 검증된 것이라고 인정해 주셔서 무난히 본 심사로 건너갈 수 있었습니다. 이토록 기술사는 저에게 정말 여러 면에서 많은 기회를 제공해 주었습니다.

[박사 입학 동기 형님과 함께] [대학원 박사 과정 수업 중]

○ 고졸 계약직으로 시작해서 정규직으로 승진까지

2014년은 저에게 최고의 해였습니다. 우선 힘겨웠던 지방 어선 부두 현장을 벗어나 새로운 크루즈 부두 현장으로 부임하였고, 전반기에는 토목 품질 시험 기술사에 최종 합격하여 또 하나의 기술사를 취득하였습니다. 그리고 6월에는 현대건설에 말단 고졸 현채 계약직으로 입사한 지 7년 만에 어렵사리 정규직으로 전환될 수 있었습니다.

당시에는 4년제를 졸업한 사람들도 현채 직원으로 들어오기 어려울 정도로 고스펙의 우수인력이 넘쳐나는 시기였는데, 저는 고졸로서 측량 하도급 업체 직원으로 시작해서 현채 계약직과 PJT 계약직을 거친

후 현대건설에 입사한 지 7년 만에 운 좋게 정규직으로 전환될 수 있었습니다.

비록 정규직 4급 사원(대졸 공채에서 합격하면 4급 사원으로 채용됨) 직급이었지만, 구태여 비유하자면 현채 계약직에서부터 시작했으므로 2번의 승진을 하여 과장 직급에 오른 셈이라 할 수 있겠습니다. 정말로 형언할 수 없이 기뻤습니다. 마치 이등병으로 참전한 병사가 하사(현채직)가 되어 전공을 세우고 중사~상사(PJT직)를 거쳐 장교(정규직)가 된 것과 같은 느낌이랄까? 정규직이라는 신분은 마치 군대로 치면 장교와 같다는 자랑스러움과 명예로움을 느꼈습니다.

IMF 금융 위기 이전에는 저와 같이 고졸 출신이 계약직을 거쳐서 정규직이 된 사례가 종종 있었지만, IMF 이후에는 이런 사례가 거의 없었던 것으로 알고 있습니다. 이 모두가 소장님들을 비롯하여 제가 모셨던 선배님들의 가르침과 배려 덕분이었습니다. 진심으로 감사드릴 따름입니다. 게다가 그해 연말에 또 한 번의 형언할 수 없는 기쁨을 맛봤습니다. 전혀 예상도 못 했는데 4급 사원에서 대리로 승진하게 된 것입니다. 원래 인사실 방침상 정규직으로 전환된 직원은 아무리 인사고과가 좋아도 같은 해에는 승진시키지 않는다고 합니다. 실제로 그해 11월에 인사고과 성적이 공개되었을 때, 저처럼 그해에 정직원으로 전환된 직원들은 승진 조건을 충족해도 금년도에는 승진 대상에서 제외한다는 내용의 안내 메일 공지도 있었고요.

나중에 알고 보니 본사의 항만 분야 최고 수장이신 박○○ 상무님께서 인사실에 몇 번이고 찾아가서 강하게 요청했다고 합니다. 기술사가 4개이고 이토록 인사고과 평가가 좋은 직원이 승진하지 못하면 어떻게 하냐면서 매우 강하게 주장하셨다고 합니다.

[크루즈 부두에서 근무할 당시]　　　　[정규직 전환 후 기념 촬영]

　그 상무님도 지금은 비록 현대건설을 떠나서 다른 항만 설계사의 사장직으로 계시지만, 제게는 평생의 은인 같으신 분입니다. 옛 고전을 읽어보면 이런 말이 있습니다. "장수는 나를 알아봐 주는 군주 밑에 있는다."

　저의 가능성을 알아봐 주시고 기회를 주신 박○○ 상무님과 그동안 제가 지근거리에서 모시면서 많은 가르침을 주신 서○○ 소장님, 김○○ 소장님, 윤○○ 소장님, 나○○ 부장님, 그리고 저를 키워주신 첫 사수 정○○ 부장님 등 모든 선배님에게 진심으로 감사드릴 따름입니다. 훌륭하신 선배님들 덕분에 저는 2014년을 최고의 한 해로 보낼 수 있었습니다.

○ 강단에 서는 꿈이 생기다

　당시에는 제가 지금과 같이 강단에 올라서서 누군가를 가르치고 강연을 하게 되리라고는 상상도 하지 못했습니다. 수십, 수백 명의 군중 앞에 나서서 본인의 주장을 말하는 것은 결코 쉬운 것이 아님을 잘 알고 있었습니다. 그랬던 제가 강연에 대한 자신감을 가지게 된 몇 건의 계기가 있었습니다.

첫 번째로는 승진 후에 회사에서 그룹사 전체 승진자를 대상으로 진행했던 프레젠테이션 교육이 좋은 계기가 되었습니다. 당시 그룹에서는 매해 승진자를 대상으로 하여 몇몇 교육 과목을 구분하여 2박 3일간 집체교육을 시켰는데, 저는 이때 프레젠테이션 교육 과정에 지원했습니다. 그래서 경기도 오산에 위치한 그룹 연수원에서 2박 3일간 프레젠테이션 스킬에 대한 교육 및 평가를 받았는데, 그때 전문 강사분이 최종 성적표에 써 주신 글이 기억납니다.

"어디에서 강의를 좀 해 본 듯. 강사 기질이 우수. 장차 사내 강사 육성 대상으로 고려." 이런 식으로 매우 좋은 평가를 해 주셔서 매우 기분이 좋았으며, 그때부터 발표에 자신감이 붙었던 것 같습니다.

또 다른 사례로는 크루즈 부두 현장에서 근무할 적에 서울대학교 대학원생들이 견학 왔을 때의 기억입니다. 서울대학교는 누구나 인정하는 대한민국 최고의 대학으로 그곳에서 항만 공학을 전공하는 교수님 및 석·박사분들이 단체로 견학을 오셨습니다. 당시 소장님이셨던 윤○○ 부장님의 지시로 제가 강단에 올라서서 현장에 대한 브리핑을 수행했으며, 발표를 마쳤을 때 서울대 석·박사분들이 열화와 같이 박수를 쳐 주었던 그 희열이 아직도 기억에 남아 있습니다.

[서울대 대학원생 견학 시 발표]　　　　　[서울대 학생 현장 실습 지도]

　마지막으로, 결정적으로 저에게 강연에 대한 자신감을 심어 주었던 계기는 부경대학교 해양공학과 학생들을 대상으로 한 특강이었습니다. 제가 모셨던 윤○○ 부장님은 부경대학교 출신으로, 마침 대학 동기이신 모교 학장님의 권유로 후배들인 학부생들 수백 명을 대상으로 2시간 분량의 특강 요청을 받아들이시게 되었습니다. 하지만 현장소장이라는 자리가 한가하지만은 않기에 저에게 임무를 주시어 본인께서는 약 30분 정도만 공사 현장에 대한 대략적인 소개를 담당하시고, 나머지 한 시간 반 동안은 저에게 연약 지반 개량을 소재로 강연할 것을 지시하셨습니다.

　300여 명의 대학생 앞에서 강연이라니…. 매우 긴장되었습니다만 나름대로 당시 최신 유행 드라마였던 〈태양의 후예〉와 관련된 유머들도 준비하여 윤○○ 부장님과 함께 대학교가 있는 부산으로 내려갔습니다.

　　　　　　　　　　　　　　　새벽 4시, 꿈이 현실이 되는 시간

[2016년 4월 1일, 부경대학교에서 윤○○ 부장님과 강연]

처음에는 상당히 긴장했지만, 막상 제 차례가 되어 대강당의 단상에 올라서자 신기하게도 긴장과 떨림이 싹 사라지고 자신감이 샘솟아 나는 것 아니겠습니까? 그 정체 모를 자신감으로 저는 한 시간 반 동안의 강연을 성공적으로 수행하였고, 강연 이후에 학생들보다도 교수님들께서 강연이 매우 재미있었다고 좋은 말씀을 많이 주셨습니다.

분명 한 시간 반 동안 쉬지 않고 강연을 했음에도 피곤하거나 힘들기는커녕 재미있고 즐거웠습니다. 그때 처음으로 이런 생각이 들었습니다. '아, 내가 강의 체질인가? 나도 언젠가는 정식으로 강단에 올라서고 싶다.'

○ 정년퇴직은 개뿔

2014년 연말은 저에게 최고의 한 해였지만, 제가 콧물 찔찔 흘리던 말단 시절부터 저를 키워주신 존경하는 서○○ 소장님에게는 그렇지 못했던 한 해였습니다. 서○○ 소장님이 그해 연말에 명예퇴직을 권고받으신 것이지요. 저에게 이 사건은 굉장한 충격이었습니다. 아직 나이도 오십 대 초반으로 젊으시고 한창때이신데 퇴직이라니? 제가 더 당혹스러웠습니다.

그 일을 계기로 명퇴(명예퇴직)에 관한 암묵적인 규정이 있다는 것을 알게 되었습니다. 알아보니 통상 '직급 정년'이라는 것이 있어서 부장 7년 차 정도에서 임원 승진 대상자가 아니면 사직을 권고받는다는 것이었습니다. 물론, 본인이 거절할 수도 있겠지요. 하지만 그 이후로 받게 될 치욕과 수모는 어지간해서는 감당하기 힘들 것입니다. 아마도 이상한 객지 현장으로 발령 낼 것이고 업무도 본인보다 후배의 밑에서 지시를 받도록 배정할 것입니다.

존경하는 소장님이 그렇게 쓸쓸히 짐을 챙겨서 사무실을 떠나시는 뒷모습을 바라보며 회사 생활에 대한 허무함을 느꼈습니다. 그분은 이 회사에 약 28년간 몸담으면서 매일같이 야근하고 주말에도 못 쉬고 회사를 위해서 청춘을 바치셨는데, 너무 가혹하다는 생각이 들었습니다. 그러면서 문득 '나도 결국에는 잘리겠구나. 빠르면 사십 대, 늦어도 오십 대 중반…' 이런 생각을 하게 되었습니다.

아마 그때부터 월급쟁이의 한계에 눈을 뜨기 시작했던 것 같습니다. 하지만 이때는 아무 노력이나 구체적인 대안 없이 머릿속으로만 걱정과 고민을 하고 있었습니다. 그 후로 반년 정도 더 흐른 2015년 6월. 이번에는 본사 항만 분야의 최고 수장이신 박○○ 상무님마저 옷을 벗게 되었습니다. 평소에 호방함과 강단이 있으시고 추진력 또한 뛰어나신 상무님을 보며 많은 직원이 차기 토목 사업 본부를 이끌어 나가실 분이시라고 여겼었는데 전혀 예상치 못한 상황이었습니다. 자세한 경위는 잘 모르겠으나 박○○ 상무님 역시 저에게 은인 같으신 존재였기에 엄청난 충격으로 다가왔습니다.

그 박○○ 상무님의 후임으로는 앞서 언급했던 새만금 방파제 현장의 소장님이셨던 김○○ 소장님이 임원으로 발탁 승진되었습니다. 최근에 듣기로는 그분도 채 3년밖에 못 버티시고 2018년에 퇴직하셨다고 들었습니다. 이렇듯 제가 모시고 따랐던 분들의 연이은 퇴직은 저로 하여금 직장 생활에 대해서 다시 한번 되돌아보는 계기를 만들어 주었습니다.

[크루즈 부두 현장에서 케이슨 진수 당시 기념 촬영]

○ 장수는 나를 알아봐 주는 군주를 따른다

서○○ 소장님이 강제(?)로 퇴직하신 후 공사팀장을 담당하셨던 윤○○ 부장님이 후임 현장소장으로 부임하셨습니다. 윤○○ 소장님은 평소에 저를 많이 신뢰해 주셨고, 많은 책임과 그에 따른 권한도 위임해 주셨습니다. 이렇듯 신뢰와 인정을 받다 보니 저 역시 더욱더 일에 최선을 다하게 되었고 회사와 현장을 위해 앞장서서 밤낮으로 노력하였습니다.

조수 간만의 차가 심한 서해안 해역의 특성상, 자주 물때에 맞춰서 작업해야 하다 보니 주야 구분 없이 일할 때가 많았습니다. 하루에 2번 돌아오는 그 정해진 물때 시간에 작업하기 위해서는 밤이든, 새벽이든 수시로 작업해야만 했고 그럴 때마다 저는 소장님의 신뢰와 기대에 부응하고자 정말 최선을 다해서 앞장서서 현장을 진두지휘하였습니다.

[부두 기초 공사 등 물때 작업 중]

정말로 맡겨진 업무를 위해서 최선을 다했고 그러다 보니 윤○○ 소장님도 더욱더 저를 아껴주셨습니다. 또한, 술을 좋아하시는 소장님을 위해서 저는 비록 주말 휴일일지라도 연락해 주시면 소장님 숙소로 달려가 서로 번갈아 가며 술 한 번씩 사며 편하고 친밀한 관계로 발전하였습니다.

소장님과 뜻이 잘 맞다 보니 제 의도와는 다르게 저를 매우 시기하고 질투하는 세력이 나타나게 되었습니다. 저보다 직급이 높으신 분들은 본인보다 직급도 낮은 제가 소장님과 일주일에 3~4일을 같이 독대

새벽 4시, 꿈이 현실이 되는 시간

하며 술을 마시고 지방 출장 때도 같이 다니는 등의 모습을 보며 뒤에서 수군거리기 시작했고, 급기야 일부 직원은 저에게 내놓고 반감을 표현하기도 하였습니다.

그 대표적인 예를 하나 들자면 다음과 같습니다. 윤○○ 소장님은 호인으로서 사람들과의 진실한 관계를 제일 중요시하며 특히 공사 직원은 검측을 잘 통과시키는 게 중요하므로, 평소에 감리단과 자주 술자리를 가지면서 인간적인 유대관계를 좋게 형성해 두기를 바라셨습니다. 저 또한 그에 부응하기 위해 제 개인 돈도 많이 써 가며 감리단과 자주 술자리를 만들어서 어려운 검측 사항도 대화로 잘 풀어나가며 해결하고 있었습니다.

윤 소장님은 제가 종종 자비로 감리단에게 식사 자리를 접대하는 것을 인지하시고는 소장님의 전용 법인카드를 이용해서 제가 감리단 분들과 자주 가는 싸구려 막걸리 전집에 50만 원을 선결제해 두시고 필요할 때마다 장부에서 차감해 쓰도록 해 주시기도 하셨습니다. 그런데 윤○○ 소장님과의 관계를 시기하는 다른 부서 팀장께서 저에게 "너는 우리 직원들과는 어울리지 않고 왜 매번 감리단하고만 어울리냐? 왕따냐?"라는 등의 말로 저를 몰아붙이기도 했습니다.

억울하고 화도 났지만, 그래도 저보다 직급이 높은 상관이니 뭐라고 화를 내지도 못하고 혼자서만 분을 삭이고는 했습니다. 연륜이 좀 더 쌓인 지금의 관점에서 돌이켜 생각해 보면 확실히 제가 너무 소장님과 너무 붙어 다녔던 것 같습니다. 아무리 제 본심은 그게 아니어도 충분히 다른 직원들이 질투하고 시기할 만했다고 생각합니다. 지금도 어리지만, 그때는 더 어렸기에 이런 정치적인 상황은 전혀 생각하지 못했었습니다. 당시 현장을 조금 먼저 옮기신 또 다른 존경하는 선배이신 나○○ 부장님께서 저에게 이런 주의를 주신 적이 있습니다.

"박 과장. 너는 남들은 하나도 없는 기술사를 4개나 가지고 있고 또 박사 과정도 하는 데다가 업무 실력도 좋잖아. 그런 네가 소장님의 사랑까지 독차지해 버리니 당연히 너를 시기하고 질투하는 사람들이 많을 수밖에 없지. 아무리 소장님이 너를 불러대고 좋아해도 네가 알아서 적당히 거리를 두어야 한다."

지금 생각하면 정확한 지적이었는데 당시에는 이해를 못 했습니다. '나는 그저 내 직속상관의 지시를 잘 따를 뿐인데, 이게 뭐가 문제 있나?'라고 안일하게 생각했었죠.

사내 정치에서 패배

○ 사내 정치에서 바람막이가 사라지면 숙청당한다

크루즈 부두 현장에서는 공사 과장으로서 최선을 다해 열심히 근무했습니다. 윤○○ 소장님께 인정을 받으니 더욱 신이 나서 열심히 일에 매달렸습니다. 그 결과 제가 담당했던 공종은 단 한 건의 마찰이나 어려움 없이 잘 추진되었습니다. 제가 감리원과 관계가 매우 좋고 일이 잘 처리되다 보니 더 많은 일이 저에게 부여되었습니다. 현장 후반기에는 공사직원이 총 4명 남아있었는데 일이 한창 바쁠 때는 그중에서 3명이 비중이 큰 콘크리트 공사 한 개 공종을 담당했고, 저 혼자서 지반개량, 말뚝시공, 상하수도 관로공, 포장공 등 나머지 공종을 8개까지 담당하게 되었습니다.

역시 직장 일은 잘리지 않을 정도로만 적당히 해야 하는 게 정답인 것 같습니다. 그런데 저는 그렇게 하지 못하고 소장님이 저를 인정해 주신다는 마음에 신나서 멍청하게도 제 능력의 200%까지 발휘하며 초인같이 주어진 일들을 모두 처리해내고 있었습니다. 혼자서 8개 공종을 담당하니 바쁜 게 말도 못 할 정도였습니다. 몸은 하나인데 협의해야 할 협력사는 8개였고, 담당 감리원도 4명이나 되었습니다.

온종일 현장에 나가서 검측받고 확인하며 돌아다니고, 밤이 되어서야 사무실에 앉아서 검측서 및 시공 계획서 등의 밀린 서류 작업을 처리하며 정신없이 바쁜 나날을 보내고 있었습니다. 그래도 꾹 참고 잘 처리했습니다. 현장의 최고 책임자이신 윤○○ 소장님께서 저를 인정해 주시고 추켜세워 주셨기 때문이죠. 아무리 다른 사람들이 뒤에서 뭐라 수군거려도 진실은 살아 있는 법이고, 소장님께서 진실을 알아주고 있으니 걱정할 게 없다고 생각했었습니다.

하지만 그런 편한 소리도 얼마 못 가서 끝났습니다. 윤○○ 소장님이 갑작스레 해외 현장으로 발령이 나셔서 떠나게 되신 것이지요. 그분도 어찌 보면 피해자이십니다. 나름 퇴직까지 몇 년 안 남으셨으니 마지막 시기는 국내 현장소장으로 계시며 노후를 준비하고자 했는데, 앞서 서술했듯이 국내 항만분야 최고 수장이신 박○○ 상무님께서 옷을 벗으시는 바람에 그 여파의 일환으로 해외현장으로 발령 나셨던 것이지요.

저 역시 바람막이였던 소장님께서 갑작스레 해외로 발령나시자 그 다음 상급자이신 다른 부서의 팀장님이 소장 직위를 이어받았습니다. 그런데 그 팀장님은 바로 저를 시기하고 질투하시던(순전히 저의 느낌입니다. 그분은 그런 적 없다고 생각하실 수도 있습니다) 그분이었습니다. 앞에서 언급했듯이, 그분은 제가 검측을 잘 받기 위해서 감리단과 많은 술자리를 가지는 것을 매우 못마땅하게 생각하시던 분이었습니다. 거의 제 사비를 들여가며 접대했던 것인데 그것을 회사 공금을 썼던 것으로 오해하셨던 것 같습니다.

그분이 마무리 현장소장으로 임명된 이후부터 저에게는 고난과 수모의 날들이 연속되었습니다. 회의에서 제 의견이 여러 번 묵살되기도 했었고, 불합리한 방향으로 현장 업무가 흘러가기도 했습니다. 그러던 중에 드디어 2016년 11월 말에 우려했던 대규모 충돌 사건이 발생했습니다. 당시 신임 소장님(전 다른 부서 팀장)의 오른팔 격을 자처하던 측량 용역 하도급 업체 팀장과 제가 강하게 마찰을 일으킨 것이었습니다.

사람마다 생각하는 관점이 다르겠지만, 당시 저는 정말로 억울함이 많았습니다. 그 측량팀장은 신임 소장님과 이십 대의 어린 나이 때부터 같이 근무했었으며 서로 호형호제할 정도로 신임 소장님의 완전한 심복이었는데 소장님이 바뀌자마자 도가 지나친 월권행위 및 업무 횡포를 부렸습니다. 그중에서도 대표적인 사례가 다른 협력사들에게 금전을 요구한 것인데, 그 많은 협력사 중에서 금전을 제공한 업체는 검측할 때 우선적으로 일 처리를 해 주고 금전을 주지 않은 업체는 매우 비협조적으로 대했던 것입니다.

당시 신임 소장님도 이러한 문제를 알고 계셨음에도 그럴 수도 있다고 생각하셨는지 방치하셨고, 결국 금전 제공을 하지 않은 업체의 측량을 제대로 처리해 주지 않은 것이 계기가 되어 저와 사무실에서 크게 싸우게 되었습니다.

현장에서 일하다 보면 언성을 높이고 욕도 하며 안전모를 벗어서 집어던지는 등의 일들이 비일비재하게 발생합니다. 저도 당하기도 했고, 제가 그리하기도 했었습니다. 하지만 그 모든 게 협력사나 감리단 또는 작업반 등 우리 직원이 아닌 대외 관계자와 그리하는데, 같은 사무실에서 근무하는 우리 내부 직원과 그렇게 크게 싸우기는 처음이었습니다.

서로 주먹을 휘두른 것까지는 아니었지만, 사무실에서 크게 욕설을 하며 안전모를 집어 던질 정도로 서로 감정이 크게 상했습니다. 당시 저는 공사팀의 2인자(차석)로서 우리의 업무 편의를 위해서 돈을 주고 고용한 측량팀이 오히려 우리 공사 부서 머리 꼭대기에 올라가 온갖 갑질을 하며 횡포 부리는 것을 더 이상 두고 볼 수가 없었습니다. 지금이라면 저도 그렇게 억세게 하지 않고 조곤조곤 대화로 잘 해결했을 텐데, 당시에는 혼자서 8개의 공종을 담당하느라 저 역시도 진이 빠지고 매우 날카로워진 상태였던 것 같습니다.

그 싸움의 결과는 저의 완패였습니다. 바람막이가 없어진 저는 더 이상 유능한 직원이 아니었고 그저 현장에서 시끄럽게 싸움거리나 만드는 싸움닭으로 취급받았던 것입니다. 그날 저녁에 그 측량팀장은 신임 소장님과 따로 만나서 신세 한탄을 하며 제 험담을 하였고, 저와는 같이 일을 못 하겠다고 엄포를 놓았다고 합니다. 그리고 다음 날 출근해 보니 저에게 황당한 신임 소장님의 명령이 하달되었습니다.

이 시간 이후로 저는 모든 현장 공사 업무에서 손을 떼고 사무실에서 막내 공사 직원이 하는 공정표 수정이나 작업 일보 작성 등의 허드렛 서류 작업을 담당하라는 것이었습니다. 공사 과장에게 현장 일에서 손을 떼라니… 너무 억울하고 자존심이 상했습니다.

[현장 공사 과장으로 한창 바쁘게 일할 당시]

○ 때려치우고 싶었지만 그럴 용기가 없었다

저는 개인적으로 그때 그 사건을 '좌천 사건'이라고 부릅니다. 공사 과장에게 공사 업무에서 손을 떼고 작업 일보나 쓰라고 한 것은 전쟁

새벽 4시, 꿈이 현실이 되는 시간

중인 전투 부대의 지휘관에게 전투에 참여하지 말고 취사장에 가서 밥이나 지으라고 시킨 것과 다름없습니다. 정신적인 스트레스는 어마어마했으나… 사실 몸은 굉장히 편해졌습니다. 앞서 말씀드렸다시피 당시 총 9개 공종 중에 저 혼자서 8개 공종을 담당하고 있었으니 미쳐 쓰러질 지경이었습니다.

저는 그날 이후로 사무실에 앉아 사부작사부작 공정표나 편집하고 보고서와 작업 일보나 만지작거리며 평화로운(?) 시간을 보냈습니다. 저는 평소 보고서 작성 등의 업무를 매우 잘합니다. 그러다 보니 금방 맡은 일을 처리하고 시간이 많이 남아돌아 친한 협력사 소장이 있는 사무실에 놀러 가서 커피를 얻어 마시며 노닥거리기도 하고, 또 감리단에 놀러 가서 친한 감리원분들과 차 한잔하며 농담 따먹기나 하는 등 아주 유유자적한 근무 시간을 보냈습니다.

대신에 저 외의 다른 공사 직원 3명은 동공에 지진이 나기 시작했습니다. 1개 공종을 3명이서 담당하고 있었는데 갑작스레 8개 공종이 추가되어 버리니 평소보다 3배는 더 바빠지게 된 것입니다. 게다가 그들은 저만큼 감리단과 친한 관계를 유지하지 못했기에, 감리단에서도 담당자가 바뀌니 규정대로 까탈스럽게 검측 업무를 처리했습니다. 당연히 제가 일을 담당했을 때에 비해서 일 처리가 현저히 지연되었습니다.

일부 후배 공사 직원이 간곡하게 도움을 요청해 오는 것들은 간혹 제가 나서서 감리단과 일을 풀어 주고는 했지만, 전반적인 일에는 나서지 않고 있었습니다. 급기야 신임 소장님은 저를 제외한 공사 직원들을 모두 불러서 왜 이리 일 처리가 지연되느냐고 닦달하였고, 다른 공사 직원들은 저의 업무 공백이 주는 여파를 여과 없이 있는 그대로 보고하였습니다.

보고를 받은 신임 소장님은 차마 본인 입으로 저에게 업무에서 손

떼라고 지시한 것을 번복할 수는 없어서 너희들끼리 잘 해결해 보라고 다시 닦달하셨습니다. 그러나 그럼에도 불구하고 일은 제대로 처리되지 않았습니다. 2개월 동안 일이 그렇게 흘러가 결국 공정이 지지부진해지자 결국 신임 소장님이 손을 들어버렸습니다. 전체 회의를 할 때 당장 많이 뒤처지고 중요한 공종인 우오수관로 및 지반 개량 공종을 다시 저에게 담당하라고 지시를 내렸던 것입니다.

신임 소장님은 아무 일 없었다는 듯이 태연스럽게 말을 내뱉었지만, 아마도 그날 본인이 스스로 지시 사항을 철회했다는 굴욕감에 매우 불쾌했을 것입니다. 원래 직급 높은 사람일수록 본인이 내뱉은 말을 번복하는 게 쉽지가 않은 법입니다. 하여튼 그 이후에는 다시 일부 공종을 담당하기는 했지만, 이미 제 마음은 그 신임 소장님에게서 완전히 떠났습니다. 저는 정말 그 좌천 사건 이후로는 하루하루가 괴로웠습니다.

'내가 이런 모욕을 당하고도 여기에 남아있어야 하는가?'

매일같이 심한 스트레스로 현장에 출근하기가 싫었습니다. 하지만 대책이 없었습니다. 마음 같아서는 당장 때려치우겠다고 사직서를 던지고 싶은데, 차마 그럴 용기가 없었습니다. 집에 있는 처자식이 눈에 밟혔습니다.

'대책 없이 때려치우면 누가 돈을 벌고, 누가 처자식을 먹여 살릴까? 참자! 참자! 나 하나만 참으면 된다.'라는 식으로 자신을 위로하며 하루하루를 버텨내고 있었습니다.

[현장 공사 과장으로 한창 바쁘게 일할 당시]

○ 10월의 마지막 밤

2016년 10월 31일. 그날도 한창 현장에서 흙먼지 뒤집어쓰고 뒹굴었고 늦은 밤까지 서류 작업 야근하다가 지쳐서 퇴근하던 제 모습이 생생하게 기억납니다. 항상 건설 현장은 연초에는 감리단에서 품질을 따진다고 꼬장꼬장하게 관리하여 공정이 지연되다가, 10월이 되어서도 공정이 지연되면 감리단에도 공정 지연에 대한 책임 문제가 발생하기에 그즈음부터는 공정만 가지고 엄청나게 쪼아댑니다.

발주처 역시도 당해년도 예산 소화를 못 하면 기관 평가 감점 및 성과금 감소 등의 불이익이 있기에 엄청나게 공정을 독촉합니다. 이른바 돌관공사입니다. 새벽에 안전 체조도 생략한 채로 작업을 시작하는 등 돈 따위는 나중에 따지고 우선 일부터 하고 보자는 식의 강행입니다. 매년 가을마다 반복되는 괴로움이었습니다. 10월부터 12월까지는 매번 죽음의 돌관 3개월이었습니다. 어쩜 건설 현장은 매번 이런 고통이 반복될까?

그날도 공사 과장으로서 빡센 일과를 마치고 퇴근하던 길에 라디오에서 흘러나오던 노래가 유독 기억에 남습니다. 이용의 〈잊혀진 계절〉

이라는 노래였는데, 이 노래를 들으며 꽤나 우울해했던 기억이 납니다. "지금도 기억하고 있나요? 10월의 마지막 밤을…"

'대체 언제까지 이렇게 다람쥐 쳇바퀴처럼 똑같이 반복되는 삶을 살아야 할까…?'

마치 로버트 기요사키가 저술한 『부자 아빠 가난한 아빠』에 나오는 가난한 사람들의 쳇바퀴 돌기 게임 같았습니다. 그리하여 그날의 깨달음과 11월 말에 일어난 존경하던 윤○○ 소장님의 해외 발령, 12월 초에 발생된 좌천 사건 등의 여러 일을 겪으면서 연말에 심사숙고한 끝에 저는 저를 필요로 하는 본사 안전 부서로의 전향을 결심하게 되었습니다.

○ 책에서 길을 찾다

대부분의 사람이 그렇듯이, 저도 학창 시절에는 무협지, 판타지 소설 외에는 책을 별로 안 읽었습니다. 그리고 그러한 무협지, 판타지 소설조차도 군 전역 후에 본격적으로 직장인이 되면서부터 아예 손을 놓았습니다. 책은 그저 한가하고 할 일 없는 사람들이나 읽는 것으로 치부하고 10여 년을 열심히 회사 생활만 했습니다. 그런데 그렇게 총 19년의 경력을 쌓는 동안 제가 11년째 근무하는 현대건설에서 제 나름대로 인생의 큰 충격을 받은 사건들 몇 가지가 비슷한 시기에 연달아 발생했습니다.

우선, 제가 진심으로 존경하는 대선배님이신 서○○ 소장님과 담당 중역분이 단칼에 퇴직을 당하셨습니다. 두 분 다 회사의 발전을 위해서 젊음을 모두 바쳐 근 30여 년을 회사에 몸담으셨는데…. 소장님은 불과 2주 전에 명퇴 통지를 받으셨고 상무님은 불과 이틀 전에 통지받으셨다고 합니다. 계약직(?) 신분인 임원이라 그리 급작스럽게 결정된 것인지, 아니면 미리 진작부터 당사자에게는 기별을 주었는지는 모르겠습니다. 하지만 중요한 건 제 인생의 멘토 두 분이 비슷한 시기에, 아직 한창나이에 옷을 벗으셨다는 것입니다.

그때부터 저는 월급쟁이 생활에 회의를 느끼기 시작했습니다. 그전까지만 해도 자랑스러운 대기업 현대건설의 직원으로서 최고의 기술자가 되고 싶었고 현대건설의 역사에 제 이름 석 자를 크게 남기고 싶었는데, 이제는 '나도 언젠가는 잘릴 것이다.'라는 생각을 하게 되었습니다. 그런 연유로 지난 과거를 돌이켜보니 지금껏 제가 약 11년 동안 현대건설에서 근무하면서 제가 아는 선배님 중에서는 단 한 분도 정년까지 채우신 분을 보지 못했다는 것을 깨달았습니다.

정년퇴직뿐만 아니라 만 57세부터는 임금피크제가 시행되는데, 임금피크제를 적용받은 선배님도 거의 보지 못했습니다. 그래서 저 또한 저의 미래가 걱정되기 시작했고 저도 언젠가는 회사를 떠나야 하므로 그 후에는 무엇을 할지 고민하기 시작했습니다. 그러나 배운 게 도둑질이라고 제 주변에는 모두 저와 똑같은 우물 안 개구리들뿐이니, 건설 회사 직장 생활 외의 다른 길에 대해서는 전혀 생각해 보지 못했습니다. 그래서 답답한 마음에 회사를 퇴사하고 성공적으로 제2의 인생을 사는 사람들이 쓴 책들을 찾아서 읽어보기 시작했습니다.

그게 제 독서 생활의 시작이었습니다. 책은 참 오묘합니다. 이렇게 시작된 독서는 점점 그 영역이 넓어졌습니다. 자기계발 서적을 50여 권 정도 한창 읽다 보니 경제적으로 성공한 사람들의 대부분은 부동산 투자를 병행한다는 것을 인지하게 되었고, 그다음부터는 부동산 투자 서적을 한 50권 정도 읽게 되었습니다. 그러다 보니 또 모든 투자는 결국 자본주의 시스템에 의한 것이라는 것을 알게 되었고, 다시 자본주의에 관한 책을 50여 권 정도 읽었습니다. 결국, 인간의 삶이 궁극적으로는 인문학책에 다 나와 있다는 것을 깨달았습니다. 즉, 모든 책은 인문학으로 연결되고 인문학은 고전 문학으로 연결된다는 고리를 발견하게 된 것이었습니다.

그렇게 한동안 인문 고전을 탐독하다가 문득 이상 세계가 아닌 현실 세계에 더 충실할 필요가 있다고 생각했습니다. 그래서 지금은 다시 자기계발 서적으로 방향을 전환했습니다. 여하튼 결론을 요약하자면, 저는 책을 읽으면서부터 제 인생이 달라지기 시작했습니다. 삶의 목표와 방향을 새롭게 구성했던 것입니다.

회사 생활에 대한 염증을 결정적으로 느끼게 해 준 좌천 사건을 계기로 회사를 때려치우고 싶은 마음이 굴뚝같았으나 그러지 못하는 제가 너무 한심했습니다. 그래서 이번에는 어쩔 수 없이 꾹 참고 다니지만, 앞으로 또 이런 모욕적인 상황이 닥친다면 과감하게 사직서를 던질 수 있도록 만반의 준비를 하고자 했습니다.

그래서 제가 취한 행동은 휴일에 집 인근의 대형 서점에 가서 책을 읽기 시작한 것이었습니다. 우선 회사를 그만두려면 안정적인 소득이 있어야 하니 재산을 증식하기 위한 재테크 책을 꺼내 읽기 시작했습니다. 그렇게 읽어 보다가 감명 있고 소장 가치가 있는 책이라고 판단되면 바로 구매해서 밑줄을 쳐 가며 다시 읽고 또 읽었습니다. 그렇게 읽다 보니 여러 재테크 분야 중에서 부동산 투자 쪽으로 마음이 가기 시작했고, 그렇게 불과 2달 만에 부동산 투자에 관련된 책을 50여 권 정도 읽게 되었습니다. 그제야 저의 재산 관리의 미흡함과 자본주의의 본질 등 여러 가지 소중한 것을 깨닫게 되었고 경제적인 자유를 누리고 싶은 강력한 마음이 생겼습니다.

그래서 과감히 인근 유망 지역 아파트에 직접 투자를 시작했고, 그렇게 자금이 모일 때마다 한 채씩 투자를 시작한 게 벌써 여러 채가 되었습니다. 아직 부동산 투자를 시작한 지 불과 3년밖에 안 되었지만, 이제는 아파트 분양권 투자와 토지 공매 투자까지 그 영역을 넓히고 있습니다.

[항상 책을 들고 다니며 5분 이상 짬이 나면 독서를]

책을 수십 권 읽어 보니 대부분의 성공한 사람들은 엄청난 독서광인 것을 알게 되었고, 그렇게 그들이 추천해 준 자기계발 서적을 저 또한 읽게 되었습니다. 또 자기계발 서적을 50여 권 읽다 보니 모든 서적의 최종 추천서는 결국 고전 인문학임을 알게 되었습니다. 그렇게 이번에는 인문학에 진입하여 세상 사람들의 삶과 관련된 흐름에 눈을 뜨게 되었습니다. 책을 읽다 보니 일주일에 2권 이상 읽겠다는 목표가 생겼고 그 결과 요즘 매년 100권의 책을 읽고 있습니다.

책은 저에게 자신감을 심어준 것은 물론이고 신세계를 제공해 주었습니다. 책을 통해서 먼저 앞서간 사람들의 고민과 해결책을 들을 수 있게 되었고, 저의 하루하루는 그렇게 달라지며 발전하게 되었습니다. 추후에 제가 결과적으로 회사에 사직서를 던질 수 있게끔 용기를 준

책의 어느 한 소절이 있습니다.

"가난한 사람은 자신의 시간을 팔아서 돈을 벌지만, 부자들은 돈을 주고서라도 시간을 산다. 그리고 그 시간에 더 많은 수익을 창출한다."

○ 나는 달라지기로 했다

저는 2016년까지 만 36년을 살아오면서 대출은 죄악이며 투자자는 사기꾼이자 악덕 업자이고 오직 꾸준한 자기계발을 통한 성실한 회사 생활만이 유일한 손해 없는 투자라 생각하고 살아왔습니다. 그렇기에 회사에서 인정받고자 온갖 궂은일을 마다하지 않았습니다. 소위 인사고과 권한을 가진 직속상관이 죽으라고 하면 죽는시늉을 할 정도로 최선을 다해 업무를 하였으며, 또한 낮은 학벌에 대한 콤플렉스를 만회하고자 꾸준히 자기계발에 정진하였습니다. 그 결과, 저는 현재 토목 공학 박사학위 취득은 물론이고 모든 기술직의 궁극적인 목표라고 할 수 있는 기술사 자격증을 건설 분야에서 4가지 종목이나 보유하게 되었습니다.

그러나 저는 미처 알지 못했었습니다. 주변 사람들의 시기와 질투가 얼마나 무서운 것인지를. 또한, 그러한 시기와 질투에 빠진 사람들로 인해서 제가 그동안 노력해 온 것들이 모두 허사가 될 수도 있다는 것을. 2016년 12월이 되어서야 좌천 사건을 겪으며 제대로 당했고 이를 뼈저리게 느꼈습니다. 회사는 사람들이 모여 있는 곳입니다. 이런 사람들 중에는 저의 노력을 인정해 주고 대우해 주며 능력을 높이 사 주는 사람들이 대부분이지만, 일부 속 좁은 사람들은 저를 시기하고 질투하고 있으며 그러한 사람들이 권한을 쥐었을 때는 그동안의 제 노력이 물거품이 되는 것이었습니다.

그 좌천 사건은 제 인생에 있어서 정말 치욕적인 사건이어서 제가 살아온 나날들을 다시 돌아보게 되는 계기가 되었습니다. 그래서 한참을 고심한 끝에 저는 바뀌기로 했습니다. 냉정하게 현재를 분석해 본 결과, 저는 기술자로서 최고의 조건과 역량을 모두 갖추었다고 판단했습니다. 그러면 저에게 부족한 것은 무엇일지 고민해 봤습니다. 그것은 바로 저의 능력을 제대로 활용할 수 있는 영업 기술과 제가 스스로 근로를 하지 않아도 소득이 얻을 수 있는 제2의 파이프라인(투자 수익), 즉 비근로 소득의 확보라고 생각했습니다.

'늦었다고 생각할 때가 가장 빠를 때다!' 그래서 저는 좌천 사건을 겪은 2016년 12월부터 스스로 달라지기로 마음먹었습니다.

○ 건설 안전 영역으로

좌천 사건 이후로 의도치 않게 시간적인 여유가 생겨서 책을 많이 읽다 보니 제 인생 전반에 걸친 장기적인 비전을 생각하게 되었습니다. 제가 지금 몸담은 토목 시공도 분명 전문 분야이기는 하나 평생 할 수 있는 업종은 아니라는 생각이 들었습니다. 평생을 이렇게 격오지 현장에서 가족과 떨어져서 여름에는 구슬땀을 흘리고 겨울에는 덜덜 떨면서 생활할 수는 없는 노릇이었습니다.

무언가 안정적으로 평생 할 수 있는 다른 길이 필요했습니다. 그래서 공기업 이직을 생각했고, 실제로 항만과 관련된 공기업에 경력직으로 지원하여 최종 면접까지도 응시해 봤습니다. 그 공기업은 정말 이직을 희망했었고 최선을 다해 면접에 임하여 경쟁자들보다 상대적으로 매우 좋은 평가도 받았습니다. 그럼에도 불구하고 결과는 불합격이었습니다.

나중에 관련 있는 지인분을 통해서 내막을 알아보니 이미 내정자가 있었다고 합니다. 내부 계약직을 정규직으로 전환하고자 만든 자리였고, 저를 포함한 몇몇 지원자들은 그냥 들러리를 섰던 것입니다. 비록 최종 면접에서 낙방하였지만, 결과적으로는 공기업 이직 시 소득이 현대건설에서 받던 것에 비해 반 토막 나버렸을 테니 차라리 현재의 삶이 더 나은 것 같습니다.

공기업 낙방 후에 다른 길을 찾던 중에 우연히 새로운 방향이 보이기 시작했습니다. 당시 회사에서는 본사 안전 조직의 역량을 강화한다는 명목으로 본사 안전실 내에 거푸집 및 흙막이 구조 검토 준수 여부 등을 점검하는 기술안전팀을 신설하였고, 순수 안전 공학을 전공한 기존의 안전 직원들은 구조 역학, 토질 역학 등의 기술적인 지식이 부족하다 보니 부득이하게 토목, 건축 등 기술직 중에서 지원자를 받아서 기술안전팀으로 전환 배치하고자 하였습니다.

마침 저에게 기회가 온 것이 아닌가 싶었습니다. 존경하는 소장님 등의 직속상관들도 그즈음에 퇴직하시거나 해외로 전출 가셨고, 여기 현장에서는 좌천당했기에 더 이상 토목 현장에 미련이 없었습니다. 바로 본사 기술안전팀에 지원서를 제출했고 제 경력 및 자격 조건이 매우 우수했던지라 바로 받아들여졌습니다. 그렇게 해서 저는 본사 기술안전팀으로 2017년 1월부로 전환되기로 결정되었습니다.

그런데 갑자기 변수가 생겼습니다. 본사 인사실 및 안전 조직에서는 저를 1월부로 전출시키는 것으로 조율되었지만, 제가 현재 소속된 토목 사업 본부에서 반대가 심했습니다. 저도 토목 사업 본부 내의 여러 선배님에게 많은 회유 연락을 받았으나, 도저히 자존심상 좌천당한 현장에 남아 있을 수는 없었습니다. 어렵게 토목 사업 본부의 많은 선배님의 회유를 겨우 설득시키고 양해를 구했으나, 정작 저를 좌천시켜 안전직으로 전환을 지원하게 만든 장본인인 현재 현장의 신임 소장님께서는 저를 안 놔주셨습니다. 사유인즉슨, 제가 빠져버리면 현장 대리인 직책을 수행할 조건이 되는 사람이 없었기 때문입니다.

통상 현장 대리인을 교체하려면 기존 인원과 동등 이상의 기술 인력으로 교체하는 것이 관례입니다. 그런데 제가 보유한 스펙은 항만 현장 현장 대리인 중 최상급에 해당하는 조건이었습니다. 토목 시공 기술사는 많이들 있으니 여차하면 본사에 있는 직원을 아무나 선임하면 되겠지만, 발주처나 감리단에서는 제가 보유한 항만 및 해안 기술사 자격을 가지고 문제를 제기하였습니다. 즉, 저를 대신할 사람은 저와 동등 이상의 조건을 보유해야 한다는 논리였습니다.

당시 현대건설은 7천여 명의 직원이 소속되어 있었지만 그 중 항만 및 해안 기술사 자격을 보유한 사람은 전 직원을 통틀어서 단 4명뿐이었는데, 그중에서도 저를 제외한 나머지 3명은 모두 항만 설계 전공으로 본사 설계팀에 소속되어 항만 설계와 관련된 핵심 업무를 담당하고 있었기에 시공 현장으로 빼 올 수 없는 상황이었습니다.

이 외에도 여러 배경이 있었지만, 대표적으로 위와 같은 사유로 발주처나 감리단은 현장 대리인 교체를 크게 반대했고 그러다 보니 인사실에서는 현장의 난감한 의견을 반영하여 5개월의 유예 기간을 두고 2017년 5월부로 안전 부서로 소속이 변경되도록 중재하였습니다. 즉, 그 5개월 이내에 현장에서 어떻게든 발주처와 감리단을 설득시키라는 것이었습니다. 이 중재안에 안전 부서와 토목 사업 본부 모두 동의하였고, 이런 연유로 저는 좌천 사건 이후에도 5개월을 더 그 현장에서 무의미하게 지내게 되었습니다.

현장 업무에서 손 떼라고 했을 때는 여러 달 동안 정말 손 떼고 편하게 보냈지만, 다시 2017년 2월부터 업무 복귀 지시를 받게 되어 무너진 자존심을 회복하고자 제가 담당한 공종에 대해서는 더욱더 최선을 다해서 업무를 봤습니다.

[2017년 전반기, 크루즈선 부두 현장 말미에]

시간이 흘러서 어느덧 봄이 왔고 약속했던 2017년 5월이 되었습니다. 저는 제 회사에 충성하겠다는 마음에 여태껏 단 한 번도 3일 이상 쉬어 본 적이 없었습니다. 하계휴가 때도 주말을 포함하여 5일 쉰 게 제일 많이 쉰 것이었습니다. 이 시기에 현장을 옮기면서 남은 연차를 몰아 써서 난생처음으로 1주일간의 긴 휴가를 보냈습니다.

그 휴가 기간 동안 가족과 동해안 7번 국도를 따라서 강릉에서부터 포항까지 내려가며 이곳저곳 맛집에 들러서 식사하고, 명소에 들려 멋진 풍경을 보며 생애 처음으로 가족과 긴 여행의 시간을 보냈습니다. 이미 그때는 책을 많이 읽던 중이어서 무조건적으로 회사에만 충성하던 예전의 제가 아니었습니다. 여행 기간 동안 저는 새로운 출발을 마음속으로 준비하고 있었고, 더 발전된 미래의 삶을 머릿속으로 구상하고 있었습니다.

새벽 4시, 꿈이 현실이 되는 시간

○ 누구에게나 인생에 3번의 기회가 온다

어디선가 많이 들은 이야기입니다. 인생을 살면서 누구에게나 3번의 성공할 기회가 주어진다고 합니다. 그런데 대다수의 사람은 기회가 왔어도 기회인 줄 모르고 보내기도 하고, 기회임을 알면서도 잡을 수 있는 준비가 안 되어서 놓치기도 합니다. 저는 여태껏 근 사십 년을 살아오면서 저에게 2번의 기회는 왔었고 다행히도 이를 제가 잘 포착했다고 생각하고 있습니다.

첫 번째 기회는 제가 군 복무 시 부사관으로 지원한 것이라고 생각합니다. 덕분에 의무 복무 기간을 채우고 전역할 때는 어느 정도 재산도 모아서 나왔고, 경력 관리도 잘되었으며 자격증도 많이 취득했으니까요.

그리고 두 번째 기회는 자랑스러운 현대건설에 입사하게 된 것이라고 생각합니다. 비록 현채 계약직이었어도 굴지의 대기업이 진행하는 큰 프로젝트에서 경험을 쌓을 수 있다는 것은 매우 귀중한 자산이 되니까요. 그리고 열심히 한 덕분에 운 좋게 정규직으로 전환되었고 공학 박사학위는 물론이고 그 어렵다는 기술사 자격도 4개 종목이나 취득하게 되었습니다.

그리고 인생의 세 번째 기회는 안전직으로 전환이 아닐까 싶습니다. 안전 관리는 모든 산업 분야에 다 활용되는 광범위한 영역으로 특히 건설 안전 분야는 아직 블루오션이라 할 수 있습니다. 저는 이러한 블루오션 분야인 건설 안전을 제대로 경험해 본 것이었습니다. 건설 안전 업계는 아직 블루오션입니다. 왜냐하면, 대부분의 안전 공학을 전공한 안전직 종사자분들은 기술적인 지식이 부족하기 때문입니다. 기술적인 지식이 부족하다 보니 순수 안전 공학만 전공한 사람들은 건설 안전 기술사 자격 취득도 어렵습니다.

그래서 안전직이 아닌 기술직 중에서 오히려 건설 안전 기술사를 더 많이 보유하고 계시는 것입니다. 그러나 그분들이 시공사 퇴직 후에 안전 관리 업무를 보시지는 않습니다. 대부분이 감리단으로 이직하시거나 현재보다 한 급 낮은 동종 업계 시공사로 이직하시지요. 즉, 아직도 건설 안전 컨설팅, 기술 지도, 강의 분야에는 건설 실무자 출신의 기술사를 보유한 전문가가 많지 않습니다. 이 글을 보시는 많은 시공사의 실무자분들도 향후 노후를 대비하여 건설 안전 분야를 준비해 보시는 것도 매우 좋은 노후 준비가 될 수 있겠습니다.

15 대단지 아파트 신축 공사 현장

○ 안전 부서 전환 후 구미 도로 현장으로

사람이 살다 보면 항상 모든 게 계획대로만 되지는 않습니다. 혼자서 아무리 잘해 보려고 노력해도 주위에서 도움을 주지 않으면 원하는 방향으로 흘러갈 수 없습니다. 그런데 그 방향이 꼭 나쁘게 되는 것만은 아닌 것 같습니다. 대표적인 사례가 바로 저의 사례라 할 수 있습니다. 당시 저는 본사 내 기술안전팀을 구성하기 위해서 인력 충원이 필요하다는 공고를 보고 지원했던 것인데, 현장소장님 및 토목 사업 본부의 반대에 부딪혀서 일이 어찌 이상하게 흘러가더니 안전직으로의 전환 시기가 5개월이나 지연되어 버렸습니다.

그렇게 5개월이 더 흐른 뒤에 안전 부서로 전환되어 본사에 들어가 보니, 이미 기술안전팀에서는 팀원이 모두 채워져 제 자리가 없었습니다. 그도 그럴 것이, 현대건설 같은 7천여 명이나 소속된 거대한 집단에서 겨우 1명 때문에 그 자리를 비워두거나 기다려 줄 이유가 없었을 것이기 때문입니다. 그러다 보니 본사에는 자리가 없었고 부득이 현장의 안전 관리자로 나가야 하는 상황이었으며, 우선은 안전직으로 전환되었으니 안전 직군으로서 기본 소양을 가르친다며 2주간 본사 안전실로 출근하여 본사의 각 담당 직원으로부터 이론 교육을 받게 되었습니다.

그런데 교육하는 직원들이 대부분 저보다 나이도 어리고, 경력도 적고, 자격 등급도 낮고, 현장 경험도 적은 직원들이 강사로 들어왔습니다. 가만히 교육을 듣다 보니 강사분들이 간혹 틀린 내용을 설명하거나 기본 원리와 개념도 모른 채로 단순히 주워들은 얘기로만 설명하는 때도 많았고, 또 어떤 경우에는 현장 여건과 전혀 맞지 않은 탁상공론 같은 이야기만 하는 것이었습니다. 본사 안전 부서 담당자의 전문 수준에 상당히 실망하였고, 반대로 제가 현장 최일선에서 쌓은 실무자로서의 경험과 건설 안전 기술사 등 각종 기술사를 공부하면서 쌓아둔 지식을 활용한다면 안전 부서의 어떤 현장이든지 발령받기만 하면 그들보다도 더 일 처리를 잘할 수 있겠다는 자신감도 생겼습니다.

본래 건설 안전 기술사 시험은 안전 법령 및 안전 이론보다는 토목·건축과 같은 기술 실무적인 문제들이 더 많이 출제되기에 안전 업무만 수행해 본 안전 관리자보다 저처럼 시공 업무를 수행해 본 사람들이 더 쉽게 취득합니다. 그렇기에 안전 부서에 소속된 건설 안전 기술사보다 토목·건축 등 기술 사업 본부에 소속된 건설 안전 기술사가 훨씬 더 많은 것입니다.

당시 안전 부서에는 총 5백여 명의 안전 직원들이 있었지만, 그중에서 건설 안전 기술사 소지자는 불과 5명이 채 안 되었습니다. 그리고 그 인원 중에서 건설 안전 기술사 외의 다른 기술사 자격도 같이 보유한 사람은 토목 시공 기술사까지 2개 종목을 보유한 단 1명뿐이었습니다. 그런 사람들 앞에 기술사 4개 종목을 보유한 제가 나타났으니 그들 또한 내부적으로 많은 이야기를 주고받았습니다. 저도 주워들은 바로는 "기술 사업 부서에 계속 있었으면 최연소 현장소장으로 나갔을 텐데 왜 안전 부서로 왔냐? 바보 아니냐?" 등의 별의별 소문들이 있었다고 합니다.

새벽 4시, 꿈이 현실이 되는 시간

어쨌든 그렇게 2주간을 집에서 왕복 4시간 정도 걸리는 본사로 출퇴근하면서 심신이 지쳐갈 즈음에 현장으로 실습(OJT) 발령이 났습니다. OJT 실습이란 실제 현장에 배치되어 2~3주간 현장에서 생활하며 업무를 실질적으로 수행하면서 배우는 직원 교육 방식입니다. 교육 취지는 좋았으나 저는 현장에서만 10년 넘게 근무하다가 온 사람인지라 그 누구보다도 건설 현장의 최고 밑바닥부터 기어 다니며 일을 배운 사람이기에, 오히려 OJT 실습은 배울 게 없으리라 생각했습니다. 하지만 본사의 지침에 거역할 수는 없기에 현장으로 떠났습니다.

OJT로 배치된 현장은 구미시에 위치한 도로 공사 현장이었는데, 6월 1일부터 3주간 현장 숙소에서 생활하며 현장 안전 직원들과 어울려서 같이 업무를 수행했습니다. 그러나 예상대로 모두 제가 알고 있는 업무들이었습니다. 또한, 제가 신입도 아닌 삼십 대 후반의 중견 직원이고 토목 전공 출신이며 기술사도 4개 종목이나 보유하고 있다는 것을 그 현장 직원들도 모두 알기에 현장에서도 대부분의 직원이 저를 많이 부담스러워하는 것을 느꼈습니다.

마침 그 OJT 실습 기간 동안에 박사 과정 최종 논문 심사 기간이 겹쳤는데, 그 3주간의 시간은 정말로 고달팠습니다. 3주가 마치 10년 같았고 논문 심사 과정 중에 받은 극심한 심리적 압박으로 머리에 원형 탈모증이 생기고 흰머리가 부쩍 늘어날 정도로 엄청난 스트레스를 받았습니다. 그도 그럴 것이, 논문 심사의 흐름은 기본적인 예심부터 여러 차례의 본심을 거쳐서 최종 종심을 받기까지 총 6번의 심사를 받아야 하는데, 그 기간이 모두 제가 구미 도로 현장에 있을 때였기에 논문 심사를 받기 위해서 구미에서 인천까지 야밤에 왕복 8시간에 걸쳐 날아다녔으니 이게 보통 일이 아니었습니다.

○ 대규모 아파트 건설 현장

제 개인적인 기억으로는 OJT 실습 중에 뭘 배운 것은 하나도 없었고 오히려 현장 안전 직원들에게 거푸집 동바리 안전 기준 및 비계 관리 기준 등 기술 안전 관리 요령을 제가 가르쳐주고 왔다고 생각합니다. 또한, OJT 실습 기간에는 매일 근무 일지 형식으로 그날의 현장 업무 내용과 느낀 점 등을 보고서로 작성하여 본사 안전 부서의 팀장님들에게 이메일로 제출해야 했는데, 저는 다른 사람들과는 다르게 기술사 답안지에서나 볼 만한 고난이도 수준의 기술 안전에 대한 의견을 기술하여 제출했습니다.

가장 많이 썼던 내용은 흙막이 등의 가시설에 대한 안전성 변위 계측이 제대로 이뤄지지 않고 있다는 지적 등이었는데, 이러한 제 보고를 받은 본사 안전 부서 팀장님들은 크게 두 가지 부류로 나누어져서 각각 다른 반응을 보였습니다.

"역시 기술사를 4개 보유한 직원이라 보는 눈이 다르다. 안전 관리자들도 이런 수준이 될 수 있도록 더 공부하고 노력해야 한다."라는 분들이 한 부류였고,

"안전 관리자가 이런 기술적인 것까지 알아서 뭐 하냐? 이런 쓸데없는 내용은 보고서에 쓰지 마라."라고 하시는 부류가 다른 한 부류였습니다.

당시 제 입장은 어찌 보면 꿔다 놓은 보릿자루마냥 다 큰 녀석이 친척 집에 입양된 듯한 상황이었기에 본사 팀장님들의 말을 무시할 수는 없었습니다. 그래서 며칠 만에 그런 기술적인 내용은 모두 제외하고 일반적인 내용으로만 보고서를 작성하였습니다.

그 당시 후자와 같이 부정적인 시선으로 말씀하신 분을 추후 제가

교수가 된 후 안전 관리자 직무 교육 강의에서 교수와 교육생 입장으로 다시 뵙게 되었는데, 그때서야 그분께서는 기술 안전이 중요하다는 것을 느끼며 건설 안전 기술사 취득을 위해서 노력해 보겠다고 저에게 학습 지도 등 도움을 요청했습니다. 그런데 약 2개월 후 그해 연말에 그분은 명예퇴직자로 분류되어 결국 기술사 취득은 못 하시고 회사 옷을 벗으셨습니다. 이후 이름 모를 작은 건설 업체로 급여 등의 근무 조건을 확 낮추서서 간신히 이직하셨다는 소식을 들었습니다.

연배가 많으신 토목이나 건축 등 기술직 직원은 시공사에서 근무하다 퇴직하면 감리 또는 동종 시공사로라도 이직 가능하지만, 연배가 많으신 안전직은 퇴사한 이후에 마땅히 갈 곳이 없습니다. 감리단에 안전 직군이 있는 것도 아니기에 시공사를 나와 버리면 치킨집 등의 자영업 외에는 정말 답이 없습니다. 기술사라도 보유하고 있다면 안전 컨설팅 등의 재해 예방 지도 기관에 임원으로 이직하거나 개인 사업자로 프리랜서 활동도 가능하지만, 그렇지 않고서는 정말 갈 곳이 없습니다. 특히 대기업에서 높은 직위까지 있다가 퇴직당하신 분은 정말 자존심을 모두 버리시고 몸값 등의 근무 조건을 확 낮춰서 급이 낮은 작은 시공사로 옮기지 않는 한 대책이 없습니다.

6월 말경에 OJT 실습 종료 후 본사로 복귀했는데, 처음에는 강화도에 있는 도로 공사 현장의 안전 관리자로 저를 배치하려고 했습니다. 그런데 그곳의 현장소장이 강하게 반대했다고 합니다. 그 이유인즉슨, 현장소장 본인도 기술사 하나 없는데 기술사를 4개나 보유한 직원이 안전 관리자로 오면 본인 말에 잘 안 따를 것 같다는 걱정이 그 이유였다고 합니다. 결국 그릇의 차이입니다. 제가 뜨거운 물이라고 가정한다면 그릇이 크고 묵직한 분은 저를 잘 담아내어 요긴하게 쓰실 것이고, 그분처럼 그릇이 작고 얇은 사람은 그릇이 깨질 수 있으니 저렇게 거부 반응을 보였던 것 같습니다.

그렇게 며칠을 더 본사에서 대기하다 파주 지역의 대규모 아파트 건축 공사 현장과 연결이 되어 그 현장으로 투입되었습니다. 건축 공사는 군 복무 시절에 몇 년간 해 봤지만, 죄다 5억 원 미만의 소규모 공사였기에, 이렇게 5,500억 원 규모의 제대로 된 대규모 건축 공사는 처음 해 보는 경험이었습니다. 토목 현장은 어디를 보내도 자신이 있었는데 건축 현장은 실무 경험이 부족하다 보니 걱정이 좀 되기도 하였습니다.

하지만 이제 건설 안전을 평생 직업으로 마음먹은 만큼, 오히려 토목보다는 건축을 더 접할 기회가 많으므로 이 기회에 건축에 대해서 제대로 경험해 보고자 마음을 고쳐먹었습니다. 그렇게 저는 대규모 건축 공사 현장의 안전 관리자로서 새로운 생활을 시작하게 되었습니다.

[2017년 여름, 파주 지역 대규모 아파트 건축 현장에서]

새벽 4시, 꿈이 현실이 되는 시간

○ 공학 박사학위 취득

　구미시 도로 공사 현장에 있을 때는 왕복 8시간 거리인 인천을 오가며 힘겹게 박사학위 논문 심사를 받았고, 지도교수님의 크신 가르침과 선후배 박사님들의 지도 조언 덕분에 운 좋게도 간신히 논문 심사를 통과하게 되었습니다.

　마지막 최종 논문 심사(종심) 때의 감격스러운 순간이 눈에 선합니다. 최종 심사를 끝내고 각 심사 위원 교수님들께서는 그래도 부족함이 많은 논문이었기에 추가로 보완해야 할 사항들을 말씀해 주신 후 최종적으로 논문 심사 위원장이신 조○○ 교수님께서 최종 심사 통과를 선언해 주셨습니다. 그때의 그 벅차오르는 감정은 정말 말로 표현할 수 없는 희열과 기쁨이었습니다.

　"아직 목차 및 단위 표기 등 형식적인 측면에서 수정해야 할 부분은 많지만, 공학적 배경과 지식, 연구에 관한 내용은 이 정도면 논문으로서 완성이 되었다고 판단되므로 최종 심사에서 합격했음을 선언합니다. 이제 최종 심사 합격을 했으므로 앞으로 박사로 호칭하도록 하겠습니다. 박춘성 박사님. 논문 심사 합격을 진심으로 축하드리고 그간 어려운 과정 넘어오느라 정말 수고 많으셨습니다."

　정말 감격이 벅차올라서 눈물이 나올 뻔했습니다. 새벽 4시에 일어나 리포트 쓰고 논문을 준비하며, 평일 저녁에 회사에서 야근을 덜 하는 게 눈치가 보여서 당직도 아닌데 주말에도 편히 못 쉬고 잠깐씩 출근하여 업무를 처리하는 등 주경야독을 하며 3년간 어렵게 고생했는데 그간의 설움과 고난이 모두 씻기듯이 사라지는 것 같았습니다.

그런 과정 끝에 저는 산업계 최고 국가 기술 자격증인 기술사 4관왕 달성에 이어, 학계 최고 학위인 공학 박사까지 수여받게 되었습니다. 이른바 이전 어선 부두 현장에서 처음으로 꿈꾸었던 '모자와 완장'을 모두 보유하게 된 것이었습니다.

학위 수여식 행사를 하면서도 정말로 믿기지 않았습니다. 꿈만 같았고 한편으로는 부끄러움도 많았습니다. 아직 모든 면에서 한참 부족함이 많은데 박사라는 학위를 받는 것에 대해 매우 부끄러웠습니다. 하지만 박사학위는 완벽히 모든 것을 다 안다는 뜻이 아니라 아주 기본적인 것을 알고 있으며 앞으로는 혼자서 연구 및 학습을 주도할 수 있다는 의미로 받아들이라는 선배 박사님의 말씀을 떠올리며 앞으로 부끄럽지 않도록 평생 연구 활동에 노력을 기울이겠다고 다짐했습니다.

[2017년 8월, 공학 박사학위 수여식에서]

○ 프리랜서를 꿈꾸다

건축 현장에서 안전 관리자로 근무하며 여러 가지를 느꼈습니다. 우선 첫 번째로는 우리나라 건설업에서 안전 관리자 업무의 한계를 느꼈습니다. 안전 관리자는 기술적·법적 문제점과 대책을 검토하여 적정

새벽 4시, 꿈이 현실이 되는 시간

조치를 취하는 게 가장 중요한 업무라고 생각하는데, 현장에서 요구하는 안전 관리자의 역할은 그게 아니었습니다.

현장의 요구는 막무가내로 그냥 현장에 나와 있으라는 것이었습니다. 무슨 허수아비도 아니고 온종일 현장에 나가 허수아비처럼 종일 서 있으라는 것인데, 현장소장님을 비롯한 윗분들이 이런 모습을 좋아하시는 것입니다. 그렇게 온종일 현장에 나가서 배회하다 보니 정작 법적인 기준이나 기술적 규정 등에 대해서는 하나도 알 수가 없었습니다.

이러한 실상은 누구 하나의 잘못이 아니라 우리나라 건설 업계 안전 관리 조직의 전반적인 현실이었습니다. 무식하면 용감하다고 합니다. 안전 관리자들에게 그리 허수아비와 같이 일을 시키는 현장 윗분들이나, 시킨다고 그대로 따르는 현장 안전팀장 및 고참 안전 관리자분들의 무지함으로 인해 많은 젊은 안전 관리자들은 본인의 방향성을 못 잡고 신세 한탄만 하게 됩니다. 저 역시도 초기에 이런 문제점을 개선해 보고자 현장 윗분들에게 여러 번 건의했었습니다. 안전 관리자를 현장에 허수아비처럼 세워만 둘 것이면 뭐 하러 현장에 안전 감시단(보조 요원)을 상주시키는 것인지?

안전 관리자는 법령을 검토하여 숙지해야 하고 문제가 발생하면 협력사나 공사팀에게 정확한 법적 근거와 규정을 통해서 문서로 이를 전파 및 조치해야 하는데 전혀 그런 업무를 할 수가 없었습니다. 이러한 저의 주장을 건의했으나 돌아오는 것은 냉소와 보복에 가까운 과도한 업무 지시였습니다. 이렇게 안전 관리자의 역할과 임무에 대해 실망을 크게 느끼고 있을 즈음, 법적으로 반드시 받아야 하는 5일간의 안전 관리자 신규 교육을 받게 되었습니다.

거주지에서 가장 가까운 곳에 위치한 교육 기관으로 정했는데, 그 교육 기관은 강사료를 아끼려는 의도에서인지 대부분의 강사를 대리부터 과장급까지의 내부 직원으로 구성했습니다. 그런데 저보다도 현장 경험이 없으시고 전문 지식도 부족한 강사들이 대부분이어서 교육 수준에 매우 큰 실망을 하였습니다. 이렇게 실망하는 와중에 어느 한 강사분이 보건 과목을 강의하시는데 상대적으로 교육의 수준이 높아서 그 과목만 좀 배울 만하다 싶었습니다.

가만히 강의를 듣다 보니 마지막 인사 부분에서야 본인 소개를 제대로 하셨는데 강사 소개를 보고 깜짝 놀랐습니다. 나이는 저보다 5~6살 정도 많으신 여성분이셨는데, 산업 위생 기술사에 인간 공학 기술사, 산업 보건 지도사, 산업 전문 간호사까지… 여태껏 본 적 없던 최고 수준의 엄청난 스펙이었던 것입니다.

그분이 본인을 소개할 때 현재 산업 보건과 관련하여 프리랜서로 활동 중이라 하셨기에 궁금증이 생겼습니다. 프리랜서 활동이 어떤 것들이고 소득과 근로 시간은 얼마나 되는지, 당시 저는 계속해서 자기계발과 동기 부여에 관한 책을 많이 읽고 있었으며 항상 충분한 여가시간에 목말라 했었습니다. 뭐든지 새로운 것을 하려면 시간이 있어야만 할 수 있습니다. 여유 시간이 없으면 더 발전된 일을 실행은 물론이고 구상조차 할 수 없기 때문입니다.

그래서 그분이 강의를 마치시고 쉬는 시간에 스토커처럼(?) 뒤를 쫓아갔습니다. 그리고 강사 대기실에서 잠시 양해를 구하고 말을 걸었습니다. 우선 제 명함을 건네며 인사를 했고 단도직입적으로 가장 궁금했던 것을 물어봤습니다.

"저도 교수님처럼 건설 안전 분야의 프리랜서를 희망하고 있습니다. 그런데 아무래도 한 집안의 가장인 만큼 돈벌이가 가장 큰 두려움입니다. 혹시 외람된 말씀이지만, 한 달에 어느 정도나 소득이 있는지 알려 주실 수 있겠습니까?"

그 강사분은 당황해하셨지만 이내 솔직하게 말해 주셨습니다. 본인은 현재 중학생 자녀를 키우는 가정주부이기에 프리랜서 활동을 많이 하지는 못하고 일주일에 3차례 정도만 이렇게 반나절 정도씩 강의를 하거나 보건 컨설팅을 하신다고 했습니다. 그래서 별로 많이 벌지 못하신다고 했습니다.

"그래서 수익이 얼마나 되시는지요?"

민망해하면서 다시 한번 질문했고, 그제야 그분께서는

"얼마 못 벌어요. 월 700만 원 정도…."

이렇게 말씀하셨습니다. 이 또한 신선한 충격이었습니다.

저는 건설 현장에서 온종일 삽질(?)하고 허수아비처럼 땡볕에서 왔다 갔다 하며 간신히 500만 원(세후) 정도 벌고 있는데…. 그리고 상대적으로 굴지의 대기업인지라 다른 동종 업계 종사자 중에서도 최상위 수익에 속해서 이 정도인데, 그분은 가정주부로 별로 일을 못 하신다면서도 저보다 더 수익이 훨씬 많았습니다. 그래서 다른 질문을 또 드렸습니다.

"저는 명함에서 보다시피 건설 전문가로서 건설 안전 분야를 주업으로 프리랜서를 희망하는데 물론 정확하지는 않겠지만, 건설 안전 분야로는 대략 얼마 정도의 소득을 올릴 수 있을까요?"

이에 그 강사분은 본인이 정확히는 알 수 없으나, 주변의 안전 관련 강의 등 프리랜서 하시는 분들을 보면 평균 월 천만 원 정도는 버시는 것 같다고 답변해 주셨습니다. 월 천만 원 소득이라…. 국내에서 연봉이 높기로 유명한 굴지의 대기업 건설사에서도 임원급은 되어야만 받을 수 있는 꿈의 금액이었습니다.

그 강사님과의 만남을 계기로 저도 본격적으로 프리랜서로의 전향을 준비하게 되었고, 이후 그 강사님과는 지금까지도 수시로 안부 인사를 드리며 서로 도움을 주고받는 좋은 협업 관계를 잘 유지하고 있습니다.

○ 검증이 필요하다

뭐든지 하나의 정보만을 가지고서는 인생에 지대한 영향을 주는 결정을 쉽게 내릴 수는 없는 법입니다. 그때의 제 마음도 그랬습니다. 그 보건 분야 교수님과의 만남을 계기로 강의, 컨설팅이라는 프리랜서 분야도 충분히 가능성이 있음을 인지하여 틈틈이 그 분야에 대해 알아보고자 수소문해 봤습니다. 마땅히 물어볼 만한 곳들이 없었지만 얼굴에 철판을 깔았다고 생각하고 단 한 번이라도 마주친 적 있던 강사분들을 모조리 떠올려 봤습니다.

당시 저는 매우 불량한 악질 수강생의 전형적인 사례였습니다. 웬만한 건설 기술자 관련 교육에 들어가면 몇몇 대학교 정교수님이 아닌 이상 저보다 더 스펙(자격조건 및 실무경력) 좋으신 분을 볼 수 없었기에, 교육을 받을 때 강사님이 틀린 말을 하거나 실무에 대해서 잘 모르고 이야기하면 집요하게 파고들어서 난감한 질문으로 강사님들을 당황스럽게 만들기도 했습니다. 그때 그 강사님의 심정이 어땠을지, 지금으로서는 정말 죄송할 따름입니다. 벼는 익을수록 고개를 숙인다고 하는데 저는 너무 철없을 때 기술사 자격을 다수 취득하다 보니 고개를 숙이는 법을 조금 늦게 깨달은 것 같습니다.

그렇게 많은 강사분을 떠올리다 보니 예전에 회사에서 주관한 건설 안전 관련 법정 직무 교육에서 강의를 재미있게 잘한다고 느꼈던 어떤 강사님이 불현듯 생각났습니다. 그 강사님은 과거에 삼성물산에서 안전 관리자로 근무하시다 건설 안전 기술사를 취득하고 사십 대 초반에 삼성을 나와서 수년째 프리랜서 활동을 하시는 분이셨는데, 강의 시작 전에 본인 소개와 프로필 홍보를 독특하고 재미있게 하여 기억에 남아있었습니다.

이름이 특이하여 쉽게 찾을 수 있었기에 인터넷을 검색하여 그분의 연락처를 찾아냈습니다. 그리고 민망하지만, 얼굴에 철판을 깔고 그분께 장문의 메일을 정성껏 써서 보냈습니다. 우선 제 소개로 시작하여 저의 상황, 앞으로 추구하는 방향을 말씀드리고 결정적으로 건설 안전 분야 프리랜서 활동 시 예상 소득을 문의드렸습니다. 며칠이 지난 후 그 강사님께서 답장을 주셨습니다. 그분의 말에 의하면 저의 상황과 스펙이라면 강의 및 컨설팅 등을 통해서 평균 월 천만 원 이상의 소득은 가능하리라는 것이었습니다.

이렇게 2명의 현업 프리랜서를 통해서 제가 나가려는 건설 안전 분야 프리랜서 활동의 소득 금액이 검증되었기에 더 이상은 고민이 필요 없었습니다. 성공하는 사람과 실패하는 사람의 가장 큰 차이는 실행력입니다. 누구나 퇴사를 꿈꾸죠. 하지만 실행하지 못하기에 성공하지 못하는 것입니다. 저는 과감히 이를 실행에 옮겼습니다.

○ 퇴사 결심

지금까지 근 20년의 세월을 건설 현장에서 공사팀장, 현장 대리인 등의 업무를 보다가 「산업안전보건법」에 명시된 관리 감독자(실제 현장에서는 공사 직원들이 해당 작업의 관리 감독자에 해당)로서의 업무를 하게 되자, 그 책임이 너무나도 무거워서 여러 어려움도 많이 느꼈었습니다. 아는 만큼 보인다고 「산업안전보건법」 등 안전 분야에 대한 전문 지식이 부족한 다른 공사 직원들은 관리 감독자의 업무를 등한시한 채 안전 업무는 오로지 안전 관리자들이 알아서 하는 거로 생각하고 아무도 신경을 쓰지 않는 경우가 많습니다.

당시 저도 같은 관리 감독자의 입장이었지만, 저는 그런 공사 직원들이 가여웠고 한편으로는 한심하기도 했었습니다. 왜냐하면, 저는 관리 감독자의 법적 책임이 어마어마하다는 것을 잘 알고 있었기 때문입니다. 건설 현장에서 근 이십 년을 보내면서 존경하는 소장님의 명예롭지 않은 명예퇴직(?)을 지켜보며, 앞으로 제가 정년 없이 평생 일할 수 있으려면 어떤 진로로 가는 것이 좋을지 많이 고민했었습니다.

그 결과 건설 안전 분야가 현재도 블루오션이라고 할 수 있고 장래의 비전도 좋으며 특히나 저의 기술적 전문 지식과 현장 실무 경험을 같이 활용하면 건설 안전 영역에서 엄청난 시너지 효과를 낼 수 있으리라 생각하게 되었습니다. 그래서 본격적으로 건설 안전 영역을 제 인생의 길로 결정하였고 본사와 협의 및 줄다리기 끝에 안전 부서 소속의 안전 관리자로 전향하여 공사비 5천억 원 규모의 대단위 아파트 현장 최일선 안전 관리자로 배치되었습니다. 그런데 막상 현장 업무를 수행해 보니 실망감이 이루 말할 수 없을 정도로 컸습니다.

제가 생각한 안전 관리자의 업무는 하루 1~2회 현장을 점검하여 문제점을 파악한 후 감시단과 관리 감독자 또는 협력사 직원과 상의하여 조치 및 개선토록 하고, 나머지 시간은 설계도와 시방서를 보고 진행 중인 공종과 추후 후속 공종의 위험성을 사전 예측하여 대책을 검토하며, 각종 거푸집 등의 가시설에 대해서는 구조 검토의 적정성과 현장 일치 여부를 점검하는 등 전반적인 안전과 기술적 부분을 모두

새벽 4시, 꿈이 현실이 되는 시간

아울러야 한다고 생각했는데 현실은 그게 아니었습니다.

제가 아무리 그렇게 의식이 깨어 있고 기술적 전문 지식이 뛰어나면 뭐 하겠습니까? 저에게 지시 권한이 있는 안전 부서 상급자와 현장소장님의 의식이 깨어 있지 않은 것을…. 그분들이 생각하는 현장 안전 관리자는 오로지 현장 상주였습니다. 허수아비가 참새를 쫓아내듯이 현장에 말뚝으로 상주. 밥 먹을 때 빼고는 오로지 모든 시간을 현장에 상주하는 모습을 원했습니다. 그분들이 생각하는 안전 관리자는 그냥 감시자의 업무 수준만을 원하는 것 같았습니다.

아, 실로 탄식이 나왔습니다. 대한민국 굴지의 대기업 건설사에서도 이 정도인데, 다른 하위 등급의 건설사는 더하면 더했지, 덜하지는 않을 것이었습니다. 그래서 결심했습니다. 제가 원하는 건설 안전 관리를 할 수 있고 기술적 부분까지 고려한 안전 관리가 가능한 직업을 하기로 했습니다.

그래서 퇴사 후 창업이라는 큰 꿈을 그리게 되었고 기술 안전 컨설팅 및 기술 안전 교육 분야를 개척해 나가게 되었습니다. 아직도 여러모로 미흡한 단계이지만, 조금씩 더 앞으로 전진하고 있습니다. 저는 장담합니다. 저는 분명 머지않은 시일 내에 이 업계에서 제 이름만 대도 모두가 인정하는, 그런 존재감 있는 최고의 전문가가 될 것입니다.

○ 사직서 제출, 이혼당한 느낌

며칠 동안의 심사숙고 끝에 좀 더 큰물에서의 성장을 위해서 십수 년간 몸담았던 현대건설을 떠나기로 결정했습니다. 그전에 우선 최악의 상황에 대비할 필요는 있었기에 저의 전문 경력을 살리면서 최소한의 생계비는 확보할 수 있는 방법을 찾았고 그렇게 관심을 가지고 알아보다 보니 여러 갈래의 길이 보였습니다. 뭐든지 골똘히 생각을 깊게 해 보면 이런저런 다양한 방법이 떠오르기 마련입니다. 저 역시도 이 경험으로 그 효과를 확실히 느꼈습니다. 아인슈타인도 골똘히 생각하는 것만으로 상대성 이론을 창안했으니 생각의 힘이란 참으로 위대합니다.

그래서 찾은 최소한의 안전장치라 할 수 있는 소득 확보 방안은 건설 안전 컨설팅 전문 업체에 임원으로 이직하는 것이었습니다. 비록 '이사'라는 임원 직급이었지만, 저는 많은 돈보다는 최소한의 생계비 정도만 확보된다면 최대한 개인 자유 시간을 많이 보장받는 것이 더 중요했습니다. 개인 시간이 확보되어야만 다른 사업 구상도 할 수 있고 실행도 할 수 있습니다. 이를 위해 월 15일만, 9시부터 15시까지 근무하되 대신 급여는 월 500만 원 수준으로 받기로 하였습니다.

그렇게 일사천리로 이직 준비를 진행했고 드디어 결심의 날이 밝았습니다. 당시 근무하던 아파트 현장의 소장님 등 윗분들을 찾아뵙고 저의 퇴사 결심을 밝히며 양해를 구했습니다. 그리고 본사 안전 부서 인사 담당자에게도 통지를 드리고 회사 양식에 따라서 사직서를 작성하여 제출했습니다. 사직 처리는 바로 승인되지는 않았습니다. 아마도 본사 내부적으로 이런저런 말이 많았을 것입니다. 기술사를 4개나 가진 장래가 유망한 토목 부서 직원을 안전 부서로 넘겼더니만 갑자기 그만둔다고 하니 인사실, 토목 사업 본부, 안전 부서 모두 수군거리는 게 당연했을 것입니다.

그 사이에 저의 사직서 제출 소식은 일파만파로 회사에 퍼졌고, 그 소식을 전해 들은 토목 사업 본부의 몇몇 고참 직원분은 저에게 전화하셔서 난데없이 무슨 일이냐며 위로 또는 질책을 주시기도 하였습니다. 당시 회사 내규상 매월 16일 이후에 퇴직하면 그달의 월급은 100% 지급하는 것으로 규정되어 있었습니다. 이에 저는 16일에 사직서를 제출하였으니 어차피 그달의 월급은 100% 지급되는 것이었으므로 출근은 더이상 하지 않더라도 후임자 배치 등의 일정을 감안하여 서류상으로는 그달의 말일에 퇴사 처리하는 것으로 협의하였습니다.

사직서 제출 후 자유의 시간을 만끽하며 한 일주일 정도 놀고 있었을 때, 본사 안전실로부터 퇴직자 면담 및 최종 퇴직 결재를 위해서 본사에 방문하라는 연락을 받았습니다. 퇴직 처리 절차도 매우 까다롭고 복잡했습니다. 지금 돌이켜 생각해 보면 사직서를 제출하면 그것으로 저의 의무는 끝난 것인데, 처음 해 보는 자진 퇴직이다 보니 멋모르고 본사에서 시키는 대로 다 했습니다.

우선 현장에 들러서 제가 회사에서 지급받았던 컴퓨터 및 책상 등의 사무 집기를 문제없이 반납했다는 현장 관리팀의 확인 서류를 받아들고 본사로 향했습니다. 본사 안전실의 인사 담당자는 급작스러운 퇴직 소동에 다소 어이없어하는 모습이 역력했습니다. 토목 사업 본부에서 안 놔주는 직원을 끈질기게 요구해서 5개월 만에 겨우 안전 부서로 빼 왔는데 난데없이 퇴직한다니 어이없어하시는 게 당연하실 것이고 이 부분에 대해서는 저도 송구하게 생각합니다.

하지만 저 또한 할 말이 있는 게, 1월부로 전환하여 기술 안전팀으로 배정하겠다는 설명을 듣고 안전 부서에 지원한 것인데 5개월이나 지연되었고, 기술 안전팀의 인원이 이미 꽉 차버려서 부서도 본사가 아닌 현장으로 보냈으니 제 입장에서는 본사 안전 부서가 먼저 저와의 약속을 어긴 것으로 생각합니다. 안전 부서의 최고 책임자이신 곽○○ 상무님의 최종 결재를 받을 때 상무님께서는 역시 안전실의 최고 어른답게 좋은 말씀과 응원을 건네주셨습니다.

"컨설팅 업계로 나간다고? 쉽지는 않은 길이지만, 넌 잘 해낼 것이라 믿는다. 어렵게 고민하고 결정했을 텐데, 나로서는 아쉽지만 그 결정을 응원하네. 어쨌든 여기가 친정이니 언제든 힘든 일 있거나 친정에서 도와줄 일이 있으면 찾아와서 말하게. 친정이 좋은 게 뭔가? 어렵고 힘들 때 도와주는 게 친정이지."

사직서 결재를 받을 때는 곽○○ 상무님으로부터 감동스러운 친정 이야기를 들었는데, 한참 지난 후에는 말과 행동이 안 맞는 경우를 겪기도 했습니다. 퇴사 후 건설 기술자 직무 교육 기관 교수로 활발히 활동하던 어느 날 현대건설 토목직 직원들을 대상으로 기술 안전 강의 요청을 받은 적이 있었습니다. 친정인 만큼 더욱더 좋은 강의를 들려드리고자 최선을 다해서 강의를 준비했습니다.

그런데 친정인 그 현대건설 안전 부서에서 저의 출강 일정을 하루 앞두고 출강 취소를 통보해 왔습니다. 통상 강의 일정 관련해서는 강사들의 일정이 바쁘다 보니 최소 2주 전에는 일정을 확정하고 급작스러운 사고 등이 없는 한 일정을 변경하지 않는 것이 이 업계의 관례입니다.

그런데 불과 출강일을 하루 앞두고 출강 취소를 요구하였으니 이는 매우 드문 결례 행위인 것입니다. 아마도 안전 부서의 최고 수장이신 상무님이 그리하신 것은 아니겠지요. 저에 대한 괘씸죄 차원에서 밑의 안전 교육 담당자가 알아서 조치한 것으로 생각합니다만, 그때 저의 실망은 이루 말할 수 없었습니다. 그래도 현대건설을 제 고향으로 생각했고 많은 긍지와 애정을 품고 있었던 곳인데…

하지만 다 용서하렵니다. 지금 돌이켜 생각해 보면 그 담당자분은 나름대로 기분이 상하셨으리라 생각합니다. 까마득한 밑의 직원이었던 제가 퇴사한 지 1년 만에 교수로 탈바꿈해서 본인들을 가르치러 온다니, 기분이 매우 언짢으셨겠지요. 본인은 그 위치 그대로인데, 1년 동안 몰라보게 변한 후배를 만나기가 껄끄러우셨을 것입니다. 어찌 보면 그런 윗분들과 좋은 관계로 잘 마무리하지 못했던 제 잘못이라고 생각합니다. 어쨌든 이 일을 계기로 새삼 다시 한번 느꼈습니다.

'혼자서 할 수 있는 일은 아무것도 없다. 다 옆에서 끌어 주고 추천 해줘야만 되는 것이다.'

그렇게 안전 부서 상무님과 면담 후 이제는 인사실로 넘어갔습니다. 인사실에 갔더니 차장급 직원과 퇴직 면담이 이루어졌습니다. 그분께 서는 솔직하게 말씀해 주셨습니다. IMF 이후로 현채 직원이 정규직으로 전환된 사례도 거의 없었지만, 저처럼 빠른 시간 내에 정규직까지 전환되고 또한 진급까지 빨리 된 사례가 없었기에 나름 인사실에서도 저를 매우 관심 있게 지켜보며 장차 회사를 이끌어갈 핵심 인재 리스트에 포함해 두었었다고 합니다.

게다가 기술사도 4개 종목이나 보유하고 있어서 토목 사업 본부에서도 안 놔주려 했었고, 인사실 내에서도 토목 분야 최고의 전문가를 안전 부서로 전환 배치하는 문제에 대해서 이를 어찌해야 할지 고민이 많았지만, 저를 통해서 안전 부서 직원들도 자극을 받고 자기계발에 힘쓰는 문화가 형성되도록 개혁시켜 보고자 하는 의도로 저의 안전 부서 전환 배치를 승인했던 것이라고 합니다.

생각해 보면 인사실이 보는 관점에서 안전 부서 직원들은 그다지 좋은 평가를 주지 않았던 것 같습니다. 인사실 입장에서 본다면 토목, 건축, 재경 등 다른 부서의 직원들은 최상위 명문대 출신이 대다수인데 반해, 안전 공학과가 있는 학교가 몇 개 없다 보니 안전 직원들은 인사실이 보는 관점에서는 모두가 소위 지잡대(지방 잡종 대학교) 출신이라 생각하고 무시하는 경향이 다소 있었던 것 같습니다.

그 자리에서 인사실 차장님과 면담하다가 어찌하다 보니 이번에 박사학위를 수여받은 것을 말씀드리게 되었는데, 그 이야기를 들은 인사실 차장님은 기술사 4개에 공학 박사까지 보유한 인재의 퇴직을 본인이 판단하여 결정할 수 없다며 미안하지만 잠시 기다려 달라고 요청하고 자리를 비우셨습니다. 뻘쭘하게 면담실에서 기다렸는데, 이번에는 인사실의 팀장이신 부장님이 직접 들어오셨습니다. 좀 전과 같이 만류의 말씀을 하시다가 제 뜻이 확고함을 거듭 말씀드리니 더는 만류하시지는 않고 사직서에 최종 결재를 하셨습니다.

그리고 끝에 말씀하시기로는 혹시 주변 직원의 비위 사실 등 제보할 의견이 없는지를 물어보셨습니다. 물론 말이 목구멍에 걸릴 만큼 말씀드리고 싶은 사람은 몇 명 있었지만, 어차피 그만두고 나가는 입장에서 다른 사람의 앞길까지 악영향을 주고 싶지는 않았습니다. 결국, 모든 게 뿌린 대로 돌아오기에 그래 봤자 언젠가는 저에게 악영향으로 돌아올 뿐이라 여기고 조용히 입을 다물고 나왔습니다.

그때가 2017년 8월 25일이었는데, 남은 퇴직까지의 기간은 제 개인사업용 사무실을 꾸미고, 아침에 현장에서 한참 안전 조회를 하고 있을 시간에 공원 아침 산책을 하며 프리랜서로서의 시간적 여유를 미리 맛보았습니다. 시간이 흘러 2017년 8월 31일 자정 24시 정각을 기준으로 저는 11년간 제 시간의 주인이었던 현대건설을 벗어나서 저 스스로 제 시간의 주인이 되었습니다.

그때 퇴직 절차를 겪으면서 느꼈던 기분이 있습니다. 분명 퇴직 의사는 제가 먼저 밝혔지만, 정확하게 8월 31일 자정을 기준으로 회사 인터넷 그룹웨어 접속이 차단되는 것을 겪으면서 마치 냉정하게 이혼당한 듯한… 그런 묘한 기분이 들었습니다.

[프리랜서 사무실 개업 후 여유 있는 아침 산책]

PART. 4

프리랜서 교수,
시간적인 여유와
경제적인 자유를 꿈꾸며

내 시간은 내가 통제한다

○ 프리랜서 활동

멀쩡히 잘 다니던 월급 잘 나오는 대기업을 퇴사하고 프리랜서로서 처음 시작한 일은 건설 공사 현장 안전 컨설팅이었습니다. 이 사업은 교육 기관의 교수로 활동 중인 지금도 주기적으로 꾸준히 수행하고 있습니다. 업무 내용은 컨설팅 요청을 받은 건설 현장에 매월 하루씩 나가서 그 현장에서 놓치고 있는 위험성 및 각종 법규 위반 사항들을 점검해 주고 대안을 제시해 주는 업무를 하는 것입니다. 저는 특히 대기업 시공사에서 공사팀장은 물론 현장 대리인까지 역임하였기에 기술 안전 분야에 매우 특화되어 있습니다. 따라서 저는 주로 거푸집, 동바리, 흙막이, 비계 등 기술적인 부분에 집중하여 안전 점검을 해 드립니다.

저도 현장에서 근무할 때 외부 컨설팅을 몇 차례 받은 적이 있었습니다. 그 당시에는 건설 안전 컨설팅을 아무짝에도 쓸모없는 행위라며 무시했었습니다. 그 이유가 대부분의 많은 안전 컨설팅 업체들이 현장 점검을 나와서 기껏 한다는 소리가 소화기 고장 난 것들, 일부 근로자가 안전모를 착용하지 않은 것들 등 구태여 외부 전문가가 아니라 누가 봐도 지적할 수 있는 것들만 지적했기 때문입니다. 그렇기에 저는 그러한 일반적인 사항은 전혀 지적하지 않습니다. 현장에서 직원들에게 구두로 한마디씩 하기는 하지만, 그런 일반적인 내용을 보고서나 강평 자료에 언급하지는 않습니다.

FN TODAY
고물격 경제지 파이낸스 투데이

HOME > 이슈

건설현장 안전관리, 기술안전이 핵심이다.

김성남 | 승인 2018.07.30 07:58

건설현장 기술안전 컨설팅

기술안전! 현장 기술직(관리감독자)의 역할이 중요

이렇게 기술안전이 강조되는 시기에 기술안전에 선도적인 역할을 하는 눈에 띄는 사람이 있다. 헌정안전지도사사무소(대표 김상호)의 기술안전 컨설팅 책임자인 박춘성 기술사이다.

[컨설팅 활동 및 기술 안전 점검 활동으로 뉴스에 소개되었던 기사]

저는 현장 직원들이 잘 모르는 것들, 즉 기술적인 부분에 대해서 집중적으로 점검해 드립니다. 이러한 방향으로 컨설팅을 하다 보니 건설현장에서의 반응이 매우 좋았고, 특히 현장 안전 관리자들은 제가 지적한 것들을 바탕으로 공사팀이나 협력사에 개선 요구를 할 수 있다 보니 많이 편리해합니다.

새벽 4시, 꿈이 현실이 되는 시간

제가 운영 중인 업체의 이름은 '살펴봄 건설안전기술원'인데 이는 제 이름에서 따왔습니다. 제 이름은 봄 '춘(春)', 살필 '성(省)' 자를 사용하는데, 이를 이어서 붙이면 '봄살핌'이 됩니다. 이를 빠르게 부르다 보면 보살핌으로 들립니다. 그래서 처음에는 보살핌 건설 안전기술원으로 할까도 생각했었지만, 보살핌이라는 뜻이 마치 '요양원' 같은 느낌이 나서 앞뒤 순서를 바꿔서 살핌봄(살펴봄)으로 사명을 사용하게 되었습니다.

　또한, 최근에는 프리랜서로서 시간적인 여유가 있다 보니 박사 과정 때부터 활동을 시작한 학회 및 협회 활동에 많이 참여하고 있습니다. 대부분 학회 활동을 하시는 분들이 저명하신 교수님들과 그 분야의 전문 기술사님, 박사님들이시다 보니 학회 활동을 하면서 이런저런 분들과 이야기를 나누다 보면 저도 참 많은 것들을 배우게 되고 견문도 넓어지며, 또한 뛰어난 인맥까지도 얻게 되는 아주 금상첨화의 효과를 얻고 있습니다.

　일상 시간에 여유가 있다 보니 마음에도 여유가 생기고, 그러다 보니 주변 이웃들과 지역 사회도 다시 한번 돌아볼 수 있게 되었습니다. 그래서 우연한 기회에 지역 사회 봉사 단체(사단법인 글로벌 인천) 커뮤니티를 접하게 되어 기회가 닿을 때마다 작지만 지역 사회의 발전을 위해서 저의 재능을 소소하나마 기부하기도 합니다.

[지반 공학회 등 각종 학회, 협회 활동 참여]

또한, 건설 분야 전문가로서 산업인력공단의 국가 기술 자격시험 감독위원 등으로도 위촉되어 다양한 활동도 병행하고 있습니다. 시험장에서 열심히 집중하는 후배 수험생들을 보면 예전의 제 모습이 떠오르기도 하여 응원하고 싶은 마음이 샘솟기도 합니다.

[국가 기술 자격시험 감독 및 (사)글로벌 인천 봉사 단체 참여]

새벽 4시, 꿈이 현실이 되는 시간

○ 명함이 늘어난다

예전에 대기업 건설 회사의 정규직으로 근무할 때에는 업무나 인맥 교류 과정에서 여러 종류의 명함 지닌 사람을 만나면 다소 의아해했습니다.

'왜 명함을 여러 개 가지고 다니지? 최근에 회사를 옮겼나? 아니면 사기꾼인가?'

지금 생각하면 참 어리숙하고 순진한 생각이었습니다. 명함이란 비즈니스 관계에서 그 사람을 처음 대면할 때 짧은 2~3초 정도의 시간 내에 그 사람을 어필해 주는, 즉 이른바 약식 이력서라 할 수 있습니다. 당연히 활동 영역이 다양하면 만나는 사람이 각각 다를 것이고, 만나는 목적이 다르다면 적재적소에 맞게끔 다른 명함을 건네는 게 합당한 것입니다.

제가 강의를 통해서 만나는 분이라면 교수 직함의 명함을 드리는 게 맞을 것이고, 제가 기술심의 및 자문을 목적으로 만나는 것이라면 엔지니어링 사업자 명함을 드리는 게 맞는 것입니다. 또한, 제가 안전 컨설팅을 수행할 때는 건설 안전 전문 기관의 명함을 드리는 게 맞는 것입니다.

즉, 저 같은 프리랜서에게 명함이 늘어난다는 것은 사업이 매우 활발히 잘되고 있다는 것이고, 제가 가진 스킬이 다양하다는 의미가 됩니다. 저는 앞으로도 더 많고 다양한 분야로 명함을 늘려나갈 것입니다.

○ 우리나라는 아직도 건설 안전 후진국

현업 건설 기술자분들께 직무 교육 강의를 주로 하다 보니, 품질, 설계, 시공, 감리 등의 분야는 실무자의 수준도 꽤 높으시고 전문 교수진 시장도 이미 포화 상태입니다. 하지만 제가 경험해 보니 건설 안전 분야는 아직 블루오션입니다. 그 판단 근거는 물론 제 짧은 경험에 의한 것이지만, 현업에 종사하시는 분들이시라면 다음의 제 의견에 대다수가 동의해 주실 것입니다.

우선 첫 번째로, 국내에서 안전 공학과를 졸업하고 건설 회사에 입사하여 안전 관리자 업무를 보시는 분들은 건설 전문가가 아닙니다. 현업에 계신 분들은 모두 공감하시겠지만, 건설 현장에서 안전 관리자로서 경력이 10~20년 되신 일부 몇몇 분들은 설계 도면조차 제대로 볼 줄을 모르십니다. 안전 업무와는 무관하다고 생각하시고 전혀 거들떠보지도 않으신 것이지요.

다른 안전 분야를 예로 들어 보겠습니다.

전기 공학을 모르는 사람이 전기 안전을 할 수 있을까요?

기계 공학을 모르는 사람이 기계 안전을 할 수 있을까요?

화공 안전은 어떻고요? 그런데 참 희한하게도 건설 공학을 모르시는 분들이 건설 안전을 하고 계십니다. 건설 안전 기술사 보유자는 많습니다. 현재 약 1,500명 정도입니다. 그런데 과연 그중에서 안전 공학과를 졸업하고 건설 현장에서 안전 관리자 업무를 보시는 분들이 대체 몇 분이나 되실까요?

아마도 그 1,500명 중에서 실제 건설 안전 영역에서 활동하시는 분은 50%도 안 될 것이라 사료됩니다. 왜냐하면, 대부분 기술직 업무를 보시는 분들은 시공 기술사를 취득한 후에 하나 더 취득하는 게 일반

적이기 때문입니다. 그렇지만 그분들은 은퇴 후에 감리 또는 동종 시공사 쪽으로 이직을 많이 하시지, 어지간해서는 안전 업무를 보시지 않습니다. 즉, 건설 안전 기술사 보유자는 많지만, 건설 안전 분야를 주업으로 하시는 전문가분들은 많지 않습니다. 당장 저의 경우만 해도 그렇습니다. 2016년까지만 해도 제가 건설 안전 분야에서 이렇게 자문, 점검, 컨설팅, 강의를 할 것이라고 과연 상상이나 했겠습니까?

이러한 근거로 봤을 때, 현재 우리나라 건설 안전 관리 수준은 아직 후진국 수준이라고 생각합니다. 하지만 이를 다른 방향으로 해석한다면 이 건설 안전이라는 전문 영역은 블루오션이라고 볼 수 있습니다. 특히나 저처럼 기술적, 공학적 분야의 전문가인 기술자님들에게는 더더욱 그럴 것입니다. 건설 안전은 곧 기술 안전이니까요.

저는 아직 블루오션인 이 시장에서 저의 영역을 확고히 다지고 더욱 발전시키려고 합니다. 그러면서 다른 신사업 분야를 개척해 두어 언젠가 먼 훗날에 이 시장도 레드오션이 될 즈음에는 저는 남들보다 먼저 한발 앞서서 다른 영역을 확장해 나갈 것입니다.

○ 소중한 추억의 시간은 돌아오지 않는다

앞서도 여러 번 언급했었지만, 제가 좋아하는 명언 중 하나입니다.
"가난한 사람은 자신의 시간을 팔아서 돈을 번다."
현실적인 이야기입니다. 자기의 시간을 고용주에게 팔아서 돈을 벌어서 생계를 유지하는 것은 가난한 사람의 삶이라 할 수 있습니다. 물론 대기업처럼 그나마 많은 돈을 주는 곳도 있지만, 어쨌든 그 고용은 평생 이뤄지지 않습니다. 언젠가는 회사를 떠나야만 합니다. 그런데 문제는 가족이 생기면서 시작됩니다. 본인의 시간을 팔아서 돈을 벌기 때문에 먹고살 수는 있으나, 사랑하는 가족과 함께할 시간이 부족해지는 것입니다.

누구에게나 황금과도 바꿀 수 없는 소중한 시간들이 있을 것입니다. 예를 들면, 내 아이의 첫 울음소리, 첫걸음마의 순간, 첫 "아빠~엄마." 소리. 첫 입학식 등이 그것입니다. 어쩔 수 없는 노릇이지요. 가장으로서 본인의 시간을 팔아야만 우리 가족의 생계를 유지할 수 있으니….

하지만 부자들은 무엇이 더 비싸고 소중한지 잘 알기 때문에 돈을 주고서라도 시간을 삽니다. 가난한 사람을 고용하여 그 사람에게 최소한의 인건비를 주고 많은 일을 시키고 그 여유 시간에 본인은 사업을 통해 더 큰 이윤을 남기기도 하며, 사랑하는 가족에게 더 많은 시간을 할애하기도 합니다.

저는 요즘 위의 말을 새삼 아주 현실감 있게 느끼고 있습니다. 이전에 건설 현장에서 근무할 때는 매일 새벽 6시 반까지는 출근해야 하니 매번 아이들이 자는 모습을 보며 출근했었고, 지방에서 근무할 때는 퇴근도 없이 일했었습니다. 자택에서 출퇴근할 때도 야근, 회식 등의 사유로 매번 붙잡히다 보니 항상 제가 퇴근하고 집에 오면 아이들은 자고 있었습니다. 평일에는 거의 아이들이 자는 모습밖에 본 게 없는 것 같습니다.

그런데 제가 스스로 제 시간을 지배하는 요즘은 오히려 아이들이 저보다 일찍 학교에 등교하고, 학원에 갔다가 저보다 더 늦게 귀가합니다. 이 글을 쓰는 오늘 아침에도 저는 아이들을 학교로 내보낸 뒤 베란다 창문을 열고 아이들에게 큰소리로 손을 흔들며 외쳤습니다.

"사랑해, 아들~! 학교 잘 다녀와~!"

저희 집은 찻길 하나 건너지 않는 2분 거리에 초등학교가 있는 초품아(초등학교를 품은 아파트)라서 제가 아이들을 부르면 그 소리에 등교하던 다른 아이들이 같이 쳐다봅니다. 그러면 저의 아이들은 괜히 우쭐해하며 신나 합니다. 저는 세상에서 가장 귀한 것은 시간이라고 생각합니다. 앞으로도 이 소중한 시간을 잘 지켜나가야겠다고 다시 한번 다짐해 봅니다.

○ 교수가 되다

대기업 건설 회사를 과감히 퇴사한 이후로 건설 안전 컨설팅 및 설계 심의자문 등의 프리랜서 활동을 하던 중에 우연히 강의 요청을 받았습니다. 건설 현장에서 근무하는 기술자들은 「건설기술 진흥법」 및 「시설물안전법」, 「산업안전보건법」 등 제반 법령에 의해서 일정 주기별로 교육을 이수해야만 합니다. 통상 기술사를 보유하고 있으면 이런 직무 교육 기관에 출강이 가능한데, 문제는 출강 요청을 받는 것부터가 비슷한 조건의 경쟁자들이 매우 많기에 쉬운 일이 아니라는 것입니다.

그 경쟁자들을 제치고 출강 기회를 잡더라도 수강생들의 설문 평가가 기다리고 있습니다. 설문 평가에서 만족도가 낮게 나온다면 가차 없이 낙오되는 것입니다.

[교수로서 건설 기술자 교육 출강]

새벽 4시, 꿈이 현실이 되는 시간

완전히 약육강식의 세계입니다. 저는 운이 좋게도 주 경력 분야인 항만 건설과 관련하여 강의 요청을 처음 받게 되었고, 정성을 다해 준비한 강의에서 기대 이상의 좋은 반응을 받았습니다. 아마도 실질적인 현장 경험과 노하우가 녹아있는 강의 내용 덕분에 좋은 평가를 해 주신 것으로 생각합니다. 그 덕분에 저는 건설 기술자 교육 기관 교수로서 안정적인 입지를 구축하게 되었습니다.

뭐든지 하면 할수록 실력이 늘어납니다. 경험이 쌓일수록 강의 스킬이 향상되었고 강의평이 좋다 보니, 제 강의를 들어보신 여러 기술자분들이 주변 및 여러 교육 기관에 저를 소개해 주서서 국립대학교 출강은 물론, 안전 관리자, 품질 관리자, 건설 사업 관리 기술자 등으로 강의 분야가 점점 더 넓어지게 되었습니다. 이런 실적들이 축적되다 보니 각 교육 기관에서 가장 대표적인 우수 강사 위주로 요청하는 인터넷 원격 교육도 촬영하였으며 여러 지인분의 추천으로 국립대 대학원 석박사 과정의 강단에도 서게 되었습니다.

바야흐로 공고 출신이었던 제가 새벽 4시의 마법을 통해 부단한 노력과 여러 선배님들의 도움으로 감사하게도 대학교수의 자리도 맡게 된 것입니다. 그러다 보니 이제는 대학교나 교육 기관을 넘어서 공기업 및 대기업에서 소문을 듣고 직접적으로 출강 요청을 주시는 영광을 누리기도 합니다.

예전에 현장에서 박박 기어 다니던 말단 현채 직원 때를 떠올려 보면 정말로 감회가 새롭습니다. 이 모든 게 새벽 4시의 마법 효과입니다.

[인터넷 원격 교육 촬영 및 건설 기술자 직무 교육과 대학교 출강]

　한편으로 대학교 강의를 많이 다니다 보니 대학 시설이 친근하게 느껴졌고 그러다 보니 자연스레 대학 도서관을 아주 제집 드나들 듯이 다니게 되었습니다. 그래서 한여름의 피서철이나 한겨울의 혹한기에는 어디론가 나들이를 하러 가는 것보다 대학 도서관 열람실에서 책을 읽으면서 시간 가는 줄 모르고 책에 빠져들기도 합니다. 그 책 속의 지식과 간접 경험은 살아있는 생물처럼 꿈틀거리며 제 머릿속과 심장에 주입되어 저의 또 다른 발전의 밑바탕이 되어 주었습니다.

[대학 도서관에서 독서하며 여유로운 휴식]

○ 퇴사 후 프리랜서 교수의 아침 일상

이번에는 저의 요즘 평균적인 아침 일상에 대해서 써 보려 합니다. 저는 군 전역 이후 항상 새벽 4시에 기상합니다. 물론 100%는 아니고 전날에 과음하거나 밤샘 야근한 경우에는 조금 더 자는 경우도 있습니다. 하지만 그런 경우는 드물고 평균적으로는 4시에 일어나고 있습니다.

일어나면 바로 세수를 합니다. 그리고 저는 아침을 먹어야만 두뇌 회전이 되는 스타일이라 새벽에 혼자서 부스럭거리며 꼭 식은 밥이라도 챙겨 먹습니다. 그리고 4시 반 정도부터 7시까지는 공부를 합니다. 매일 2~3시간씩 꾸준히 공부합니다. 예전에는 기술사 공부를 했었고 요즘은 영어 및 지반 공학 관련 서적을 읽습니다. 또한, 경제 신문을 읽으며 자본 소득을 만들기 위한 연구도 합니다. 이렇게 알차게 공부를 하다가 해가 떠오를 무렵에는 집 뒤의 공원으로 아침 산책을 하러 갑니다.

공원 한 바퀴가 약 2.4km 정도 되는 거리라 한 바퀴 걸으면 30분 정도 소요됩니다. 공원을 천천히 사색하며 걷습니다. 이 글을 읽고 계시는 분들은 새벽이슬을 느끼며 산책을 해 보신 적이 있으신가요? 저는 이때가 저의 하루 중에서 가장 좋습니다.

시공사에 있었을 때는 꿈도 못 꾸었던 호사입니다. 현장에서는 아침 안전 조회에 나가서 흙먼지를 들이마시며 작업상황 파악한다고 한창 스트레스받고 있을 시간인데… 이렇게 새벽에 공원에 가면 새소리와 풀벌레 소리가 더욱 잘 들립니다. 그 어떤 음악보다도 정겹고 아름답습니다. 촉촉하게 내려앉은 새벽이슬과 함께 풀벌레 소리를 들으며 천천히 걸으면 신선이 따로 없습니다.

천천히 걸으며 골똘히 생각하다 보면, 불현듯 어떤 고민에 대한 답이 떠오르는 경우도 많습니다. 또한 그날 하루의 일정을 머릿속으로 시뮬레이션해 봅니다. 비록 상상일 뿐이지만, 제가 강의 나가서 오늘은 어떤 식으로 강의에 접근할 것인지? 중간중간 웃음 포인트는 어떤 이야기를 해드릴 것인지? 이런 식으로 시뮬레이션해 보며, 열화와 같은 박수를 받고 강의를 마치는 상상을 해봅니다. 그러면 신기하게도 정말 그 상상이 실현됩니다.

그렇게 아침의 기운도 받고 머릿속도 정리한 후에 외부 일정이 있으면 나갈 채비를 하며, 일정이 없으면 개인 사무실에서 강의 교안을 작성하거나 책을 읽는 등 자기계발을 위한 시간을 보냅니다.

새벽 4시, 꿈이 현실이 되는 시간

○ 네임 밸류

어디까지나 제 개인적인 생각이지만, 직장인에게는 2가지의 힘(가치)
이 있다고 생각합니다.

소속 회사의 네임 밸류와 개인의 네임 밸류가 그것입니다. 제가 대
기업을 떠나 보니 느낀 것이 있습니다.

'굴지의 대기업 부장, 임원 뭐… 이런 분들도 개인의 네임 밸류를 쌓
아두지 않으면 결국 회사 옷을 벗는 순간 개털이 되는구나!'

즉, 신입과 같은 사회 초년생에게는 회사의 네임 밸류가 중요하겠지
만, 차·부장급 이상의 고위직이라면 그보다 개인의 네임 밸류가 더 중
요하다고 생각합니다. 개인의 네임 밸류를 쌓아 올릴 수 있는 방법은
여러 가지가 있겠지요.

첫 번째로는 뛰어난 업무 처리 실력으로 회사 내부에서는 물론이고
동종 경쟁사로부터도 자타가 공인하는 실력자로 인정받는 방법이 있
습니다.

두 번째로는 업무 실력은 조금 뒤처지더라도 대인관계를 정말 좋게
유지하여 회사 선후배는 물론이고 협력사 등과도 매우 좋은 관계를
유지하는 것입니다.

마지막 세 번째로는 기술사 취득 및 박사학위 수여 등 본인의 서류
상 스펙을 높이는 것입니다.

저는 개인 사업을 운영해 보면서 다음과 같은 장단점을 느꼈습니다.
위의 첫 번째와 두 번째 방법은 할 수 있는 업종에 제한이 있습니다.
특히나 저희 건설 업계에서 사업을 하려면 어지간해서는 반드시 법적
기술 자격 요건을 갖추어야만 면허가 나온다는 단점이 있습니다. 즉, 본

인이 회사를 차려서 사장을 해도 기술사, 공학 박사 등의 적정 스펙이 없으면 결국 이러한 사람을 비싼 돈을 주고 고용할 수밖에 없습니다.

또한, 본인이 어디 가서 영업할 때 기존에 알고 지내던 인맥이 없으면 새로운 사람을 만나서 영업을 해야 하는데, 이때 건설 전문 분야 사업을 한다는 사람이 전문 자격이나 학위가 없으면 그것만으로도 전문성이 부족하다는 첫인상을 남겨주게 됩니다.

저의 사업을 예로 들어서 말씀드려 보면, 저의 장점은 기술 자격 및 학위 등으로 인해서 제 개인의 네임 밸류 조건으로 할 수 있는 일이 매우 많다는 것과 또한 언제든지 제가 원하면 시작할 수 있다는 것입니다. 가장 기본적인 전문성이 검증되어 있기에 가능한 것이지요.

아직도 대다수의 대기업 직장인 분들이 마치 그 회사의 네임 밸류를 본인의 네임 밸류인 것으로 착각(?)하시는 경우가 많은데, 절대 그렇지 않습니다. 일단 직장 생활을 아주 성실하게 열심히 하셔도 정말 오래 버텨야 60세가 정년이고, 현실적으로 대기업에서는 사오정, 오륙도라는 말이 아직도 적용되고 있습니다. 저 역시도 이 은어를 정말 뼈저리게 공감하고 있습니다. 제 나이가 이제 마흔인데, 벌써부터 제 또래의 차장급 직원들은 진급 누락 및 이에 따른 명퇴의 칼날을 두려워하고 있습니다.

또한, 제가 대기업 건설사에서 근 11년 동안 근무하면서 단 한 명도 정년을 채우고 퇴직하신 분을 못 봤습니다. 대기업 회사에서 잘나가시는 부장님, 차장님들도 개인의 네임 밸류에 대한 준비 없이 회사에서 나오시면 일반 동네 할아버지와 다를 바 없습니다. 개인의 네임 밸류가 없으신 분들의 말로는 결국 둘 중 하나입니다.

그 대기업과 주로 거래하는 하청 업체 소속으로 들어가서 1~2년 정도 인맥과 전관예우를 활용해서 영업 활동을 하시다가 또다시 내쳐지

새벽 4시, 꿈이 현실이 되는 시간

거나, 아니면 치킨집 등 자영업으로 나가시는 것입니다. 회사의 네임 밸류는 결코 본인의 자산이 아닙니다. 개인의 네임 밸류를 키워야 합니다.

○ 정신병 초기 증세

예전에 읽었던 자기계발 서적의 내용 중에서 짧고 강렬하게 저의 뇌리에 각인된 아인슈타인의 명언이 하나 있습니다.

"어제와 똑같은 오늘을 살면서 더 나은 내일을 기대하는 것은 정신병 초기 증세다." 불현듯 이 명언에 적합한 2명이 갑작스레 떠올랐습니다.

한 분은 고졸 출신으로 전문 건설에서 말단 기사부터 시작하여 현장을 박박 기어 다니며 일을 배우다가, 도저히 평생 이렇게 살 수는 없다고 느끼고 힘든 현장 생활 속에서도 주경야독하며 노력하여 37세의 나이에 꿈에도 그리던 시공 기술사를 취득하였습니다. 그러한 어제의 노력이 있었기에 그분은 다른 오늘을 살고 있습니다. 기술사 취득 후에는 1군 상위권 대기업의 프로젝트 계약직으로 옮기셨지요.

건설업에 종사하는 분들은 모두 잘 아시겠지만, 관공서에서 발주한 건설 공사에서는 공사비가 700억 원 이상일 경우 반드시 기술사 소지자를 현장 대리인으로 선임해야 하기에 대기업에서도 시공 기술사에 대한 수요가 꽤 많습니다. 그리고 그분은 거기에 만족하지 않고 4년제 대학에 입학하여 열심히 주경야독으로 학사학위 취득을 위해서 공부하고 있으며, 또한 건설 안전 기술사를 추가로 취득하고자 공부를 계속하고 계십니다. 분명 조만간 우수한 점수로 합격하시리라고 장담합니다. 제가 그분의 답안지를 몇 번 조언해 드렸는데 답안지를 꽤 잘 쓰셨고 특히 현장 실무 경험이 잘 녹아 있었기에 그런 평을 드린 것입니다.

게다가 그분은 약 1~2년 정도 열심히 노력하신 끝에 최근에 회사에서도 그분의 성실함을 인정하여 2019년에 드디어 정규직으로 전환되기도 하였습니다. 얼마나 멋있습니까? 그야말로 기술사를 취득함으로써 인생 역전에 성공한 케이스입니다. 바야흐로 어제와 다른 오늘을 살았기에 더 발전된 내일을 맞이할 수 있었던 사례입니다.

반대로 다른 한 지인이 계십니다. 최근에 저에게 고민을 토로하시더라고요. 현재 중견 기업의 현채 계약직인데, 월급도 적고 비전도 안 보여 어떻게든 프로젝트 계약직이나 정직원이 되고 싶다는 고민이었습니다. 최소한 프로젝트 계약직은 되어야 급여가 올라서 안정적으로 기술사 공부도 시작할 수 있겠다고 하십니다. 제가 조심스레 건의드려 봤습니다. 안정된 후에 기술사 공부를 시작하시는 것보다 우선 바로 기술사 공부를 시작하여 자격을 취득하시고 안정된 직장의 프로젝트 계약직이나 정규직으로 이직하시는 게 더 좋은 방법 아닐지 말입니다.

그분의 답변은 참으로 갑갑했습니다. 현재는 여유가 없어서 기술사 공부를 할 수 없고, 저에게 여기저기 건설사 인맥이 많을 테니 정직원이나 프로젝트 계약직으로 이직할 수 있게 자리를 좀 소개해 달라고 하셨습니다. 어이가 없습니다. 일단 제가 누구를 어디에 소개해 드릴 능력도 안 되지만, 그런 능력이 있다 한들 이런 생각을 가지신 분을 감히 소개해 드릴 수는 없습니다.

어제와 똑같이 밤마다 술 마시고, 당구장 가고, 노래방 가고, 그래서 아침에 늦잠 자서 헐레벌떡 출근하시는… 이렇게 한심한 하루를 보내고 계시면서 발전된 내일을 기대하신다니… 참으로 어이가 없습니다.

○ 운전은 잘하지만 운전면허만 없다

2018년 12월. 저는 덕수궁의 절경이 훤히 내려다보이는 서울시 서소문청사 고층부에서 설계 심의 위원으로 참여한 적이 있습니다. 심의 중에 시간 여유가 좀 있어서 다른 위원님들과 수다를 좀 많이 떨었습니다. 그 위원님들 중에는 저와 인연이 깊으신 분이 한 분 계셨습니다. 제가 예전에 근무했던 항만 현장에는 항상 '○○ 엔지니어링'이 감리사로 참여했었는데, 그분은 항상 제가 근무했던 현장에서 '구조' 분야 기술 지원 감리를 담당하셨던 분이셨습니다.

시공사 현대건설에서 근무할 때는 아무리 현장 대리인의 감투를 쓰고 있었어도 윗분들이 기술 지원 감리분과 인사를 잘 안 시켜 주었습니다. 아마도 소장님 및 팀장님들의 생각으로는 본인들보다 밑의 직원이 현장의 법적 최고 책임자인 '현장 대리인' 명함으로 그분들과 인사하게 되면 윗분들의 체면이 안 서니 일부러 배제한 것으로 생각합니다. 그 기분을 이해는 합니다.

어쨌든, 제가 시공사에 있었을 때는 비록 현장 대리인이었어도 기술 지원 감리분들과 겸상(?)하거나 말 한 번 제대로 섞지 못했었는데, 이제는 시공사를 나오니 그런 대단하신 기술 지원 감리분들과 같이 마주 앉아서 어깨를 나란히 하며 이런저런 기술적 소견을 토론하고 향후 기술 정책의 발전 방향 등에 대해서도 농담을 하고는 합니다. 참으로 감회가 새롭습니다.

당시 설계 파트에서는 분야별 설계 책임자의 자격 조건 완화 정책에 대해서 매우 민감한 이슈였는데, 그 제도가 시행되면 분야별 책임자에 각 전문 기술사가 구태여 필요 없어지게 된다고 합니다. 즉, 기술사가 아닌 일반 학·경력자 분들도 분야별 설계 책임자를 할 수 있게 된다는 것이지요. 이에 대해 같이 심의에 참여한 설계사분들께서 한탄하시며 하신 말씀이 있습니다. 말씀이 너무 인상 깊어서 기록으로 좀 남겨 볼까 합니다.

"설계사 경영진 입장에서는 기술사의 영역을 인정하지 않으려고 한다. 왜냐하면, 인건비가 올라가니까! 그래서 그들은 무자격자(기술사 미소지자)도 책임 기술자를 할 수 있도록 법령 개선을 요구하고 있으며, 이게 반영되어 분야별 책임 기술자 제도가 변경될 것 같다. 엔지니어링 경영자들의 배경 논리는 이렇다. '많은 학·경력 기술자들이 실력은 충분하나, 기술사 자격이 없다는 이유로 홀대받고 실력을 발휘하지 못하고 있다. 따라서 기술사만이 책임 기술자를 할 수 있다는 규정은 철폐되어야 마땅하다.' 이에, 나는 이렇게 생각한다. 물론 기술사 자격이 있다고 해서 모두가 엄청 실력이 좋다는 것은 절대 아니다. 하지만 그 전문 영역을 할 수 있는 최소한의 검증은 되었다는 것이다. 즉, 면허 개념인 것이다. 그 최소한의 검증도 안 된 사람들은 더욱더 문제 아닌가? 비유해 보자면 '운전 실력은 있으나, 운전면허가 없다는 이유로 운전을 못 하고 있다. 따라서 운전면허가 있어야만 운전할 수 있다는 규정은 철폐되어야 한다.'와 무엇이 다르냐? 법무사 사무실에 이십 년 다니면 변호사를 할 수 있냐? 간호조무사로 이십 년 동안 병원 근무하면 의사를 할 수 있냐? 운전 경력이 이십 년이면 대형 면허를 그냥 주냐?"

새벽 4시, 꿈이 현실이 되는 시간

○ 갑을 관계가 바뀌다

시공사 퇴직 후에는 생존을 위해서 이것저것 다방면에 손을 대었습니다. 그 결과, 기술사 단 한 개만 있어도 자유롭게 할 수 있는 게 매우 많다는 것을 깨우쳤습니다. 그동안 왜 그리 멍청하게 건설 현장 바닥에서만 박박 기며 살았는지. 여하튼, 그중 한 가지 분야가 바로 설계 심의 및 기술 자문 활동이었습니다. 그중에서도 제가 가장 처음으로 참여했던 심의 활동이 기억에 남습니다. 저의 주 전공인 항만 공사와 관련하여 설계 심의 활동에 참여했었는데, 그 자리에 제가 예전 현장에서 근무할 때 기술 지원 감리로 계셨던 분이 설계 심의를 받으러 오신 것입니다.

제가 시공사에 있었을 때는 현장에 기술 지원 감리분이 점검을 나올 때면 꼬리를 팍 내리고 사정해 가며 살살(?) 지적해달라고 매달렸었습니다. 그러나 반대로 이번에는 그 설계사의 기술 지원 감리였던 분께서 저에게 다가와 아는 척을 하시며 제발 도와달라고 꼬리를 팍 내리시며 간곡히 부탁하시는 것이었습니다. 참 낯설고 진기한 풍경이었습니다. 이를 계기로 새삼 다시 한번 느꼈습니다. '세상에는 영원한 갑도, 영원한 을도 없다.'

지금의 을이 언제 갑이 될지 모릅니다. 그래서 항상 대인관계를 잘해야 하고, 특히 적을 만들지 말아야 할 것입니다. 이래서 사람들이 마흔을 불혹(不惑)이라고 부르는 것 같습니다. 웬만한 유혹에는 흔들리지 않는, 옳고 그름은 가릴 수 있는…. 저도 나날이 익어(성숙해져) 가는 것을 느낍니다.

○ 전국구 활동

이렇게 이전과 다른 삶을 개척하다 보니 만나는 사람들도 이전과 달리 더욱더 발전적이고 진취적이신 전문가분들과 주로 어울리게 되고, 이는 저에게 많은 자극과 더욱 큰 발전의 계기가 되어줍니다. 최근에는 국가 기관의 요청으로 각종 자문·심의 위원 활동을 많이 하는데, 국가 기관 및 지자체가 전국에 있다 보니 종종 지방 출장을 가기도 합니다. 바야흐로 전국구 활동을 하고 있습니다.

이렇게 지방에 종종 다니다 보니 이 또한 제 견문이 넓어지는 데 많은 도움을 줍니다. 지방에 장기간 상주하는 것은 가족과 떨어져 있어야 하기에 고달픈 것이지만, 이렇게 하루 또는 이틀 정도로 시간을 내어 지방에 다녀 보는 것은 각 지방의 특색을 이해할 수도 있고 식견도 넓어지며 특히나 저처럼 부동산 투자에 관심이 있는 사람에게는 매우 크나큰 행운이라고 생각합니다. 아직은 투자가로 활동한 지 근 3년밖에 안 된 초보이지만, 이런 프리랜서 활동으로 발생하는 수익을 잘 투자하여 사십 대 중반 이전에는 경제적인 자유를 달성하고자 하는 목표가 있습니다.

하늘은 스스로 돕는 자를 돕는다고 합니다. 멀쩡히 월급 잘 나오는 대기업에 다니다가 주변의 만류에도 불구하고 본인 스스로 사직서를 던지고 나오는 것은 매우 어려운 일이었습니다. 크나큰 용기가 필요합니다. 저 역시도 엄청난 고민과 주변의 만류가 있었습니다. 하지만 저는 저에 대한 믿음이 있었고 이를 실행에 옮겼습니다. 그 결과, 아직 완벽하지는 않지만 '경제적인 자유'로 가기 위한 전 단계인 '자신의 시간을 스스로 컨트롤할 수 있는 시간적 여유'를 얻게 되었고, 앞으로도 계속 노력하여 더욱더 발전된 삶, 즉 남이 저를 통제하는 삶이 아니라 저 스스로 저 자신을 통제하는 삶을 삶고자 부단히 도전할 것입니다.

새벽 4시, 꿈이 현실이 되는 시간

재난안전 및 시설안전은 공인된 외부 전문가의 참여가 중요

이번 점검에 참여하고 있는 외부 전문가 중 한명인 박춘성 위원은 과거 현대건설(주)에서 십 수 년간 근무하며 현장대리인을 역임하는 등 건설분야 최일선에서 근 20년의 경험을 쌓아온 베테랑 기술안전 전문가이다.

계양구청 안전관리자문단 박춘성 위원 (공학박사, 기술사)

[자문 활동에 대한 뉴스 취재 기사]

[각종 자문·심의 위촉장]

EPILOGUE

현재 저의 아이들은 한창 게임과 만화를 좋아하는 초등학생 3~4학년 개구쟁이들입니다. 언젠가 아이들이 판타지 게임이나 만화를 보다가 저에게 이런 질문을 했습니다.

"아빠. 마술사가 좋은 거야, 주술사가 좋은 거야?"

그럴 때마다 저는 마술사나 주술사보다 기술사가 가장 좋은 것이라고 답변해 주고는 합니다. 기술사는 엄청난 마법력(내공)은 물론이고 많은 전투 경험(실무 경력)도 있어야만 할 수 있는 것이라고 알려줍니다.

물론 제 말이 별 의미 없는 농담임을 제 아이들도 잘 알고 있습니다. 이제는 그런 것 정도는 분별하는 나이이니까요. 하지만 아이들에게 아빠가 기술사를 취득하였기에 다른 아빠들과 다르게 이렇게 가족들과 많은 시간을 함께 보낼 수 있고 좀 더 경제적으로 여유로운 삶을 살 수 있다고 말해 주면, 그에 대해 수긍하며 서로 앞다투어 나중에 커서 꼭 기술사가 되겠다고 난리입니다.

기술사는 이공계 최고의 전문가입니다. 의료계에 의사가 있고 법조계에 변호사가 있으며 학계에 박사가 있다면 산업·기술계(이공계)에는

새벽 4시, 꿈이 현실이 되는 시간

기술사가 있습니다. 제 경험과 생각을 말씀드리자면 기술직으로서 가장 짧은 시간 내에 빠르고 확실하게 인생을 역전시킬 수 있고, 평생 노후를 보장받을 수 있는 가장 쉬운 방법은 기술사 취득이라고 생각합니다.

우리 건설 분야뿐만 아니라 모든 산업·기술계의 선후배님들도 이렇게 기술사 취득으로 인해서 인생이 달라진 저의 솔직한 수기를 참조하셔서, 관련 분야 최고의 기술자로서 인정도 받으시고 시간적·경제적 자유를 얻는 길을 걸으실 수 있기를 기원드리며 장문의 글을 마칩니다. 읽어주셔서 감사합니다.

박춘성 드림

네이버 블로그_미추홀 박사의 생계형 기술사 이야기
E-mail_2sakoo@naver.com